高等职业教育食品类专业教材

中国轻工业“十四五”规划教材

食品分析与检测技术

主　编
袁静宇　王淑艳

中国轻工业出版社

图书在版编目（CIP）数据

食品分析与检测技术 / 袁静宇，王淑艳主编. 北京：中国轻工业出版社，2025. 9. --ISBN 978-7-5184-5448-8

Ⅰ. TS207. 3

中国国家版本馆 CIP 数据核字第 2025AJ6717 号

责任编辑：王　婕
策划编辑：张　靓　　责任终审：李建华　　封面设计：锋尚设计
版式设计：砚祥志远　　责任校对：吴大朋　　责任监印：张　可

出版发行：中国轻工业出版社（北京鲁谷东街 5 号，邮编：100040）
印　　刷：三河市万龙印装有限公司
经　　销：各地新华书店
版　　次：2025 年 9 月第 1 版第 1 次印刷
开　　本：787×1092　1/16　印张：17. 25
字　　数：417 千字
书　　号：ISBN 978-7-5184-5448-8　定价：46. 00 元
邮购电话：010-85119873
发行电话：010-85119832　　010-85119912
网　　址：http：//www. chlip. com. cn
Email：club@ chlip. com. cn

240175J2X101ZBW

本书编写人员

主　　编　袁静宇（包头轻工职业技术学院）

　　　　　王淑艳（包头轻工职业技术学院）

副 主 编　齐艳玲（内蒙古商贸职业学院）

　　　　　邬　婧（北京市朝阳区食品药品安全监控中心）

　　　　　徐　敏（安徽粮食工程职业学院）

　　　　　王　芳（包头轻工职业技术学院）

参　　编　薛　雯（陕西农林职业技术大学）

　　　　　高宇萍（包头轻工职业技术学院）

　　　　　李光耀（包头轻工职业技术学院）

　　　　　赵　珺（内蒙古化工职业学院）

　　　　　任　霆（包头轻工职业技术学院）

　　　　　郭春辉（内蒙古路易精普检测科技有限公司）

前言

民以食为天，食以安为先，随着人民生活水平的不断提高，食品安全已成为人们关注的重点。党的二十大报告将食品安全纳入国家安全体系，食品检测专业有着助力产业健康发展、推动食品产业高质量发展的任务，影响食品质量安全的因素很多，归纳起来主要有食品原料生产的安全性、食品加工与制造过程的安全性、食品运输与储存过程的安全性和食品消费的安全性等几个方面。随着《中华人民共和国食品安全法》和《食品生产许可审查通则》的进一步实施，食品分析与检测已成为食品质量安全控制的重要手段。

食品分析与检测技术是职业院校食品类专业的核心课程，本教材依据食品检验岗位能力要求，对接教育部教学标准、职业标准、食品类专业人才培养方案、课程标准，结合世界职业院校技能大赛食品安全与质量检测小组竞赛和“1+X”食品合规管理、农产品食品检验员（四级）职业技能等级证书考核要求，秉承终身学习和发展原则，“以岗定课、以课对证、以证促教、以赛促学”落实岗课赛证高度融合，内容来源于企业真实检验工作，遵循由易到难的认知规律，结合新技术、新方法、新规范，校企优化为12个模块。

本教材作为“双高”专业建设重点教材，邀请行业专家、企业专家共同编写，立足于科学性、专业性、实用性，突出“学中做，做中学”的职业教育理念，注重培养学生的创新精神和综合技能。本教材以“项目-任务”的形式进行编写。工作任务中强化课程思政融入，培养学生的食品质量安全推广责任感、使命感和精益求精的工匠精神，养成敬业爱岗、吃苦耐劳的职业素养，形成严谨求实的科学态度和客观公正的工作作风。

本教材配套电子课件、教学视频等资源，支撑现有国家教学资源库开放课程，体现“教—学—考—评—管”全链教学，学习指导以二维码的形式穿插于正文内，以适应“互联网+职业教育”的发展需求，便于加强学习和指导。

本书由包头轻工业职业技术学院袁静宇、王淑艳担任主编，联合北京市朝阳区食品药品安全监控中心邬婧、内蒙古路易精普检测科技有限公司郭春辉共同编写，充分体现了“校企协同、产教融合”的编写理念。编写具体分工：模块一由袁静宇、薛雯编写；模块二、模块三由徐敏编写；模块四由齐艳玲、赵珺编写；模块五、模块六由李光耀编写；模块七、模块十一由邬婧、郭春辉编写；模块八由王淑艳编写；模块九、模块十、模块十二由王芳、高宇萍、任霆编写。在编写过程中，编者整合了院校理论优势与企业行业实践经验，并参考了大量相关资料，在此对相关作者及合作单位致以诚挚谢意。

限于编者的学识和水平，书中不当或疏漏之处在所难免，望广大读者随时指正。

编　者

目 录 CONTENTS

模块一

食品感官检测

学习目标

知识目标

1. 熟悉食品感官检测实验室建立的要求及方法。
2. 掌握食品感官检测样品采集的方法。
3. 掌握食品感官检测样品制备与呈送的方法。
4. 掌握常见民生消费食品感官检测的方法。

能力目标

1. 能够正确采集食品感官检测样品。
2. 能根据食品的性质正确进行样品制备。
3. 能够合理设计感官检测评价表，正确进行样品呈送。
4. 能正确应用感官检测方法进行食品感官检测，规范填写评价表并编制检测报告。
5. 能够正确规范使用感官检测仪器，科学进行仪器维护。

素养目标

1. 了解食品感官检测的环境要求，掌握常见民生消费食品感官检测的规范操作，提升职业素养。
2. 任务实施过程中通过参加讨论、师生互动，增强表达能力和团队协作力。
3. 在信息化的环境中，通过自主学习、合作探究、展示交流，具备独立检测能力。
4. 掌握食品感官检测技能，发挥专业优势，推广食品安全与健康知识。

项目一

食品感官检测实验室的建立

项目导入

【规范化的感官分析实验室保障食品安全】党的二十大报告指出：我们坚持把实现人民对美好生活的向往作为现代化建设的出发点和落脚点。进入新时代，人民对美好生活的需要日益增长，人们不但要吃饱，还讲究色、香、味俱全。感官检测是将人与食品、企业与市场、产品与品牌、生存与享受紧密关联起来的分析技术，应用感官检测技术可以测得人感知的食品质量，了解产品的功能需求和感官享受，并有针对性地进行让消费者满意的产品设计、生产和营销。感官分析在我国有悠久的历史，特别是应用在白酒、茶叶的生产加工与流通中。但是，我国感官分析总体上发展较缓慢，不能满足新时代消费者对于食品高品质的需求。尽管国内一些食品企业建立了感官分析实验室，但与 GB/T 13868—2009/ISO 8589：2007《感官分析　建立感官分析实验室的一般导则》中标准实验室建设与管理差距较大，因此，需要建立规范化、标准化的食品感官分析实验室，并筛选培养专业的感官检验从业人员来保障食品安全，促进食品行业的高质量发展。

问题启发

分享生活中食品感官检测的例子，并关注下列问题：食品的感官检测是不是随时随地都可以进行？是否有感官分析实验室建立的标准？如何解读标准中对感官分析实验室的条件要求？

知识准备

一、 范围

依据 GB/T 13868—2009/ISO 8589：2007《感官分析　建立感官分析实验室的一般导则》建立食品感官检测实验室。

【动画】食品感官检测实验室的建立

感官检测实验室既适用于食品的感官检测，也适用于非食品的感官检测。针对特定的用途，实验室需要进行调整。对于特定的检验产品或检验类型，尤其是对于非食品的感官检测，实验室设计常需要进行修改。

二、 原则

食品感官检测实验室的设计应：

——保证感官检测在已知和最小干扰的可控条件下进行；

——减少生理因素和心理因素对评价员判断的影响。

三、 感官检测实验室的建立

感官检测实验室的建立应根据是否为新建实验室或是利用已有设施改造而有所不同。

1. 典型的实验室一般包括的设施

——供个人或小组进行感官检测工作的检验区；
——样品准备区；
——办公室；
——更衣室和盥洗室；
——供给品储藏室；
——样品储藏室；
——评价员休息室。

2. 实验室至少应具备区域

——供个人或小组进行感官检测工作的检验区；
——样品准备区。

感官检测实验室宜建立在评价员易于到达的地方，且除非采取了减少噪声和干扰的措施，应避免建在交通流量大的地段（如餐厅附近）。应考虑采取合理措施以使残疾人易于到达。

评价员在进入评价间之前，实验室最好能有一个集合或等待的区域。此区域应易于清洁以保证良好的卫生状况。

四、 检验区

1. 一般要求

（1）位置　感官检测实验室的检验区应紧邻样品准备区，以便于提供样品。但两个区域应隔开，以减少气味和噪声等干扰。各功能区内及各功能区之间布局合理，使样品准备的工作流程便捷高效。

准备区内应保证空气流通，以利于排除样品准备时的气味及来自外部的异味。地板、墙壁、天花板和其他设施所用材料应易于维护、无味、无吸附性。准备区建立时，水、电、气装置的放置空间要有一定余地，以备将来位置的调整。为避免给检验结果带来偏差，不允许评价员在进入或离开检验区时穿过准备区。

（2）温度和相对湿度　检验区的温度应可控。如果相对湿度会影响样品的检测时，检验区的相对湿度也应可控。除非样品检测有特殊条件要求，检验区的温度和相对湿度都应尽量让评价员感到舒适。

（3）噪声　感官检测期间应控制噪声。宜使用降噪地板，最大限度地降低因步行或移动物体等产生的噪声。

（4）气味　检验区应尽量保持无气味。可安装带有活性炭过滤器的换气系统，需要时，也可利用形成正压的方式减少外界气味的侵入。检验区的建筑材料应易于清洁，不吸附和不散发气味。检验区内的设施和装置（如地毯、椅子等）也不应散发气味干扰检测。根据实验室用途，应尽量减少使用织物，因其易吸附气味且难以清洗。

使用的清洁剂在检验区内不应留下气味。

（5）装饰　检验区墙壁和内部设施的颜色应为中性色，以免影响对被检样品颜色的评价。宜使用乳白色或中性浅灰色（地板和椅子可适当使用暗色）。

（6）照明　感官检测中照明的来源、类型和强度非常重要。应注意所有房间的普通照明及评价小间的特殊照明。检验区应具备均匀、无影、可调控的照明设施。尽管不要求，但光源应是可选择的，以产生特定照明条件。进行产品或材料的颜色评价时，特殊照明尤其重要。为掩蔽样品不必要的、非检验变量的颜色或视觉差异，可能需要特殊照明设施。可使用的照明设施包括：

——调光器；

——彩色光源；

——滤光器；

——黑光灯；

——单色光源，如钠光灯。

在消费者检测中，通常选用与日常使用产品时类似的照明。检测中所需照明的类型应根据具体检测类型而定。

（7）安全措施　应考虑建立与实验室类型相适应的特殊安全措施。若检验有气味的样品，应配置特殊的通风橱；若使用化学药品，应建立化学药品清洗点；若使用烹调设备，应配备专门的防火设施。

无论何种类型的实验室，应适当设置安全出口标志。

2. 评价小间

（1）一般要求　许多感官检测要求评价员独立进行检测。当需要评价员独立检测时，通常使用独立评价小间以在评价过程中减少干扰和避免相互交流。

（2）数量　根据检验区实际空间的大小和通常的检验类型确定评价小间的数量，并保证检验区内有足够的活动空间和提供样品的空间。

（3）设置　推荐使用固定的评价小间，也可使用临时的、移动的评价小间。

若评价小间是沿着检验区和准备区的隔墙设立的，则宜在评价小间的墙上开一窗口以传递样品。窗口应装有静音的滑动门或上下翻转门等。窗口的设计应便于样品的传递并保证评价员看不到样品准备和样品编号的过程。为方便使用，应在准备区沿着评价小间外壁安装工作台。

需要时应在合适的位置安装电器插座，以供特定检验条件下需要的电器设备方便使用。

若评价员使用计算机输入数据，要合理配置计算机组件，使评价员集中精力于感官检测工作。例如，屏幕高度应适合观看，屏幕设置应使眩光最小，一般不设置屏幕保护。在令人感觉舒适的位置，安置键盘和其他输入设备，且不影响检测操作。

评价小间内宜设有信号系统，以使评价员准备就绪时通知检验主持人，特别是准备区与检验区有隔墙分开时尤为重要。可通过开关打开准备区一侧的指示灯或者在送样窗口下移动卡片。样品按照特定的时间间隔提供给评价小组时例外。

评价小间可标有数字或符号，以便评价员对号入座。

（4）布局和大小　评价小间内的工作台应足够大以容纳以下物品：

——样品；
——器皿；
——漱口杯；
——水池（若必要）；
——清洗剂；
——问答表、笔或计算机输入设备。

同时工作台也应有足够的空间，能使评价员填写问答表或操作计算机输入结果。

工作台长最少为0.9m，宽0.6m。若评价小间内需增加其他设备时，工作台尺寸应相应加大。工作台要高度合适，以便评价员可舒适地进行样品检测。

评价小间侧面隔板的高度至少应超过工作台表面0.3m，以部分隔开评价员，使其专心评价。隔板也可从地面一直延伸至天花板，从而使评价员完全隔开，但同时要保证空气流通和清洁，也可采用固定于墙上的隔板围住就座的评价员。

评价小间内应设一舒适的座位，高度与工作台表面相协调，供评价员就座。若座位不能调整或移动，座位与工作台间的距离至少为0.35m。可移动的座位应尽可能安静地移动。

评价小间内可配备水池，但要在卫生和气味得以控制的条件下才能使用。若评价过程中需要用水，水的质量和温度应是可控的。抽水型水池可处理废水，但也会产生噪声。

如果相关法律法规有要求，应至少设计一个高度和宽度适合坐轮椅的残疾评价员使用的专用评价小间。

（5）颜色　评价小间内部应涂成无光泽的、亮度因数为15%左右的中性灰色。当被检样品为浅色和近似白色时，评价小间内部的亮度因数可为30%或者更高，以降低待测样品颜色与评价小间之间的亮度对比。

（6）照明　符合“1. 一般要求”中照明要求。

3. 集体工作区

（1）一般要求　感官检测实验室常设有一个集体工作区，用于评价员之间以及评价员与检验主持人之间的讨论，也用于检测初始阶段的培训，以及任何需要讨论时使用。

集体工作区应足够宽大，能摆放一张桌子及配置舒适的椅子供参加检验的所有评价员同时使用。桌子应较宽大以便放置以下物品：

——供每位评价员使用的盛放答题卡和样品的托盘或其他用具；
——其他物品，如用到的参比样品、记号笔、铅笔和水杯等；
——计算机工作站（必要时）。

桌子中心可配置活动的部分，以有助于传递样品。也可配置可拆卸的隔板，以便评价员相互隔开，进行独立检测。最好配备图表或较大的写字板以记录讨论的要点。

（2）照明　符合“1. 一般要求”中照明要求。

五、 准备区

1. 一般要求

准备样品的区域（或厨房）要紧邻检验区，避免评价员进入检验区时穿过样品准备区而对检验结果造成偏差。各功能区内及各功能区之间布局合理，使样品准备的工作流程便捷高效。

准备区内应保证空气流通，以利于排除样品准备时的气味及来自外部的异味。地板、墙壁、天花板和其他设施所用材料应易于维护、无味、无吸附性。

准备区建立时，水、电、气装置的放置空间要有一定余地，以备将来位置的调整。

2. 设施

准备区需配备的设施取决于要准备的产品类型。通常主要有：

——工作台；

——洗涤用水池和其他供应洗涤用水的设施；

——必要设备，包括用于样品的储存、样品的准备和准备过程中可控的电器设备，以及用于提供样品的用具（如器皿、工具等）。设备应合理摆放，需校准的设备应于检验前校准；

——清洗设施；

——收集废物的容器；

——储藏设施；

——其他必需的设施。

用于准备和储存样品的容器以及使用的烹饪器具和餐具，应采用不会给样品带来任何气味或滋味的材料制成，以避免污染样品。

六、 办公室

1. 一般要求

办公室是感官检测中从事文案工作的场所，应靠近检验区并与之隔开。

2. 大小

办公室应有适当的空间，以便进行检验方案的设计、问答表的设计、问答表的处理、数据的统计分析、检验报告的撰写等工作，需要时也能用于与客户讨论检验方案和检验结论。

3. 设施

根据办公室内需进行的具体工作，可配置以下设施：办公桌或工作台、档案柜、书架、椅子、电话、用于数据统计分析的计算器和计算机等。

也可配置复印机和文件柜，但不一定放置在办公室中。

七、 辅助区

若有条件，可在检验区附近建立更衣室和盥洗室等，但应建立在不影响感官检测的地方。设置用于存放清洁和卫生用具的区域非常重要。

新建或改建实验室之前，应对区域依次编码，并在有所改变时进行标注。

工作任务 食品感官检测实验室的设计

一、 方法解读

依据 GB/T 13868—2009/ISO 8589：2007《感官分析 建立感官分析实验室的一般导

则》建立感官分析实验室。标准规定了建立感官分析实验室的一般条件，实验室区域（检验区、准备区和办公室等）的布局，以及不同区域的建设要求和应达到的效果。

二、任务准备

<table>
<tr><td>材料</td><td>绘图纸</td></tr>
<tr><td rowspan="3">工具</td><td>绘图铅笔</td></tr>
<tr><td>直尺</td></tr>
<tr><td>记号笔</td></tr>
</table>

三、任务实施

1. 方案制订

通过相关知识学习，解读国家标准，小组完成方案制订，并依据方案完成任务准备。

<table>
<tr><td>任务名称</td><td colspan="4"></td></tr>
<tr><td>小组成员</td><td colspan="2"></td><td>时间</td><td></td></tr>
<tr><td>依据标准</td><td colspan="4"></td></tr>
<tr><td rowspan="16">工作
方案</td><td colspan="4">一、明确方法</td></tr>
<tr><td colspan="4"></td></tr>
<tr><td colspan="4">二、工作准备</td></tr>
<tr><td>材料（规格、数量）</td><td colspan="3"></td></tr>
<tr><td>工具（规格、数量）</td><td colspan="3"></td></tr>
<tr><td colspan="4">三、任务分工</td></tr>
<tr><td>姓名</td><td colspan="3">分工及时间安排</td></tr>
<tr><td></td><td colspan="3"></td></tr>
<tr><td></td><td colspan="3"></td></tr>
<tr><td></td><td colspan="3"></td></tr>
<tr><td></td><td colspan="3"></td></tr>
<tr><td colspan="4">四、工作流程简图</td></tr>
<tr><td colspan="4"></td></tr>
</table>

2. 任务过程

任务	具体实施		要求
	实施步骤	实验记录	
明确感官检测实验室具备的区域	查阅标准,明确感官检测实验室应具备的区域。绘制食品感官检测实验室主图纸	绘制图纸,明确区域位置,标记区域。附图1进行各区域的功能介绍	1. 研读标准,绘制草图。 2. 小组对草图进行分析与讨论。 3. 修订草图,明确工作图纸的绘制要求。 4. 图纸绘制完,小组要进行审核,对绘制不准确处进行完善
	绘制附图1,进行各区域功能介绍		
明确感官检测实验室的配置	明确各区域的配置及要求		
	绘制附图2,对评价小间进行独立绘制		
结束工作	工作完成后,团队对工作图纸进行汇报与分享		实验组成员做好工作总结,培养团队协作精神

检查与评价

学生完成本任务的学习，通过自评、小组互评以检查自己对本任务学习的掌握情况。指导教师在整个教学过程中，关注每个小组成员的动手能力，并进行评价。将具体的检查与评价填入下表，评价表对应工作任务。

项目	评价标准	分值	学生自评	小组互评	教师评价
方案制订与任务准备	认真负责、一丝不苟进行资料查阅,确定依据	5			
	协同合作制订方案并合理分工	5			
	相互沟通完成方案诊改	5			
明确感官检测实验室具备的区域	草图设计	10			
	主图纸绘制	20			
	小组讨论,图纸完善	10			
明确感官检测实验室的配置	附图1绘制	10			
	附图2绘制	10			
	完成图纸审核,提交	10			
结束工作	图纸美观、完整	5			
	文明操作	5			
	合理分工,按规定时间完成	5			

学习思考

1. 典型的食品感官分析实验室的设施有哪些？
2. 简述评价小间的一般要求。
3. 准备区需配备的设施有哪些？
4. 食品感官检测中可使用的照明设施有哪些？
5. 食品感官实验室设计有哪些原则？

项目二

食品感官检测样品制备与呈送

项目导入

【四分法】食品分析中，四分法取样是一种常见的样品切割方法，其原理是将样品分成四个等份，取对角线上的两份混匀后得到一个代表整个样品的样品。具体步骤如下：①将待测试的食品样品制备成充分混合的状况；②取适量的样品，通过切割或称重等方法，将其分成四个等份；③分别取对角线上的两份混合，其余两份弃去，反复操作直到得到所需数量样品为止；④对这个样品进行进一步的分析和测试。四分法取样的原理是基于食品样品的均匀性假设，即整个样品中的各个部分都具有相同的特征和组成。通过四分法取样，可以提高测试的精确度和可靠性，减小因材料不均匀而引起的误差。食品感官检测工作中，样品采集与制备应遵循：①所采集的样品对总体应具有充分的代表性；②对于特定的检验目的，应采集具有典型性的样品。例如，对于食物中毒食品、掺伪食品及污染或疑似污染食品，应采集可疑部分作为样品；③采样过程中应尽量保持食品原有的理化性质，防止待测成分的损失或污染。

问题启发

不同状态的食品样品采样方法是否相同？四分法作为常用的采样方法，具体如何操作？食品感官检测过程中样品采集与制备应遵循哪些原则？特定的实验是否应该采集可疑部分作为待测样品？

知识准备

一、 样品制备

样品是食品感官检测的受体，样品制备的方式及制备好的样品呈送至评价人员的方式，对感官检测试验能否获得准确而可靠的结果有重要影响。在感官检测试验中，必须规定样品制备的要求、控制样品制备及呈送过程中的各种外部影响因素。

【动画】食品感官检测样品制备与呈送——取样

（一）样品制备常用的器皿与用具

在食品感官检测的样品制备中，经常会使用的仪器和工具有量筒、天平、温度计、秒表等。准备过程中还会用到一些大的容器，用来混合或存放某些样品，这些容器应该是用陶瓷、玻璃或不锈钢制成的，尽量避免使用易带来气味的塑料器具。

食品感官检测试验所用器皿应符合试验要求，同一试验内所用器皿最好外形、颜色和大小相同。器皿本身应无气味或异味。检测使用的器皿和用具的清洗应慎重选择洗涤剂，不应使用会遗留气味的洗涤剂。清洗时应小心清洗干净并用不会给器皿留下毛屑的布或毛巾擦拭干净，以免影响下次使用。

（二）样品量

样品量对食品感官检测的影响体现在两个方面，即感官检测人员在一次试验所能检测的样品个数及试验中提供给每个评价人员供分析用的样品数量。考虑到评价人员的感官和精神上的疲劳等因素，每一阶段提供给评价人员的样品都有数量上的限制。通常啤酒6~8瓶，饼干8~10块，气味重的样品每次只能提供1~2个，含酒精的饮料和带有强刺激感官特性（如辣味）的样品，样品数应限制在3~4个。对于只进行视觉检测的产品，每次可提供的样品数可以达到20~30个。呈送给每个评价员的样品分量应随检测方法和样品种类的不同而分别控制。通常，对需要控制用量的差别试验，每个样品的分量控制在液体30mL、固体28g左右为宜。嗜好检测的样品分量可比差别检测高一倍。描述性检测的样品分量可依据实际情况而定。

（三）样品的均一性

样品的均一性是食品感官检测样品制备中最重要的因素。所谓均一性就是指制备的样品除所要检测的特性外，其他特性应完全相同。样品在其他感官质量上的差别会造成对所要检测特性的影响，甚至会使检测结果完全失去意义。在样品制备中要达到均一的目的，除精心选择适当的制备方式以减少出现特性差别的概率外，还应选择一定的方法以掩盖样品间的某些明显的差别。对不希望出现差别的特性，采用不同方法消除样品间在该特性上的差别。如在评价某样品风味时，就可使用无味的色素物质掩盖样品间的色差，使感官检测人员能准确分辨出样品间的味差。样品本身性质、样品温度、摆放顺序、呈送顺序均会影响均一性。

（四）直接进行感官检测的样品制备

样品制备方法应根据样品本身的情况以及所关心的问题来定，如片状产品检验时不应将其均匀化；对风味作差别检验时应掩蔽其他特性，以避免可能存在的交互作用。样品制备过程应注意保持食品的风味不受外来气味和味道的影响。同种样品的制备方法应一致。制备好的样品在呈送时要处于最佳温度。

（五）不能直接进行感官检测的样品制备

有些样品由于食品风味浓郁或物理状态（黏度、颜色、粉状度等）原因而不能直接进行感官检测，如香精、调味品、糖浆等。为此，需根据检测目的进行适当稀释，或与化学组分确定的某一物质进行混合，或将样品添加到中性的食品载体中，而后按照直接感官检测的样品制备方法进行制备与呈送。不能直接感官检测的样品，制备有两种方法。

1. 评估样品本身的性质

（1）与化学组分确定的物质混合　根据检测目的，确定稀释载体最适温度。将均匀定量的样品用一种化学组分确定的物质（如水、乳糖、糊精等）稀释或在这些物质中分散样品。每一个检测系列的每个样品使用相同的稀释倍数或分散比例。由于这种稀释可能改变样品的原始风味，因此，配制时应避免改变其所测特性。当确定风味剖面时，对于相同样品有时推荐使用增加稀释倍数和分散比例的方法。

（2）添加到中性的食品载体中　在选择样品和载体混合的比例时，应避免二者之间的拮抗或协同效应。将样品定量的混入选用的载体中或放在载体（如牛乳、油、面条、米饭、馒头、菜泥、面包、乳化剂和奶油等）上面。在检测系列中，被检测的每种样品应使用相同的样品/载体比例。根据检测的样品种类和试验目的选择制备样品的温度。但检测时，同一检测系列的温度应与制备样品的温度相同。

载体必须使样品的特性得以充分体现：在口中能同样均匀分散样品；没有强的风味，不能影响样品性质，载体风味与样品具有一定适合程度；载体必须简便，制备时间短，是常见物，尽可能是熟食并且在室温下即食，刺激小可开胃；载体应该容易得到，这样可以保证检测结果的重现性；载体的最主要特点在于具有适宜的物质特性，并使它发挥应有的作用，样品与载体在唾液作用下同样溶解或互溶，载体温度与样品品尝温度不能冲突。

2. 评估食物制品中样品的影响

一般情况下，使用的是一个较复杂的制品，样品混于其中。在这种情况下，样品将与其他风味竞争。在同一检测系列中评估的每个样品使用相同的样品/载体比例。制备样品的温度应与评估时的正常温度相同（例如冰淇淋处于冰冻状态）同一检测系列的样品温度也应相同。

二、 样品呈送

1. 盛放样品的容器

样品呈送容器的选择很难进行严格统一规定。一般使用一次性容器，比如各种规格的杯子或碟子。当然，也可以使用非一次性容器，只要保证每一次试验使用的容器外形、颜色和大小相同。同时要确保容器不会对样品的感官性质产生影响，比如，对热饮进行感官检测时，就不能使用塑料的容器，因为塑料会对热饮的风味产生负面影响。

2. 样品的大小和形状

如果样品是固体，即使检测人员没有察觉到样品大小的差异，样品的大小仍会影响样品各项感官性质的得分，如果检测人员能够明显察觉到样品之间大小的差异，那么检测结果就更会受到影响。所以，固体样品的大小形状一定要尽可能保持一致；如果样品是液体，则含量要相同。

3. 样品的混合

如果需要检测的样品是几种物质的混合物，那么混合的时间和程度要一致。

4. 样品的温度

样品被检测的温度应是通常情况下该样品被食用的温度，检测所用样品在检测前有的都放在冰箱或冷库中储存，在检测开始前，样品要提前取出，有的样品要升温到室温，比如水果；有的需要加热，比如比萨；有的需要解冻并保持一定低温，如冰淇淋；有的要保持一定非室温的温度，如茶等饮料。总之，按照该食品正常食用温度即可，但要保证每个检测人员得到的样品温度一致。

5. 样品的编号

样品在呈送之前必须编号，不适当的样品编号通常会对检测人员产生某种暗示作用。编号时应注意以下几点。

（1）用字母编号时，应避免使用字母表中相邻字母或开头与结尾字母，双字母最好，以防产生记号效应。

（2）用数字编号时，最好采用三位数以上的随机数字，但同次试验中各个编号的位数应一致。数字编号比字母编号干扰小。一般在给样品编号时，能够代表产品公司的数字、字母或地区号码也不用来作为编号。

（3）不要使用人们忌讳的数字或字母。

（4）人们具有倾向性的编号也尽量避免。

（5）同次检测中所用编号位数应相同。同一个样品应编几个不同号码，保证每个评价员所拿到的样品编号不重复。

（6）在进行较频繁的检测时，必须避免使用重复编号，以免使评价员联想起以前同样编号的样品，产生干扰。

6. 样品的摆放位置和提供顺序

样品的摆放顺序也会对食品感官检测结果产生影响，应避免产生顺序效应和位置效应。

（1）顺序效应　顺序效应是指由于样品的提供顺序对感官检测产生的影响，如在比较两种样品滋味时，往往对最初的刺激评价过高，这种倾向称为正顺序效果，反之称为负顺序效果。

一般品尝两种试样的间隔时间越短越容易产生正顺序效果；间隔时间越长，负顺序效果产生的可能性越大。为避免这种倾向：一是可在品尝每一种样品后都用蒸馏水漱口，二是将可能排定的顺序安排的一样多。

（2）位置效应　位置效应是指将检测样品放在与检测质量无关的特定位置时，往往会多次选择特定位置上样品的现象。在样品之间的感官质量特性差别很小或检测人员经验较少的情况下，位置效应特别显著。

三、 样品呈送的注意事项

1. 检测样品多时应避免所给样品的判断连续性和对称性倾向

如果选择样品质量好坏时，如样品连续都是质量差的，评价员就会怀疑自己能力而认为其中一个为质量好的。样品好坏和好坏的对称排列也会使评价员对自己的检测结果产生怀疑。

如品尝一组样品的浓度次序从高到低，评价人员无需品尝后面的样品便会察觉出样品浓度排列顺序而引起判断力的偏差，所以从样品上即可领会出一些暗示的现象称为预期效应。

2. 检测样品时减少外界条件干扰

检测过程中对每一个样品进行绝对性检测时，即使采用评估和分析等方法，也不能完全独立地判断某一样品。如对于 A 样品进行检测时，ABCD 样品组与 AEFG 样品组对于 A

样品的检测结果不能完全一致，这种现象称为感官检测样品判断的相对性。可以采用以下方式减少检测时对于外界条件产生的干扰，保证试验的可信度。

（1）使品尝提供的样品在某个位置出现次数相同。

（2）每次重复的检测配置顺序随机化。

（3）呈送样品尽量避免直线摆放，最好是圆形摆放。

工作任务 不能直接进行感官检测的样品的制备

一、方法解读

依据 GB 12314—1990《感官分析方法　不能直接感官分析的样品制备准则》进行样品制备。标准规定了因食品风味浓郁或物理状态（黏稠、颜色、粉状度）等原因而不能直接进行感官分析的样品制备准则。尤其适用于具有浓郁气味产品（香料、调味品）和特别浓的液体样品（糖浆和某些提取液）。

二、任务准备

材料	样品	
	载体	
工具	预备足量的杯、碟	
	温度计	
	记号笔	

三、任务实施

1. 方案制订

通过相关知识学习，解读国家标准，小组完成方案制订，并依据方案完成任务准备。

任务名称				
小组成员			时间	
依据标准				
工作方案	一、明确方法			
	二、工作准备			
	材料（规格、数量）			
	工具（规格、数量）			
	样品（样品类型明确）			

工作方案	三、任务分工	
	姓名	分工及时间安排
	四、工作流程简图	

2. 任务过程

任务	具体实施		要求
	实施步骤	实验记录	
与化学组分确定的物质混合	根据检测需要，将样品与化学组分确定的物质混合，使样品的某一感官特性能直接检测	记录样品及载体温度。 温度：________	1. 由于这种稀释可能改变样品的原始风味，因此配制时应避免改变其所测特性。 2. 当确定风味剖面时，对于相同样品推荐使用增加稀释倍数和分散比例的方法
	确定稀释载体最适温度		
	将均匀定量的样品用一种化学组分确定的物质（如水、乳糖、糊精等）稀释或在这些物质中分散样品。每一个试验系列的每个样品使用相同的稀释倍数或分散比例		
添加到中性的食品载体中	根据样品的种类和检测目的，选择制备样品的温度，在检测时，同一系列的温度应与制备样品的温度相同	记录样品及载体温度。 记录混合比例。 温度：________ 混合比例：________	1. 在选择样品和载体混合的比例时，应避免二者之间的拮抗或协同效应。 2. 每种样品应使用相同的样品/载体比例
	将样品定量的混入选用的载体中或放在载体（如牛乳、油、面条、米饭、馒头、菜泥、面包、乳化剂、奶油）上面		
结束工作	工作完成后，团队对样品性质进行总结与分享		实验组成员做好工作总结，培养团队协作精神

检查与评价

学生完成本任务的学习，通过自评、小组互评以检查自己对本任务学习的掌握情况。指导教师在整个教学过程中，关注每个小组成员的动手能力，并进行评价。将具体的检查与评价填入下表，评价表对应工作任务。

项目	评价标准	分值	学生自评	小组互评	教师评价
方案制订与任务准备	认真负责、一丝不苟进行资料查阅，确定依据	5			
	协同合作制订方案并合理分工	5			
	相互沟通完成方案诊改	5			
	样品与载体的准备	5			
与化学组分确定的物质混合	正确选择载体	10			
	准确选择最适温度	10			
	正确进行样品与载体混合	10			
添加到中性的食品载体中	正确选择载体	10			
	准确控制温度	10			
	正确将样品混入载体或置于载体上	10			
结束工作	合理分工	5			
	文明操作	5			
	在规定时间内完成	5			
	清洗所用工具，并妥善安放	5			

学习思考

1. 食品感官检测样品制备常用的容器有哪些？
2. 什么是样品均一性？
3. 食品感官检测样品制备常用的仪器和工具有哪些？
4. 食品感官检测样品编号有哪些注意事项？
5. 食品感官检测样品呈送时有哪些注意事项？

项目三

常见民生消费食品的感官检测

项目导入

【“舌尖上的天宫”】“民以食为天”，从“神舟五号”到“神舟十五号”，中国航天食品经历了巨大的变迁，个性化的航天食品代表着科技结晶。我国一些关键核心技术实现突破，战略性新兴产业发展壮大，载人航天、探月探火、深海深地探测等取得重大成果。由于在失重环境中，航天员体液上涌，鼻腔充血，导致味觉神经钝化，唾液分泌发生变化，感官分析专家根据航天员生活所处的特殊环境，结合航天员在太空的口味和消化吸收能力，以及特殊进食方式，经过多次的品尝、打分、评议，并定期对食品质量在外观、质地、风味、口感、可接受程度等各方面进行感官检测，研制了120余种营养均衡、品种丰富、口感良好、保质期长的航天食品，如鱼香肉丝、宫保鸡丁、黑椒牛柳等咸辣酸甜的食品为航天员开胃助食。

问题启发

生活中常见的食品是否可以通过感官检测判断其质量？航天食品具有哪些特点？食品感官检验技术有哪些重要的意义？作为一名感官检验从业人员，应具备哪些职业素养、专业知识和能力？

知识准备

一、 食品及其分类

1. 食品

食品是指各种供人食用或者饮用的成品和原料以及按照传统既是食品又是药品的物品，但是不包括以治疗为目的的物品。

2. 食品的分类

一般可以将食品划分为内源性物质成分和外源性物质成分两大部分。其中，内源性物质成分是食品本身所具有的成分，而外源性物质成分则是食品从加工到摄食全过程中人为添加的或混入的其他成分。

3. 食品的功能

食品的功能食品对人体的作用主要有两大方面，即营养功能和感官功能，有的食品还具有调节作用。食品的营养功能是指食品能提供人体所需的营养素和能量，满足人体的营养需要，它是食品的主要功能。食品的感官功能是指食品能满足人们不同的嗜好要求，即对食物色、香、味、形和质地的要求。良好的感官性状能够刺激味觉和嗅觉，兴奋味蕾，刺激消化酶和消化液的分泌，因而有增进食欲和稳定情绪的作用。

二、 民生食品概述

（一）民生食品及其特征

1. 民生食品

民生食品是指与人民群众日常生活密切相关、维持基本生存和健康所需的食品，是社会稳定和经济发展的基础。这类食品具有刚需性、高频消费、价格敏感等特点，其供应和价格波动直接影响居民生活水平和社会稳定。政府通常通过政策调控（如储备投放、价格补贴、生产扶持等）来保障民生食品的供应和价格稳定。

2. 民生食品的特征

民生食品的核心特征包括：必需性，是日常生活不可或缺的组成部分，如粮食、食用油、肉类等；消费量大，需求稳定，受经济周期影响较小；价格敏感，价格上涨易引发社会关注，政府常进行干预；供应链关键，涉及农业、物流、零售等多个环节。

（二）民生食品的分类

民生食品可按照用途、来源、政策调控重点等不同维度进行分类。

1. 按食品用途分类

（1）主食类　主食是提供基础能量的食品，主要包括：谷物类，如大米、小麦（面粉）、玉米、小米、高粱等；薯类，如马铃薯、红薯、芋头等（部分替代主食）；面制品，如面条、馒头、包子、饺子皮等。

（2）蛋白质类食品　提供人体所需蛋白质，主要包括：肉类，如猪肉（中国消费量最大）、牛肉、羊肉、鸡肉、鸭肉等；蛋类，如鸡蛋、鸭蛋、鹌鹑蛋等；乳制品，牛乳、酸乳、乳粉、乳酪等；水产品，如鱼类（如鲫鱼、鲢鱼）、虾、贝类等；豆制品，如豆腐、豆浆、豆皮、腐竹等（植物蛋白来源）。

（3）蔬菜与水果　提供维生素、矿物质和膳食纤维，主要包括：常见蔬菜，白菜、萝卜、马铃薯、番茄、黄瓜、茄子、青椒等；绿叶菜，菠菜、油菜、生菜、空心菜等；水果，苹果、香蕉、柑橘、梨、西瓜等（部分水果因价格较高，可能不属于严格民生食品）。

（4）食用油与调味品　用于食品烹饪和调味，主要包括：食用油，大豆油、花生油、菜籽油、葵花籽油等；基础调味品，食盐、白糖、酱油、醋、味精等。

（5）方便食品与速冻食品　适应现代快节奏生活的民生食品，如方便面、挂面、速冻水饺、汤圆等（部分属于加工食品）。

2. 按食品来源分类

（1）农产品（初级食品）　直接从农业生产中获取，未经深加工，如稻谷、小麦、玉米、蔬菜、水果、生猪、活鱼等。

（2）加工食品　经过一定加工处理，如面粉、大米（去壳）、食用油（精炼）、火腿肠、罐头等。

3. 按政策调控重点分类

政府通常对以下民生食品进行重点监测和调控："菜篮子"产品，如蔬菜、肉类、蛋类、乳类、水产品等；"米袋子"产品，如大米、小麦等主粮；重要储备物资，如国家储备粮（稻谷、小麦）、储备肉（冻猪肉）。

工作任务一　乳粉的感官检测（评分检验法）

一、方法解读

依据 GB/T 19644—2024《食品安全国家标准　乳粉和调制乳粉》及 RHB 201—2004《全脂乳粉感官评鉴细则》进行乳粉感官检测。对于乳粉而言，感官检测应除了注意其色泽是否正常、质地是否均匀细腻、滋味是否纯正外，同时应留意杂质、沉淀、有无结块等情况，以便作出综合性的评价。乳粉感官特征上的变化可以反映出乳粉原辅料、加工过程以及包装等生产环节，运输及储存等条件是否存在问题。

二、 任务准备

（一）乳粉的感官要求

乳粉的感官检测包括四大项：色泽、滋味和气味、组织状态、冲调性，具体的感官要求见表 1-1。

表 1-1 乳粉感官要求

项目	要求	
	乳粉	调制乳粉
色泽	呈均匀一致的乳黄色	具有应有的色泽
滋味和气味	具有纯正的乳香味	具有应有的滋味和气味
组织状态	干燥均匀的粉末	
冲调性	经搅拌可迅速溶解在水中，不结块	

（二）乳粉的感官检测方法

1. 评分检验法

（1）评分检验法定义　评价员将样品的品质特性以数字标度形式来评价的检验称为评分检验法，即按预先设定的评价标准，对样品的特性和嗜好程度以数字标度进行评定，然后换算成得分的一种评价方法。在评分法中所使用的数字标度为等距标度或比率标度。

（2）应用领域和范围　评分检验法可同时检测两种或多种产品的一个或多个指标的强度及其差异，所以应用较为广泛，尤其用于检测新产品。

（3）对评价员要求　对评价员进行筛选、培训，评价员应该熟悉所评样品的性质、操作程序，具有区别性质细微差别的能力。参加检测的评价员人数应在 8 人以上。

2. 评分标准

以全脂乳粉为样品进行感官检测，根据感官评分表进行评价，评分表见 1-2。

表 1-2 全脂乳粉感官检测评分表

项目	特征	得分
色泽（10 分）	色泽均一，呈乳黄色或浅黄色；有光泽	10
	色泽均一，呈乳黄色或浅黄色；略有光泽	8~9
	黄色特殊或带浅白色；基本无光泽	6~7
	色泽不正常	4~5
组织状态（20 分）	颗粒均匀、适中、松散，流动性好	20
	颗粒较大或稍大、不松散，有结块或少量结块，流动性较差	16~19
	颗粒细小或稍小，有较多结块，流动性较差；有少量肉眼可见的焦粉粒	12~15
	粉质粘连，流动性非常差，有较多肉眼可见的焦粉粒	8~11

续表

项目	特征		得分
冲调性（30分）	下沉时间（10分）	≤10s	10
		11~20s	8~9
		21~30s	6~7
		≥30s	4~5
	挂壁和小白点（10分）	小白点≤10个，颗粒细小；杯壁无小白点和絮片	10
		有少量小白点，颗粒细小；杯壁上的小白点和絮片≤10个	8~9
		有少量小白点，周边较多，颗粒细小；杯壁有少量小白点和絮片	6~7
		有大量小白点和絮片，中间和四周无明显区别；杯壁有大量小白点和絮片而不下落	4~5
	团块（10分）	0	10
		1个≤团块≤5个	8~9
		5个<团块≤10个	6~7
		团块>10个	4~5
滋味、气味（40分）	浓郁的乳香味		40
	乳香味不浓，无不良气味		32~39
	夹杂其他异味		24~31
	乳香味不浓同时明显夹杂其他异味		16~23

（三）材料与工具

材料	待测样品
	蒸馏水
	纯净水
工具	透明洁净的200mL烧杯一个
	透明小杯若干
	大号塑料勺
	黑色塑料盘
	秒表一只
	天平：感量为1mg
	记号笔

注：方法所用水为GB/T 6682—2008《分析实验室用水规格和试验方法》规定的三级水；对于实验所用器皿应不会对感官评定产生影响，一般采用玻璃材质，也可采用没有其他异味的一次性塑料或纸杯作为感官评鉴实验用器皿。

三、 任务实施

1. 方案制订

通过相关知识学习，解读国家标准，小组完成方案制订，并依据方案完成任务准备。

任务名称			
小组成员		时间	
依据标准			
工作方案	一、明确方法		
	二、工作准备		
	材料（规格、数量）		
	工具（规格、数量）		
	样品（样品类型明确）		
	三、任务分工		
	姓名	分工及时间安排	
	四、工作流程简图		

2. 任务过程

任务	具体实施		要求
	实施步骤	实验记录	
样品制备	从包装完好的产品中取适量（50～100g）的样品放于敞口透明容器中，不得与有毒、有害、有异味或是影响样品风味的物品放在一起，检测温度在6～10℃。 将样品、评分表放在托盘内，随机呈送给评价员，评价员通过品尝、感觉、嗅闻等方式从左至右依次评定样品，也可以重复评价样品以提高准确度	采集的样品必须贴上标签，明确标记品名、来源、数量、采样地点、采样人及采样日期等内容，现场编号一定要与检测样品及留样编号一致。 样品编号：________	1. 严格执行感官检测实验室管理制度，台面整齐，着工作服，仪表整洁。 2. 样品在检测前，不得受到污染，发生变化。 3. 样品抽取后，应迅速送检测室进行分析。 4. 盛样容器可根据要求选用硬质玻璃或聚乙烯制品。 5. 采样时通常考虑样品的代表性、典型性、时效性及样品检测的程序性

<table>
<tr><th rowspan="2">任务</th><th colspan="2">具体实施</th><th rowspan="2">要求</th></tr>
<tr><th>实施步骤</th><th>实验记录</th></tr>
<tr><td rowspan="4">样品测定</td><td>色泽、组织状态的评定：在充足的日光或白炽灯光下，将待检乳粉取 5g 分别放在硫酸纸上，观察乳粉的色泽和组织状态</td><td rowspan="4">记录色泽、组织状态、滋味及气味、冲调性。
下沉时间：________
挂壁情况：________
团块：________</td><td rowspan="4">1. 下沉时间直接反映乳粉的可湿性，质量好的乳粉下沉时间在 30s 内。
2. 如果乳粉接触水后在表面形成了大的团块，下沉时间超过 30s，认为乳粉的可湿性较差。
3. 优质乳粉无挂壁现象，没有或有极少量（不多于 10 个）小白点，无团块。
4. 用统计法分别进行误差分析。
5. 讨论协调后，得出每个样品的总体检测结论</td></tr>
<tr><td>乳粉冲调性评定通过下沉时间、热稳定性、挂壁及团块来判定。
下沉时间：量取 60～65℃的蒸馏水 100mL 放入 200mL 烧杯中，称取 13.6g 待检乳粉，将乳粉迅速倒入烧杯的同时启动秒表开始计时。待水面上的乳粉全部下沉后结束计时，记录乳粉下沉时间。
热稳定性、挂壁及团块：检验完乳粉的“下沉时间”后，立即用大号塑料勺沿容器壁按 2r/s 的速度进行匀速搅拌，搅拌时间为 40～50s。然后观察复原乳的挂壁情况；将复原乳（2mL）倒入黑色塑料盘中观察小白点情况；最后观察容器底部是否有不溶团块</td></tr>
<tr><td>滋味及气味：首先用清水漱口，然后用鼻子闻复原乳气味，最后喝一口（约 5mL）复原乳，仔细品味再咽下</td></tr>
<tr><td>收集乳粉感官评价员品评结果记录表并汇总，解除编码密码，统计出各个样品的评定结果</td></tr>
<tr><td>结束工作</td><td colspan="2">检测结束后废弃物及废液应分类收集后，倒入指定容器，统一处置，清理评价小间台面、清洁所用器皿及工具并全部归位</td><td>小组成员做好工作总结，培养团队协作精神</td></tr>
</table>

工作任务二 饼干的感官检测（排序检验法）

一、 方法解读

依据 GB/T 20980—2021《饼干质量通则》进行检测。标准中明确饼干是以谷类粉（和/或豆类、薯类粉）等为主要原料，添加或不添加糖、油脂及其他原料，经调粉（或调浆)、成型、烘烤（或煎烤）等工艺制成的食品，以及熟制前或熟制后在产品之间（或表面、或内部）添加奶油、蛋清、可可、巧克力等的食品。根据加工工艺的不同将饼干分为13类，包括酥性饼干、韧性饼干、发酵饼干、压缩饼干、曲奇饼干、夹心饼干、威化饼干、蛋圆饼干、蛋卷、煎饼、装饰饼干、水泡饼干及其他饼干。对饼干的形态、色泽、滋味与口感、组织状态进行检测。

二、 任务准备

（一）饼干的感官要求

1. 饼干类型

（1）酥性饼干　以小麦粉、糖、油脂为主要原料，加入膨松剂和其他辅料，经冷粉工艺调粉、辊压或不辊压、成型、烘烤制成的表面花纹多为凸花，断面结构呈多孔状组织，口感酥松或松脆的饼干。

（2）韧性饼干　以小麦粉、糖（或无糖）、油脂为主要原料，加入膨松剂、改良剂及其他辅料，经热粉工艺调粉、辊压、成型、烘烤而成的，一般有针眼，断面有层次，口感松脆的饼干。

（3）发酵饼干　以小麦粉、油脂为主要原料，酵母为膨松剂，加入各种辅料，经调粉、发酵、辊压、成型、烘烤制成的酥松或松脆，具有发酵制品特有香味的饼干。

（4）压缩饼干　以小麦粉、糖、油脂、乳制品为主要原料，加入其他辅料，经冷粉工艺调粉、辊压、烘烤成饼坯后，再经粉碎，添加油脂、糖、营养强化剂或再其他干果、肉松、乳制品等，拌和、压缩制成的饼干。

（5）曲奇饼干　以小麦粉、糖、糖浆、油脂、乳制品为主要原料，加入膨松剂及其他辅料，经冷粉工艺调粉，采用挤注或挤条、钢丝切割或辊印方法中的一种形式成型、烘烤制成的具有立体花纹或表面有规则波纹的饼干。

（6）夹心饼干　在饼干单片之间（或饼干空心部分）添加糖、油脂、乳制品、巧克力酱、各种复合调味酱等夹心料而制成的饼干。

（7）威化饼干　以小麦粉（或糯米粉)、淀粉为主要原料，加入乳化剂、膨松剂等辅料，经调浆、浇注、烘烤制成多孔状的片状、卷状或其他形状的单片饼干，通常在单片或多片之间添加糖、油脂等夹心料的两层或多层的饼干。

（8）蛋圆饼干　以小麦粉、糖、鸡蛋为主要原料，加入膨松剂、香精等辅料，经搅打、调浆、挤注、烘烤制成的饼干。

（9）蛋卷　以小麦粉、糖、鸡蛋为主要原料，添加或不添加油脂，加入膨松剂、改良剂及其他辅料，经调浆、浇注或挂浆，烘烤卷制而成的饼干。

（10）煎饼　以小麦粉（可添加糯米粉、淀粉等)、糖、鸡蛋为主要原料，添加或不添加油脂，加入膨松剂、改良剂及其他辅料，经调浆或挂浆、煎烤制成的饼干。

（11）装饰饼干　在饼干表面涂布巧克力酱、果酱等辅料或喷撒调味料或裱粘糖花而制成的表面有涂层线条或图案的饼干。

（12）水泡饼干　以小麦粉、糖、鸡蛋为主要原料，加入膨松剂，经调粉，多次辊压、成型、热水烫漂、冷水浸泡、烘烤制成的具有浓郁蛋香味的疏松、轻质饼干。

2. 饼干的感官指标要求

各类饼干的形态、色泽、滋味与口感、组织应符合表 1-3 的规定；且各类饼干无正常视力可见的外来异物。

表 1-3　饼干的感官指标要求

饼干类型	形态	色泽	滋味与口感	组织状态
酥性饼干	外形完整，花纹清晰或无花纹，厚薄基本均匀，不收缩，不变形，不起泡，不应有较大或较多的凹底。特殊加工产品表面或中间有可食颗粒存在（如椰蓉、芝麻、白砂糖、巧克力、燕麦等）	具有该产品应有的色泽	具有产品应有的香味，无异味，口感酥松或松脆	断面结构呈多孔状，细密，无大孔洞
韧性饼干	外形完整，花纹清晰或无花纹，一般有针孔，厚薄基本均匀，不收缩，不变形，无裂痕，可以有均匀泡点，不应有较大或较多的凹底。特殊加工产品表面或中间有可食颗粒存在（如椰蓉、芝麻、白砂糖、巧克力、燕麦等）	具有该产品应有的色泽	具有产品应有的香味，无异味，口感松脆	断面结构有层次或呈多孔状
发酵饼干	外形完整，厚薄大致均匀，表面一般有较均匀的泡点，无裂缝，不收缩，不变形，不应有较大或较多的凹底。特殊加工产品表面或中间有可食颗粒存在（如果仁、芝麻、白砂糖、食盐、巧克力、椰丝、蔬菜等）	具有该产品应有的色泽	具有发酵制品应有的香味及产品特有的香味，无异味，口感酥松或松脆	断面结构有层次或呈多孔状
压缩饼干	块形完整，无严重缺角、缺边	具有该产品应有的色泽	具有产品特有的香味，无异味	断面结构呈紧密状，无孔洞
曲奇饼干	外形完整，花纹（或波纹）清晰或无花纹，同一造型大小基本均匀，饼体摊散适度，无连边。特殊加工产品表面或中间可有可食颗粒存在（如椰蓉、白砂糖、巧克力等）	具有该产品应有的色泽	具有该产品应有的香味，无异味，口感酥松或松软	断面结构呈细密的多孔状，无较大孔洞
夹心（或注心）饼干	外形完整，边缘整齐，夹心饼干不错位，不脱片，饼干表面应符合饼干单片要求，夹心层厚薄基本均匀，夹心或注心料无明显外溢	具有该产品应有的色泽。饼干单片夹心或注心料呈该料应有的色泽	应符合产品所调制的香味，无异味，口感疏松或松脆	层次分明，饼干单片断面应具有其相应产品的结构
威化饼干	外形完整，块形端正，花纹清晰，厚薄基本均匀，无分离及夹心料溢出现象	具有该产品应有的色泽	具有产品应有的香味，无异味，口感松脆或酥化	层次分明，片子断面结构呈多孔状，夹心料均匀
蛋圆饼干	呈冠圆形或多冠圆形，外形完整，大小、薄厚基本均匀	具有产品应有的色泽	甜味，具有蛋香味及产品应有的香味，无异味，口感松脆	断面结构呈紧密的多孔状，无较大孔洞

续表

饼干类型	形态	色泽	滋味与口感	组织状态
蛋卷	呈多层卷筒形态或产品特有的形态，断面层次分明，外形基本完整，特殊加工产品可有可食用颗粒存在	具有产品应有的色泽	具有蛋香味及产品应有的香味，无异味、口感松脆或酥松	—
煎饼	外形基本完整，特殊加工产品可有可食用颗粒存在	具有产品应有的色泽	具有产品应有的香味，无异味，口感硬脆、松脆或酥松	—
装饰饼干	外形完整，装饰基本均匀	具有饼干单片及涂层或糖花应有的色泽	具有产品应有的香味，无异味	饼干单片断面应有其相应产品的结构
水泡饼干	外形完整，块形大致均匀，不得起泡，不得有皱纹、粘连痕迹及明显的豁口	呈浅黄色、金黄色或产品应有的颜色	味略甜，具有浓郁的蛋香味或产品应有的香味，无异味，口感脆、疏松	断面组织微细、均匀，无孔洞

（二）饼干的感官检测方法

1. 排序检验法

（1）排序检验法的定义及分类　排序检验法是指比较数个样品，按指定特性由强度或嗜好程度排出一系列样品的方法。按其形式可以分为以下几种。

① 按某种特性（如甜度、黏度等）的强度递增顺序。

② 按质量顺序（如竞争食品的比较）。

③ 赫道尼克（Hedonic）顺序（如喜欢/不喜欢）。

该法只排出样品的次序，不评价样品间差异的大小。

排序检验法的优点在于可以同时比较两个以上的样品。但是对于样品品种较多或样品之间差别很小时，就难以进行。所以通常在样品需要为下一步的试验预筛或预分类的时候，可应用此方法。排序检验法中的评判情况取决于评价员的感官分辨能力和有关食品方面的性质。

（2）应用　排序检验法用于确定由于不同原料、加工、处理、包装和储藏等各环节而造成的产品感官特性差异；用于当样品需要为下一步的试验预筛或预分类，即对样品进行更精细的感官检测之前，可应用此方法对样品进行感官检测；用于对消费者或市场经营者订购的产品的可接受性调查；企业产品的精选过程；或评价员的选择和培训。

（3）对评价员要求　对评价员进行筛选、培训，评价员应该熟悉所评样品的性质、操作程序，具有区别性质细微差别的能力。每 10 人为一组每组选出一个小组长，轮流进入检验区。

2. 样品编号

样品制备员给每个样品编出三位数的代码，每个样品给 3 个编码，作为 3 次重复检验之用，随机数码取自随机数表。饼干感官检测编码实例及供样方案见表 1-4 和表 1-5。

表 1-4 饼干感官检测编码实例

样品名称：＿＿＿＿＿ 日期：＿＿年＿＿月＿＿日

样品	重复检验编码			
	1	2	3	4
A	463	973	434	
B	995	607	225	
C	067	635	513	
D	695	654	490	
E	681	695	431	

表 1-5 饼干感官检测供样方案

评价员	供样顺序	第 1 次检验时的号码顺序
1	CAEDB	067 463 681 695 995
2	ACBED	463 067 995 681 695
3	EABDC	681 463 995 695 067
4	BAEDC	995 463 681 695 067
5	ECCAB	681 695 067 463 995
6	DEACB	695 681 463 067 995
7	DCABE	695 067 463 995 681
8	ABDEC	463 995 695 681 067
9	CDBAE	067 695 995 463 681
10	EBACD	681 995 463 067 695

在做第 2 次重复检测时，供样顺序不变，样品编码改用上表中第 2 次检测用码，其余类推。

3. 样品感官检测评价表

评价员每人都有一张单独的评价表（表 1-6）。

表 1-6 饼干感官检测评价表

样品名称：＿＿＿＿＿ 日期：＿＿年＿＿月＿＿日					
评价员：＿＿＿＿					
检验内容：请仔细品评您面前的 5 个饼干样品，例如酥性甜饼干，请根据它们的入口酥化程度、甜脆性、香气、综合口感以及外形、颜色等综合指标给它们排序，最好的排在左边第 1 位，依次类推，最差的排在右边最后一位，将样品编号填入对应横线上					
样品排序（最好）	1	2	3	4	5（最差）
样品编号	＿＿	＿＿	＿＿	＿＿	＿＿

（三）材料与工具

材料	提供5种同类型饼干样品，例如不同品牌的韧性饼干或酥性饼干
	纯净水
工具	预备足够量的碟
	样品托盘
	记号笔

注：方法所用水为GB/T 6682—2008《分析实验室用水规格和试验方法》规定的三级水；对于实验所用器皿应不会对感官评定产生影响，一般采用玻璃材质，也可采用没有其他异味的一次性塑料或纸杯作为感官评鉴实验用器皿。

三、 任务实施

1. 方案制订

通过相关知识学习，解读国家标准，小组完成方案制订，并依据方案完成任务准备。

任务名称			
小组成员		时间	
依据标准			
工作方案	一、明确方法		
	二、工作准备		
	材料（规格、数量）		
	工具（规格、数量）		
	样品（明确样品类型）		
	三、任务分工		
	姓名	分工及时间安排	
	四、工作流程简图		

2. 任务过程

<table>
<tr><th rowspan="2">任务</th><th colspan="2">具体实施</th><th rowspan="2">要求</th></tr>
<tr><th>实施步骤</th><th>实验记录</th></tr>
<tr><td>样品制备</td><td>从包装完好的产品中取适量的样品放于白瓷盘中，确保样品的形状、大小、等尽量一致。将制备好的样品储存于干燥的容器或袋子内，使用前取出，避免吸潮。
将样品、评价表放在托盘内，随机呈送给评价员</td><td>采集的样品必须贴上标签，明确标记品名、来源、数量、采样地点、采样人及采样日期等内容，现场编号一定要与检测样品及留样编号一致
样品编号：________</td><td>1. 严格执行食品感官实验室管理制度，台面整齐，着工作服，仪表整洁。
2. 样品在检测前，不得受到污染发生变化。
3. 样品抽取后，应迅速送检测室进行检测。
4. 盛样容器保存干净无味。
5. 采样时通常考虑样品的代表性、典型性、时效性及样品检测的程序性</td></tr>
<tr><td rowspan="4">样品测定</td><td>色泽、组织状态的评定：在充足的日光或白炽灯光下，目测样品的色泽、状态，检测有无异物。掰开样品，观察其组织结构</td><td rowspan="4">记录色泽、组织状态、气味、滋味。
以小组为单位，统计检测结果</td><td rowspan="4">1. 在两个样品间，请用清水漱口，并吐出所有的样品和水。
2. 检测过程要专注。
3. 可重复品尝。
4. 用统计法分别进行误差分析。
5. 讨论协调后，得出每个样品的总体检测结论</td></tr>
<tr><td>气味：嗅闻气味</td></tr>
<tr><td>滋味：用温开水漱口后评价样品滋味口感</td></tr>
<tr><td>收集饼干感官评价员检测结果记录表并汇总，解除编码密码，统计出各个样品的检测结果</td></tr>
<tr><td>结束工作</td><td colspan="2">检测结束后分类处理废弃物及废液，清理评价小间台面、清洗所用器具，并全部归位</td><td>小组成员做好工作总结，培养团队协作精神</td></tr>
</table>

工作任务三 果酱风味综合评价实验（描述检验法）

一、 方法解读

依据 GB/T 22474—2008《果酱》进行检测。对于果酱，感官检测应从色泽、滋味与口感、杂质、组织状态作出综合性的评价。果酱感官特征上的特征可以反映出果酱原辅料、生产工艺过程以及包装等生产环节，运输及储存等条件是否出现问题。

二、 任务准备

（一）果酱的感官要求

果酱的感官检测包括四大项：色泽、滋味与口感、杂质、组织状态，具体的感官要求见表 1-7。

表 1-7 果酱感官要求

项目	要求
色泽	有该品种应有的色泽
滋味与口感	无异味,酸甜适中,口味纯正,应具有该品种应有的风味
杂质	正常视力下无可见杂质,无霉变
组织状态	均匀,无明显分层和析水,无结晶

（二）果酱的感官检测方法

1. 简单描述检验法

（1）定义　要求评价员对构成食品的特征的各个指标进行定性描述，尽量完整地描述出样品品质，具体还可分为风味描述法和质地描述法。可用于识别或描述某一特殊样品或许多样品的特殊指标，或将感觉到的特性指标建立一个序列。

（2）应用　简单描述检验法常用于质量控制、产品在储存期的变化或描述已经确定的差异检验，也可用于培训评价员。

简单描述检验法有两种形式，一种是由评价员用任意的词汇，对每个样品的特性进行描述；另一种形式是首先提供指标检查表，使评价员能根据指标检查表进行检测。

评价员完成检测后，由检测小组组织者统计结果。根据每一描述性词汇的使用频数得出检测结果，最好对评价结果作出公开讨论。

（3）对品评员要求　参加检测的评价员人数应在 8 人以上。评价员具备描述食品品质特性和次序的能力；具备描述食品品质特性的专有名词的定义与其在食品中的实质含义的能力；具备对食品的总体印象、总体风味强度和总体差异的分析能力。

2. 样品编号

备样员给每个样品编出三位数的代码，每个样品给 3 个编码，作为 3 个重复检验之用，随机数码取自随机数表。本例中取例见表 1-8。

表 1-8 果酱感官检测取例

样品号	A(样 1)	B(样 1)	C(样 1)	D(样 1)	E(样 1)
第 1 次检验	743	042	706	654	813
第 2 次检验	183	747	375	365	854
第 3 次检验	026	617	053	882	388

排定每组评价员的顺序及供样顺序及编码，见表 1-9（第一组第 1 次）。

表 1-9 果酱感官检测供样顺序及编码

评价员(姓名)	供样顺序	第 1 次检验样品编码
1(×××)	E A B D C	813,734,042,664,706
2(×××)	A C B E D	734,706,042,813,664
3(×××)	D C A B E	664,706,734,042,813

续表

评价员(姓名)	供样顺序	第1次检验样品编码
4(×××)	A B D E C	734,042,664,813,706
5(×××)	B A E D C	042,734,813,664,706
6(×××)	E D C A B	813,664,706,734,042
7(×××)	D E A C B	664,813,734,706,042
8(×××)	C D B A E	706,664,042,734,813
9(×××)	E B A C D	813,042,734,706,664
10(×××)	C A E D B	706,734,813,664,042

供样顺序是备样员内部参考用的，评价员用的检验记录表上看到的只是编码，无ABCDE字样。在重复检验时，样品编排顺序不变，如第1号评价员的供样顺序每次都是EABDC，而编码的数字则换上第2次检验的编号。其他组、次排定表略。请按例自行排定。

3. 评价表

分发描述性检测评价表，见表1-10，供参考，也可另自行设计。

表1-10　　果酱感官检测评价表

描述性检测评价表	
样品名称:苹果酱	评价员:
样品编号(如813)	检验日期:　年　月　日
项目	评定
色泽	
甜度	
酸度	
甜酸比率(太酸)(太甜)	
苹果香气	
焦煳香气	
细腻感	
不良风味(列出)	

注：(弱) 1，2，3，4，5，6，7，8，9 (强)。

甜酸比率：(太酸) 1，2，3，4，5，6，7，8，9 (太甜)。

(三) 材料与工具

材料	提供5种同类果酱样品(如苹果酱)
	纯净水

工具	预备足够量的碟、匙
	样品托盘
	记号笔

注：方法所用水为GB/T 6682—2008《分析实验室用水规格和试验方法》规定的三级水；对于实验所用器皿应不会对感官评定产生影响，一般采用玻璃材质，也可采用没有其他异味的一次性塑料或纸杯作为感官评鉴实验用器皿。

三、任务实施

1. 方案制订

通过相关知识学习，解读国家标准，小组完成方案制订，并依据方案完成任务准备。

<table>
<tr><td>任务名称</td><td colspan="4"></td></tr>
<tr><td>小组成员</td><td colspan="2"></td><td>时间</td><td></td></tr>
<tr><td>依据标准</td><td colspan="4"></td></tr>
<tr><td rowspan="16">工作方案</td><td colspan="4">一、明确方法</td></tr>
<tr><td colspan="4"></td></tr>
<tr><td colspan="4">二、工作准备</td></tr>
<tr><td>材料(规格、数量)</td><td colspan="3"></td></tr>
<tr><td>工具(规格、数量)</td><td colspan="3"></td></tr>
<tr><td>样品(明确样品类型)</td><td colspan="3"></td></tr>
<tr><td colspan="4">三、任务分工</td></tr>
<tr><td>姓名</td><td colspan="3">分工及时间安排</td></tr>
<tr><td></td><td colspan="3"></td></tr>
<tr><td></td><td colspan="3"></td></tr>
<tr><td></td><td colspan="3"></td></tr>
<tr><td></td><td colspan="3"></td></tr>
<tr><td colspan="4">四、工作流程简图</td></tr>
<tr><td colspan="4"></td></tr>
</table>

2. 任务过程

任务	具体实施		要求
	实施步骤	实验记录	
样品制备	从包装完好的产品中取 20g 样品放于白瓷盘中，确保样品尽量一致。将制备好的样品储存于干燥的容器或袋子内，使用前取出，避免吸潮。 将样品、评价表放在托盘内，随机呈送给评价员	采集的样品必须贴上标签，明确标记品名、来源、数量、采样地点、采样人及采样日期等内容，现场编号一定要与检测样品及留样编号一致。 样品编号：________	1. 严格执行食品感官实验室管理制度，台面整齐，着工作服，仪表整洁。 2. 样品在检测前，不得受到污染，发生变化。 3. 样品抽取后，应迅速送检测室进行检测。 4. 盛样容器保持干净无味。 5. 采样时通常考虑样品的代表性、典型性、时效性及样品检测的程序性
样品测定	色泽、组织状态、杂质的评定：在充足的日光或白炽灯光下，观察样品的色泽、组织状态、有无杂质	记录色泽、组织状态杂质情况，以及气味和滋味。 以小组为单位，统计检测结果	1. 检测过程中要专注。 2. 在两个样品间，请用温开水漱口，并吐出。 3. 可重复品尝。 4. 用统计法分别进行误差分析。 5. 讨论协调后，得出每个样品的总体检测结论
	气味：嗅闻气味		
	滋味：用温开水漱口后评价样品滋味和口感		
	收集果酱感官评价员品评结果记录表并汇总，得出检测结果		
结束工作	检测结束后分类收集废弃物及废液，倒入指定容器，统一处置，清理评价小间台面，清洗所用器具，并全部归位		实验组成员做好工作总结，培养团队协作精神

工作任务四　发酵乳的差别检验（成对比较检验法）

一、方法解读

依据 GB 19302—2010《食品安全国家标准　发酵乳》进行检测。对于全脂、脱脂和部分脱脂发酵乳，感官检测应从色泽、滋味和气味、组织状态等方面进行综合评价。发酵乳在感官特征上的变化可以反映出发酵乳原辅料、加工过程以及包装等生产环节，运输及储存等条件是否存在问题。

二、任务准备

（一）发酵乳的感官要求

发酵乳的感官检测包括：色泽、滋味和气味、组织状态，具体的感官要求见表 1-11。

表 1-11 发酵乳感官要求

项目	要求	
	发酵乳	风味发酵乳
色泽	色泽均以一致，呈乳白色或微黄色	具有与添加成分相符的色泽
滋味和气味	具有发酵乳特有的滋味、气味	具有与添加成分相符的滋味、气味
组织状态	组织细腻、均匀，允许有少量乳清析出，风味发酵乳具有添加成分特有的组织状态	

（二）发酵乳差别检验的方法

1. 检验方法

（1）差别检验　差别检验只要求评价员评定两个或两个以上的样品中是否存在感官差异（或偏爱其一）。差别检验的结果分析是以每一类别的评价员数量为基础的。

一般规定不允许“无差异”的回答（即强迫选择）。差别检验中需要注意样品外表、形态、温度和数量等的明显差别所引起的误差。

常用的方法有：成对比较检验法、二-三点检验法、三点检验法、“A”-“非 A”检验法、五中取二检验法、选择检验法和配偶检验法。

（2）成对比较检验法　以随机顺序同时出示两个样品给评价员，要求评价员对这两个样品进行比较，判定整个样品或某些特征强度顺序的一种检测方法称为成对比较检验法或两点试验法。

① 应用：成对检验法用于确定两种样品之间某种特性是否存在差异，差异方向如何；成对检验法用于偏爱两种样品中的哪一种。（产品和工艺开发、质量控制等方面）。

② 试验的注意事项：两点检验法品尝顺序：首先将 A 与 B 比较，然后将 B 与 A 比较，从而确定 AB 间差异，务必让 A 与 B 出现在同一位置的概率相同；确保 A、B 品尝时间尽可能一致；若仍无法确定，等几分钟再次重复进行。

③ 对评价员要求：参加评定的评价员人数应在 8 人以上。评价员具备描述食品品质特性和次序的能力；具备描述食品品质特性的专有名词的定义与其在食品中的实质含义的能力；具备对食品的总体印象、总体风味强度和总体差异的分析能力。

2. 样品编号

购买市售的两种不同品牌的发酵乳，使其保持在同一温度下，取等量样品分别装入两个专用的已经编码的品评杯中，品评杯一致且无味，编码可参考计算机品评系统或随机编码。

3. 评价表

采用成对检验法判断两个发酵乳样品酸度差异，填入表 1-12。

表 1-12 成对检验法检测发酵乳样品差异评价表

差别检验法判断两个发酵乳样品酸度差异
样品：　　　　方法： 评价员：　　　　评价时间：　　　　轮次： 提示：请从左至右品尝你面前的两个样品，在你认为较甜的样品编号上标记。你可以猜测，但必须做出选择。在两个样品间，请用清水漱口，并吐出所有的样品和水。可重复品尝。 评价结果： 样品相同_________样品不同_________。 参考标准： 评价心得：

（三）材料与工具

材料	提供2种市售发酵乳
	纯净水
工具	预备足够量的碟、匙
	样品托盘
	记号笔

注：方法所用试剂均为分析纯，水为GB/T 6682—2008《分析实验室用水规格和试验方法》规定的三级水；对于实验所用器皿应不会对感官评定产生影响，一般采用玻璃材质，也可采用没有其他异味的一次性塑料或纸杯作为感官评鉴实验用器皿。

三、 任务实施

1. 方案制订

通过相关知识学习，解读国家标准，小组完成方案制订，并依据方案完成任务准备。

任务名称			
小组成员		时间	
依据标准			
工作方案	一、明确方法		
	二、工作准备		
	材料（规格、数量）		
	工具（规格、数量）		
	样品（明确样品类型）		
	三、任务分工		
	姓名	分工及时间安排	
	四、工作流程简图		

2. 任务过程

<table>
<tr><th rowspan="2">任务</th><th colspan="2">具体实施</th><th rowspan="2">要求</th></tr>
<tr><th>实施步骤</th><th>实验记录</th></tr>
<tr><td>样品制备</td><td>从包装完好的产品中取适量的样品置于 50mL 烧杯中,确保样品均匀。
将样品、评价表放在托盘内,随机呈送给评价员</td><td>采集的样品必须贴上标签,明确标记品名、来源、数量、采样地点、采样人及采样日期等内容,现场编号一定要与检测样品及留样编号一致。
样品编号:__________</td><td>1. 严格执行食品感官实验室管理制度,台面整齐,着工作服,仪表整洁。
2. 样品在检测前,不得受到污染,发生变化。
3. 样品抽取后,应迅速送检测室进行检测。
4. 盛样容器保存干净无味。
5. 采样时通常考虑样品的代表性、典型性、时效性及样品检测的程序性</td></tr>
<tr><td rowspan="4">样品测定</td><td>色泽、组织状态的评定:在充足的日光或白炽灯光下,观察样品的色泽、组织状态</td><td rowspan="4">记录色泽、组织状态、气味、滋味。
以小组为单位,统计检测结果</td><td rowspan="4">1. 首先 A 与 B 比较,然后将 B 与 A 比较,从而确定 A、B 间差异。
2. 确保 A、B 品尝时间尽可能一致。
3. 可重复进行。
4. 用统计法分别进行误差分析。
5. 讨论协调后,得出每个样品的总体检测结论</td></tr>
<tr><td>气味:嗅闻气味</td></tr>
<tr><td>滋味:用温开水漱口后品尝滋味</td></tr>
<tr><td>收集发酵乳感官评价员检测结果记录表并汇总,解除编码密码,统计出各个样品的评定结果</td></tr>
<tr><td>结束工作</td><td colspan="2">检测结束后分类收集废弃物及废液,倒入指定容器,统一处置,清理评价小间台面,清洗所用器具,并全部归位</td><td>小组成员做好工作总结,培养团队协作精神</td></tr>
</table>

检查与评价

学生完成本任务的学习，通过自评、小组互评以检查自己对本任务学习的掌握情况。指导教师在整个教学过程中，关注每个小组的检测过程及小组成员的动手能力，并对小组成员动手能力进行评价。将具体的检查与评价填入下表，评价表对应工作任务一。

项目	评价标准	分值	学生自评	小组互评	教师评价
方案制订与任务准备	认真负责、一丝不苟进行资料查阅,确定检测依据	5			
	协同合作制订方案并合理分工	5			
	相互沟通完成方案诊改	5			
	正确清洗及准备工具	5			
	正确取样	5			

续表

项目	评价标准	分值	学生自评	小组互评	教师评价
样品制备	规范操作进行样品制备	10			
	规范呈送样品、评价表	10			
样品测定	规范操作,进行色泽、组织状态评定	10			
	规范操作,进行乳粉冲调性检测	10			
	规范操作,进行气味和滋味评定	10			
	完成评价表,出具检测报告	10			
结束工作	结束后倒掉废弃物、清理台面、洗净用具并归位	5			
	文明操作、正确归位	5			
	合理分工,按规定时间完成	5			

学习思考

1. 如何进行乳粉冲调性检测?
2. 什么是评分检验法?
3. 采用成对比较检验法进行食品感官检测时有哪些注意事项?
4. 什么是简单描述检验法?
5. 简单描述检验法有哪些形式?

项目四

食品感官的仪器检测

项目导入

【智能感官技术】感官检测贯穿于白酒产品整个生命周期，感官质量控制手段在白酒行业运用多年，相对比较成熟，但是也面临很多挑战，随着社会对无损、快速、智能检测技术的需求，为了使白酒在生产、流通过程中有一个严格的评价标准，进一步体现酒类评价的公正性和准确性，采用智能感官仪器辅助人工感官检测，用科学计量上的品质指标来评价白酒及其物料品质是必要的手段之一，建立智能感官控制体系也成为白酒品控的新手段。

问题启发

同学们能否举出智能感官技术在感官检测中应用的例子?感官仪器检测有哪些优点?感官仪器检测在食品领域有哪些应用?

知识准备

一、质构仪

1. 食品质构

食品质构是指采用力学的、触觉的方法，还包括视觉的、听觉的方法感知食品的流变学特性的综合感觉。食品质构与食品食用时的口感质量、产品的加工过程、风味特性、颜色和外观、产品的稳定性等息息相关。如黏度过小的产品充填在面包夹层中很难沉积在面包的表面；一些亲水胶体、碳水化合物以及淀粉可通过与风味成分的结合而影响风味成分的释放；低脂产品需要构建合适的黏度来获得合理的口感，但如果产品过黏，则可能很难通过板式热交换器进行杀菌等。

2. 质构仪概述

质构仪（物性仪）作为一种物性分析仪器，主要是模拟口腔的运动，对样品进行压缩，变形，从而能分析出食品的质构，包括硬度、黏性、弹性、回复性、咀嚼性、脆性、黏聚性等指标，在食品学科的发展中发挥着重要的作用。

食品质构的感官检测容易受到人为因素的影响，如个人喜好、个人生理状态、个人感官阈值等，结果具有主观性，这导致数据结果的真实性、重复性和稳定性大大受到影响。而质构仪不受人为因素的影响，具有客观性，大大提高了数据的真实性、可靠性和重复性。

质构仪不能完全模拟人的口腔运动，但是获得的质构参数或者指标能够很好地反映食品的口感或者质构。质构仪已广泛应用于肉制品、粮油食品、糖果、果蔬、凝胶、果酱、宠物食品、化妆品、医疗、胶黏剂工业等的物性学中，可以检测食品的嫩度、硬度、脆性、黏性、弹性、咀嚼性、拉伸强度、抗压强度、穿透强度等物性指标。

3. 质构仪应用

质构仪是食品行业中的常用的仪器，在乳制品厂、肉类加工厂、快餐工厂、面包房和许多食品企业实验室中都有广泛应用。从保持谷类食物的松脆到改善黄油的可涂抹性，质构仪对确保产品的质量、开发新产品等都起到很重要的作用。质构仪提供的质构分析数据，可以为一些常见的加工问题提供有效的解决方案。

二、电子舌

1. 电子舌概述

电子舌又称味觉传感器或味觉指纹分析仪，是一种主要由交互敏感传感器阵列、信号采集电路、基于模式识别的数据处理方法组成的现代化定性、定量分析检测仪器。电子舌可以对酸、甜、苦、咸、鲜五种基本味进行检测，在各类食品中，如酒类、饮料、茶叶、水产品、畜产品、禽肉蛋制品、食用油、果蔬加工、乳品等，甚至药品、烟草、农药残留、病原微生物等，都可以进行快速检测。电子舌检测获得的不是被测物质气味组分的定性或定量结果，而是物质中挥发性成分的整体信息，即气味的“指纹数据”。它显示了物质的气味特征，从而实现对物质气味的客观检测、鉴别和分析，非常适用于检测含有挥发性物质的气体、液体和固体样品。

2. 电子舌应用

电子舌技术在食品领域的应用研究已非常广泛，主要应用于酒类及饮料、果蔬、肉类产品、乳制品、调味品、油脂等的食品溯源、新鲜度、品质分级和质量安全监控等方面。

(1) 电子舌在酒类及饮料检测中的应用　酒和饮料是人们聚会餐桌上常见的消费品，此类液体味道本就厚重，仅仅靠人为是不能辨别其中的细微差别，利用电子舌技术能很好地识别和区分不同品质的酒水饮料，对市场监管存在重要意义。

有案例表明在研究市售啤酒的滋味品质时，采用电子舌传感技术对其进行综合评价分析，结果发现 15 个不同品牌和类型的啤酒样品聚为 5 类，主成分分析结果表明评价不同啤酒样品的 8 种滋味指标聚类效果良好，表明电子舌能对不同品牌的啤酒进行准确区分。

电子舌还被应用于不同葡萄酒、啤酒及不同香型的白酒区分中，均能准确完成判别。

(2) 电子舌在果蔬检测中的应用　利用电子舌智能感官技术对 6 个品种的芦笋的主成分和味觉进行了检测分析，结果发现不同品种的芦笋的酸味、咸味、鲜味、甜味和苦味均存在不同程度的差异。

为了科学、客观地评价不同采收期的紫菜在滋味方面的差异，采用电子舌技术分析了 4 种紫菜的滋味组成。结果表明，紫菜滋味主要由鲜味、鲜味回味、咸味和苦味组成，4 种紫菜的鲜味强度及苦味物质含量均不相同。早期采收的紫菜鲜味及咸味值高于后期采收的紫菜，提示不同采收期紫菜的呈味物质含量及其对滋味的贡献程度差异较大。

电子舌技术还被应用于不同产地的荔枝及不同成熟度的草莓等果蔬的区分。

(3) 电子舌在肉类产品检测中的应用　一项研究采用电子舌对牛肉炖煮后的滋味物质进行定性定量的分析，结果发现，不同部位的牛肉（上脑、牛胸、牛腩和腱子肉）的滋味存在明显差异，为炖煮牛肉风味数据库的建立提供了基础和理论参考。

电子舌技术还能够快速区分各种肉类品种及产品品质，并可实现对肉质变化的分析，它将是肉类产品质量评价的重要手段。

(4) 电子舌在乳制品检测中的应用　电子舌的高速、高灵敏度使之在乳制品加工业也得到广泛应用，主要用于不同品牌乳制品的识别、品质的检测、掺假的判断等。经过高温处理后，牛乳的风味发生很大变化，并且随着高温处理的时间和程度不同，这种变化呈现出一定的规律性，仅靠天然生物味觉系统可能很难对风味变化进行分析和识别，利用电子舌从样品的响应信号中得到“指纹识别数据”，为客观评价提供理论依据，灵敏地将不同温度和时间处理的牛乳区别开来，并且能对其他牛乳样品的加热程度进行粗略预测。

(5) 电子舌在调味品检测中的应用　有研究采用多频脉冲电子舌技术结合主成分分析（PCA）和判别因子分析（DFA）的统计分析方法对不同品牌的蚝油进行检测辨识，结果表明多频脉冲电子舌技术可以对 8 种样品进行良好的聚类，实现辨别不同品牌蚝油，具有实际应用价值。

利用电子舌对 8 个品牌的鱼香调味汁进行检测分析，结合理化指标和感官检测，探究鱼香调味汁在加热前后的滋味变化。结果发现在加热前，8 个品牌的鱼香调味汁按地域聚类，加热后，除个别样品外，依然按地域聚类，但样品之间的差异缩小，相似性增加，表面高温加热会减少各样品之间的差异滋味物质。

(6) 电子舌在油脂检测中的应用　电子舌可以作为味觉传感器，区分不同品质的橄榄油，识别其风味特征和化学成分。例如，电子舌可以检测橄榄油中的脂肪酸组成、过氧化值、游离脂肪酸含量等指标，从而评估橄榄油的新鲜度和质量。也可作为生物感官检测区分橄榄油的替代和补充，具有实用价值。电子舌还能够在线检测未知液体样品的整体特征，短时间内将样品精确地区分。

三、电子鼻

1. 电子鼻概述

电子鼻也称智鼻，是一种 20 世纪 90 年代发展起来的新颖的分析、识别和检测复杂气味及大多数挥发性成分的仪器，是由一定选择性的电化学传感器阵列和适当的图像识别装置组成的仪器，能够识别单一的或复合的气味，还能够用于识别单一成分的气体/蒸气或其他混合物。它与普通化学分析仪器，如色谱仪、光谱仪、毛细管电泳仪等不同，得到的不是被测样品中某种或某几种成分的定性与定量结果，而是得出样品中挥发成分的整体信息，也称“指纹”数据。这与人和动物的鼻子一样，“闻到”的是目标物的总体气息。电子鼻采取多传感器交互敏感的设计理念，使得分析检测对象表现出物质的综合本质属性，再结合对应的多元统计分析技术，从物质的特征图谱入手，实现了样品的在线、实时、快速检测。

电子鼻的检测对象主要是挥发性的风味物质。当一种或多种风味物质经过电子鼻时，该风味物质的“气味指纹”可以被传感器感知，并经过特殊的智能模式识别算法提取。利用不同风味物质的不同“气味指纹”信息，就可以来区分、辨识不同的气体样本。另外，某些特定的风味物质恰好可以表征样品在不同的原料产地、收获时间、加工条件、存放环境等多变量影响下的综合质量信息。电子鼻非常适用于检测含有挥发性物质的液体、固体样品。电子鼻技术是对电子舌技术的一种传承与创新，也是对整个智能感官检测技术的丰富与补充。

2. 电子鼻应用

气相色谱法、色谱-质谱联用法及电化学法是目前常用的食品检测方法，但这些方法检测费用昂贵，检测周期长，试验难度大，所得的气味图谱与人的嗅觉系统很难做系统化和科学化的对比。与传统的食品检测方法相比，电子鼻有一定的优越性。将电子鼻用于食品检测具有检测简单、快捷、样品用量少、成本低等特点。

（1）电子鼻在肉制品检测中的应用　电子鼻技术应用于肉制品检测中，不仅可以清晰区分不同饲养方式的猪肉，也可以评价猪肉加工过程中香气的变化。在检测中，样品室中的猪肉样品挥发出的气味被风扇吸入到气体收集箱内，与传感器阵列反应后产生信号，经信号调理箱调理，并通过计算机分析判断得到猪肉新鲜度。

（2）电子鼻在乳制品检测中的应用　随着电子鼻技术的迅猛发展，电子鼻在乳制品工业中应用的深度和广度不断扩大，主要体现在乳制品成熟期和货架期的预测、乳中挥发性物质的分析、乳中微生物的分类、干酪种类的分类和乳制品产地的区分等方面。

（3）电子鼻在烟酒业检测中的应用　电子鼻在酒类品牌的鉴定和异味检测、新产品研发、原料检验、蒸馏酒品质鉴定、制酒过程管理的监控方面有很大的应用价值。电子鼻在烟草行业中，可用于鉴别产品是否合格及等级的分类、生产流程是否稳定与正常以及市场商品的真伪，是用于质量控制与保证的不可缺少的工具之一。

（4）电子鼻在果蔬、油品检测中的应用　电子鼻在果蔬检测方面主要用作质量评定、成熟度检测、货架期的识别和种类识别等，以便对果蔬进行分类和分级，满足消费者的需求。在油品检测中，电子鼻技术在植物油分类、优劣的区分、掺假以及储藏过程中，植物油的氧化等方面的检测大有用武之地。

除此之外，电子鼻技术还能辨别食品的新鲜度，如上海海洋大学食品学院专家依靠"电子鼻"辨识食品"气味指纹"，检测食品新鲜程度的准确性，较传统培菌检测法有较大提高；同时，电子鼻还可"闻"出变质食品、"嗅出"食品的等级。随着时代的进步，科技的发展，电子鼻技术在食品检测中的作用将会日益突出。

工作任务　脆肉鲩鱼肉脆度的测定

一、方法解读

依据 DB4420/T 51—2024《脆肉鲩鱼肉脆度的测定　质构仪法》进行检测。该标准为中山市地方标准，规定了脆肉鲩鱼肉脆度的质构仪测定方法，适用于活、鲜、冻、熟脆肉鲩鱼肉的脆度测定。质构仪的质地剖面分析模式能模拟人口腔的咀嚼运动，通过对脆肉鲩鱼肉的硬度特性指标测定，来评价脆肉鲩鱼肉的脆度。

二、任务准备

材料	活、鲜脆肉鲩鱼
	冻脆肉鲩鱼
	饮用水
仪器	适宜容器
	计时器
	质构仪：最小测试精度 0.01g
	刻度尺：最小刻度 1mm

注：方法所用水为 GB/T 6682—2008《分析实验室用水规格和试验方法》规定的三级水；对于实验所用器皿应不会对感官评定产生影响，一般采用玻璃材质，也可采用没有其他异味的一次性塑料或纸杯作为感官评鉴实验用器皿。

三、任务实施

1. 方案制订

通过相关知识学习，解读国家标准，小组完成方案制订，并依据方案完成任务准备。

任务名称			
小组成员		时间	
依据标准			

<table>
<tr><td rowspan="16">工作方案</td><td colspan="2">一、明确方法</td></tr>
<tr><td colspan="2"></td></tr>
<tr><td colspan="2">二、工作准备</td></tr>
<tr><td>材料（规格、数量）</td><td></td></tr>
<tr><td>仪器（规格、数量）</td><td></td></tr>
<tr><td>样品（明确样品类型）</td><td></td></tr>
<tr><td colspan="2">三、任务分工</td></tr>
<tr><td>姓名</td><td>分工及时间安排</td></tr>
<tr><td></td><td></td></tr>
<tr><td></td><td></td></tr>
<tr><td></td><td></td></tr>
<tr><td></td><td></td></tr>
<tr><td colspan="2">四、工作流程简图</td></tr>
<tr><td colspan="2"></td></tr>
</table>

2. 任务过程

<table>
<tr><td rowspan="2">任务</td><td colspan="2">具体实施</td><td rowspan="2">要求</td></tr>
<tr><td>实施步骤</td><td>实验记录</td></tr>
<tr><td rowspan="2">样品制备</td><td>活、鲜脆肉鲩鱼：鲜活脆肉鲩鱼宰杀后，以脆肉鲩鱼胸鳍基点对应的背部为起点，取两侧背肌，长 145～155mm，用自来水冲洗干净，去鳞、去皮，去掉红肉中线以下部位。两侧背肌均从起点开始依次切 5 块 20mm 宽的鱼块，去掉第一块，从第二块开始，在靠近中线部位，切除鱼块表面的红肉，并将表面修整平整，然后从中线起切取 20mm×20mm×10mm（长×宽×厚，厚度为从鱼块上表面向下量取的距离）的肉片。两侧样品共 8 片，在室温下 30min 内测定</td><td rowspan="2">采集的样品必须贴上标签，明确标记品名、来源、数量、采样地点、采样人及采样日期等内容，现场编号一定要与检测样品及留样编号一致。
样品编号：__________</td><td rowspan="2">1. 严格执行食品感官实验室管理制度，台面整齐，着工作服，仪表整洁。
2. 样品在检测前，不得受到污染，发生变化。
3. 样品或为宰杀后置于 0～4℃ 冰箱内保存，并于 2h 内进行制备</td></tr>
<tr><td>冻脆肉鲩鱼：将密封包装的冷冻脆肉鲩鱼（若冷冻脆肉鲩鱼没有密封包装，应将其用薄膜袋捆扎封口）置于解冻容器内，在室温下用流水解冻。在解冻过程中可不时用手轻微挤压薄膜袋，挤压时不得破坏鱼肉的质地，当感觉没有硬心或冰晶时，产品已经完全解冻。按活、鲜脆肉鲩鱼的要求制备样品</td></tr>
</table>

<table>
<tr><th rowspan="2">任务</th><th colspan="2">具体实施</th><th rowspan="2">要求</th></tr>
<tr><th>实施步骤</th><th>实验记录</th></tr>
<tr><td>样品制备</td><td>按活、鲜脆肉鲩鱼的要求制备样品，在锅中加入适量饮用水，煮沸后，将样品放入适宜的容器内加盖蒸 5min，取出置室温下自然冷却 15min，在室温下 30min 内测定</td><td></td><td></td></tr>
<tr><td rowspan="3">样品测定</td><td>质构仪参数如下设定。
选择探头：P/36R 圆柱形铝合金平底探头（直径 36mm）；
目标值：25%压缩形变；
测试速度：60mm/min；
触发值：5g；
间隔时间：5s</td><td rowspan="3">记录质构仪设定参数。
记录各样品的硬度测定值。
以小组为单位，统计检测结果</td><td rowspan="3">1. 质构仪使用前认真阅读使用说明书，准确选择测定模式。
2. 可重复进行。
3. 计算结果保留至整数位，单位为 g</td></tr>
<tr><td>分别将待测样品放在测试平台上，背肌外层向上，探头与样品距离以不接触样品表面为宜，探头对准样品表面平整的部位，并确保与测试点相对应的样品下层表面紧贴测试平台，运行程序进行测定，记录各样品的硬度测定值</td></tr>
<tr><td>将每条脆肉鲩鱼所得 8 个样品的硬度测定值，去除最大值和最小值，计算硬度测定值的算术平均值</td></tr>
<tr><td>结束工作</td><td colspan="2">实验结束后按说明书进行质构仪清洗及维护</td><td>实验组成员做好工作总结，培养团队协作精神</td></tr>
</table>

检查与评价

完成本任务的学习，通过自评、小组互评以检查自己对学习内容的掌握情况。指导教师在整个教学过程中，关注每个小组的检测过程及小组成员的动手能力，并对小组成员动手能力进行评价。将具体的检查与评价填入下表，评价表对应工作任务。

<table>
<tr><th>项目</th><th>评价标准</th><th>分值</th><th>学生自评</th><th>小组互评</th><th>教师评价</th></tr>
<tr><td rowspan="5">方案制订与任务准备</td><td>认真负责、一丝不苟进行资料查阅，确定检测依据</td><td>5</td><td></td><td></td><td></td></tr>
<tr><td>协同合作制订方案并合理分工</td><td>5</td><td></td><td></td><td></td></tr>
<tr><td>相互沟通完成方案诊改</td><td>5</td><td></td><td></td><td></td></tr>
<tr><td>正确清洗及准备工具</td><td>5</td><td></td><td></td><td></td></tr>
<tr><td>正确取样</td><td>5</td><td></td><td></td><td></td></tr>
</table>

续表

项目	评价标准	分值	学生自评	小组互评	教师评价
样品制备	正确宰杀脆肉鲩鱼	5			
	试样在规定时间内完成制备,送检	5			
	规范呈送样品、评价表	10			
样品测定	正确设置质构仪参数	10			
	规范使用质构仪	10			
	规范操作,进行脆肉鲩鱼脆度检测	10			
	完成评价表,出具检测报告	10			
结束工作	结束后倒掉废弃物、清理评价小间台面、洗净用具并归位	5			
	文明操作、正确归位	5			
	合理分工,按规定时间完成	5			

学习思考

1. 电子舌的应用领域有哪些?
2. 简述电子舌的工作原理。
3. 质构仪在食品领域有哪些应用?
4. 应用质构仪测定脆肉鲩鱼肉脆度时，如何设置仪器参数?
5. 对于感官检测时，实验用的器皿有哪些要求?

模块二

蛋白质检测

学习目标

知识目标

1. 熟悉蛋白质与人体健康的关系，理解蛋白质检测的意义。
2. 掌握凯氏定氮法检测蛋白质的原理。
3. 掌握食品中氨基酸态氮含量检测的依据、意义、方法。

能力目标

1. 能够正确解读食品中蛋白质检测相关标准，并正确选用检测方法。
2. 能够整理分析资料并制订检测方案。
3. 能够对凯氏定氮仪、酸度计等设备进行维护保养。
4. 能够对实验结果进行记录、分析和处理，并编制报告。
5. 能够正确处理实验废弃物、建立环保意识，自觉遵守安全操作规程。

素养目标

1. 有机融入敬业、精益求精、诚信、环保等元素，强化对主流价值观的认识，从而提高职业素养。

2. 规范操作，养成严谨的科学态度。

项目一

食品中蛋白质的测定

项目导入

【《健康中国行动（2019—2030 年）》解读】文件提出对于超重（$24kg/m^2 \leq BMI <$

$28kg/m^2$）、肥胖（BMI≥$28kg/m^2$）的成年人群，减少能量摄入，增加新鲜蔬菜和水果在膳食中的比重，适当选择一些富含优质蛋白质（如瘦肉、鱼、蛋清和豆类）的食物；对于贫血、消瘦等营养不良人群，建议要在合理膳食的基础上，适当增加瘦肉类、乳类和蛋类、大豆和豆制品的摄入，保持膳食的多样性，满足身体对蛋白质、钙、铁、维生素 A、维生素 D、维生素 B_{12}、叶酸等营养素的需求；对于孕产妇和家有婴幼儿的人群，建议学习了解孕期妇女膳食、哺乳期妇女膳食和婴幼儿喂养等相关知识，特别关注生命早期1000d（从怀孕开始到婴儿出生后的 2 周岁）的营养。孕妇常吃含铁丰富的食物，增加富含优质蛋白质及维生素 A 的动物性食物和水产品。尽量纯母乳喂养 6 个月，为 6~24 个月的婴幼儿合理添加辅食。

问题启发

肥肉的本质是什么？瘦肉的本质是什么？生活中哪些食物含有蛋白质？我们能否知道这些食品中蛋白质含量的多少？我们为什么要研究蛋白质？如何检测食品中的蛋白质含量？

知识准备

一、蛋白质的基础知识

1. 蛋白质

蛋白质是由氨基酸组成的具有特定空间结构的大分子有机化合物，是构成生物体的最基本物质之一。蛋白质的主要元素为 C、H、O、N、S，特征元素为 N，所有蛋白质都含氮，而且蛋白质含氮量十分接近且恒定，平均为 16%，即 100g 蛋白质中含氮 16g，而每克氮相当于 6.25g 蛋白质，6.25 称为蛋白质系数。不同产品的蛋白质系数（F）不同：玉米、鸡蛋、青豆等为 6.25；花生为 5.46；大米为 5.95；大豆及制品为 5.71；小麦为 5.70；牛乳及制品为 6.38。因此，只要测得样品中氮的含量，就可以计算样品中蛋白质的含量：蛋白质的含量=样品中含氮量×6.25。

2. 氨基酸

蛋白质是高分子物质，分子质量大，结构很复杂。但它可以被酸、碱和蛋白酶催化水解，最终水解产物是氨基酸，因此氨基酸是蛋白质的基本组成单位。其结构通式为：

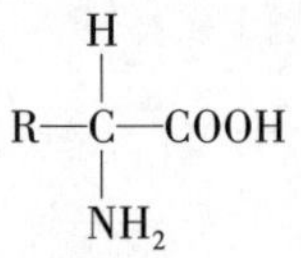

3. 蛋白质的生理功能

蛋白质是生命的物质基础，是构成生物体细胞组织的重要成分，是生物体发育及修补组织的原料，维持人体的酸碱平衡、水平衡，传递遗传信息。人体物质的代谢及运转都与蛋白质有关，一切有生命的活体都含不同类型的蛋白质。人及动物只能从食品中得到蛋白质及其分解产物，来构成自身的蛋白质。

二、食品中蛋白质含量的测定意义

（1）预包装食品标签上向消费者提供的有关食品营养信息和特性的描述与说明，包括营养成分表、营养声称和营养成分作用声称及其他补充信息。营养成分表是标有食品能量和营养成分名称、含量及其占营养素参考值百分比的规范性表格。预包装食品营养标签强制标示的内容包括能量、蛋白质、脂肪、饱和脂肪（或饱和脂肪酸）、碳水化合物、糖和钠的含量及其占营养素参考值百分比。标签仅标示强制内容，格式见图 2-1。

营养成分表

项目	每 100 克(g)或 100 毫升(mL)或每份	营养素参考值%或 NRV%
能量	千焦或 kJ	
蛋白质	克或 g	
脂肪	克或 g	
一饱和脂肪	克或 g	
碳水化合物	克或 g	
一糖	克或 g	
钠	毫克或 mg	
儿童青少年应避免过量摄入盐油糖。		

图 2-1　营养成分表示例

（2）测定食品蛋白质含量，可以合理开发利用食品资源、优化食品配方、控制生产过程、提高和监督产品质量。

（3）食品蛋白质含量是评价食品质量高低的指标，还关系到人体健康。

（4）蛋白质摄入不足的危害

① 身体乏力：明明什么也没做，但就是觉得累，很可能也是身体提醒要注意蛋白质的摄入了。

② 皮肤干燥：如果弹性蛋白、胶原蛋白、角蛋白不足的话，就会带来头发稀疏、皮肤发干起皮等问题。

③ 身体浮肿：参与血液循环的蛋白质，可以预防液体堆积在组织当中，如果蛋白质不足，起不到阻碍的作用，液体在哪里聚集，哪里就会发生浮肿的情况。

④ 免疫力差：免疫力差跟蛋白质摄入不足也有关系，血液当中的氨基酸会用于抗体的制造，激活之后，可以有效地帮助人体对抗病毒和细菌。

⑤ 伤口愈合慢：人体构成新的结缔组织和皮肤，都离不开胶原蛋白，当蛋白质摄入不足时，伤口恢复自然就慢了。

⑥ 饥饿感明显：蛋白质摄入不足时，人的饱腹感时间就会变短，这也是为什么很多人为了缓解饥饿感，健身时吃蛋白粉的一个主要原因。

三、食品中蛋白质测定的方法

依据 GB 5009.5—2025《食品安全国家标准　食品中蛋白质的测定》进行检测。标准中规定了凯氏定氮法、分光光度法、燃烧法为食品中蛋白质的测定方法。

四、 食品中蛋白质测定过程中的注意事项

（1）测定食品蛋白质时，样品应是均匀的。固体样品应预先研细混匀，液体样品应振摇或搅拌均匀。

（2）测定过程中，试样放入定氮瓶内时，不要黏附在瓶颈上。万一黏附可用少量水冲下，以免被检样消化不完全，使结果偏低。

（3）蛋白质测定，消化时如不容易呈透明溶液，可将定氮瓶放冷后，慢慢加入 30% 过氧化氢 2~3mL，促使氧化。

（4）在整个消化过程中，不要用强火，应保持和缓的沸腾，使火力集中在定氮瓶底部，以免附在壁上的蛋白质处于无硫酸存在的情况，使氮有损失。

（5）蛋白质测定样品消化时，如硫酸缺少，过多的硫酸钾会引起氨的损失，形成硫酸氢钾，而不与氨作用。因此，当硫酸过多被消耗或样品中脂肪含量过高时，要增加硫酸的量。

（6）蛋白质测定加入硫酸钾的作用为增加溶液的沸点，硫酸铜为催化剂，硫酸铜在蒸馏时作碱性反应的指示剂。

（7）测定食品中蛋白质进行滴定操作时，混合指示剂在碱性溶液中呈绿色，在中性溶液中呈灰色，在酸性溶液中呈红色。如果没有溴甲酚绿，可单独使用 1g/L 甲基红乙醇溶液。

（8）通过用 pH 试纸检测馏出液是否为碱性，可确定氨是否完全蒸馏出来。

（9）以硼酸为氨的吸收液，可省去标定碱液的操作，且硼酸的体积要求并不严格，也可免用移液管，操作比较简便。

（10）向蒸馏瓶中加入浓碱时，往往出现褐色沉淀物，这是由于分解促进碱与加入的硫酸铜反应，生成氢氧化铜，氢氧化铜经加热后又分解生成氧化铜沉淀。有时铜离子与氨作用，生成深蓝色的结合物。

（11）凯氏定氮法测定食品中蛋白质的本质是测出氮的含量，再进行蛋白质含量的估算。只有在被测物的组成是蛋白质时才能用本法来估算蛋白质含量。

（12）凯氏定氮法测定食品中蛋白质，当称样量为 5.0g 时，检出限为 8mg/100g。分光光度法测定食品中蛋白质，当称样量为 5.0g 时，检出限为 8mg/100g。

工作任务　凯氏定氮法测定食品中的蛋白质

一、 方法解读

食品中的蛋白质在催化加热条件下被分解，产生的氨与硫酸结合生成硫酸铵。碱化蒸馏使氨游离，用硼酸吸收后以硫酸或盐酸标准滴定溶液滴定，根据酸的消耗量计算氮含量，再乘以换算系数，即为蛋白质的含量。

【视频】食品中蛋白质的测定

二、 任务准备

试剂	硼酸溶液(20g/L):称取 20g 硼酸,加水溶解并稀释至 1000mL
	氢氧化钠溶液(400g/L):称取 40g 氢氧化钠加水溶解后,放冷,并稀释至 100mL
	硫酸标准滴定溶液或盐酸标准滴定溶液(0.10mol/L):按照 GB/T 601—2016《化学试剂 标准滴定溶液的制备》的要求配制和标定,或经国家认证并授予标准物质证书的滴定溶液标准物质
	硫酸标准滴定溶液或盐酸标准滴定溶液(0.05mol/L):用移液管吸取 50mL 0.10mol/L 硫酸标准滴定溶液或盐酸标准滴定溶液至容量瓶,用水稀释到 100mL,临用现配,必要时重新标定。或经国家认证并授予标准物质证书的滴定溶液标准物质
	甲基红乙醇溶液(1g/L):称取 0.1g 甲基红,溶于 95%乙醇,用 95%乙醇稀释至 100mL,10~30℃保存 12 个月
	亚甲基蓝乙醇溶液(1g/L):称取 0.1g 亚甲基蓝,溶于 95%乙醇,用 95%乙醇稀释至 100mL,10~30℃保存 12 个月
	溴甲酚绿乙醇溶液(1g/L):称取 0.1g 溴甲酚绿,溶于 95%乙醇,用 95%乙醇稀释至 100mL,10~30℃保存 12 个月
	A 混合指示液:2 份甲基红乙醇溶液与 1 份亚甲基蓝乙醇溶液临用时混合,10~30℃保存 12 个月
	B 混合指示液:1 份甲基红乙醇溶液与 5 份溴甲酚绿乙醇溶液临用时混合,10~30℃保存 12 个月
	硫酸(H_2SO_4,密度≥1.84g/L)
	硫酸铜
	硫酸钾
仪器	分析天平:感量为 1mg
	定氮蒸馏装置
	定氮瓶(或消化炉及消化管):100,250,500mL
	移液管:10,25,50mL
	消化炉:温度≥420℃
	半自动凯氏定氮仪或全自动凯氏定氮仪
	匀浆机
	粉碎机
	pH 试纸

注:除非另有规定,本方法所用试剂均为分析纯,水为 GB/T 6682—2008《分析实验室用水规格和试验方法》规定的三级水。

三、 任务实施

1. 方案制订

通过相关知识学习,解读国家标准,小组完成方案制订,并依据方案完成任务准备。

<table>
<tr><td colspan="2">任务名称</td><td colspan="3"></td></tr>
<tr><td colspan="2">小组成员</td><td></td><td>时间</td><td></td></tr>
<tr><td colspan="2">依据标准</td><td colspan="3"></td></tr>
<tr><td rowspan="17">工作方案</td><td colspan="4">一、明确方法</td></tr>
<tr><td colspan="4"></td></tr>
<tr><td colspan="4">二、工作准备</td></tr>
<tr><td>仪器设备(规格、数量)</td><td colspan="3"></td></tr>
<tr><td>试剂(规格、浓度、数量)</td><td colspan="3"></td></tr>
<tr><td>样品</td><td colspan="3"></td></tr>
<tr><td colspan="4">三、任务分工</td></tr>
<tr><td>姓名</td><td colspan="3">分工及时间安排</td></tr>
<tr><td></td><td colspan="3"></td></tr>
<tr><td></td><td colspan="3"></td></tr>
<tr><td></td><td colspan="3"></td></tr>
<tr><td></td><td colspan="3"></td></tr>
<tr><td></td><td colspan="3"></td></tr>
<tr><td colspan="4">四、工作流程简图</td></tr>
<tr><td colspan="4"></td></tr>
</table>

2. 任务过程

任务	具体实施		要求
	实施步骤	实验记录	
试样制备	液态样品摇匀;含有气体的蛋白饮料应采用超声波的方式脱气后再称量测定;基质均匀的半固态样品和粉状样品直接称量;其他样品需匀浆或粉碎均匀。粮食类样品至少要研磨200g样品。颗粒、块状固体样品研磨后要充分混匀,使其完全通过0.9mm(20目)孔径的筛。产品标准中对样品处理有特殊要求的,按产品标准执行。制备好的试样应尽快测定		
水分测定	如试样结果以干基计算,应按照GB 5009.3—2016《食品安全国家标准 食品中水分的测定》或相应产品标准中规定的方法测定水分		

<table>
<tr><th rowspan="2">任务</th><th colspan="2">具体实施</th><th rowspan="2">要求</th></tr>
<tr><th>实施步骤</th><th>实验记录</th></tr>
<tr><td rowspan="2">试样处理</td><td>凯氏定氮法：称取固体试样 0.2～2g、半固体试样 2～5g 或液体试样 10～25mL(g)(相当于 30～40mg 氮)，记录 m。移入干燥的 100,250 或 500mL 定氮瓶中，加入 0.4g 硫酸铜、6g 硫酸钾及 20mL 硫酸，轻摇后于瓶口放一小漏斗，将瓶以 45°斜支于有小孔的石棉网上。小心加热，待内容物全部炭化，泡沫完全停止后，加强火力，并保持瓶内液体微沸，至液体呈蓝绿色并澄清透明后，继续加热 0.5～1h。取下放冷至室温，小心加入 20mL 水。将内容物移入 100mL 容量瓶中，并用少量水洗定氮瓶，洗液并入容量瓶中，再加水至刻度，混匀备用，记录 V_4。同时做空白试验</td><td rowspan="2">m：试样的质量或体积，g 或 mL
V_4：消解溶液定容的体积，mL
m：__________
V_4：__________</td><td rowspan="2">1. 桌面整齐，着工作服，仪表整洁。
2. 正确使用吸量管、容量瓶等玻璃仪器及电子天平，正确进行天平检查、使用、维护。
3. 正确安装消化装置，规范使用通风橱。
4. 正确进行试样处理。
5. 安全规范使用硫酸</td></tr>
<tr><td>自动凯氏定氮仪：称取固体试样 0.2～2g、半固体试样 2～5g，精确到 0.001g，或液体试样 10～25mL(g)(相当于 30～40mg 氮)，至消化管中，记录 m。再加入 0.4g 硫酸铜、6g 硫酸钾及 20mL 硫酸于消化炉进行消化。当消化炉温度达到 420℃之后，继续消化 1h，此时消化管中的液体呈绿色透明状，取出冷却后加入 50mL 水，于自动凯氏定氮仪(使用前根据不同仪器优化分析参数，加入氢氧化钠溶液、盐酸或硫酸标准溶液及含有混合指示液 A 或 B 的硼酸溶液)上实现自动加液、蒸馏、滴定和记录滴定数据的过程</td></tr>
<tr><td>试样测定</td><td>安装好定氮蒸馏装置，向水蒸气发生器内装水至 2/3 处，加入数粒玻璃珠，加甲基红乙醇溶液数滴及数毫升硫酸，以保持水呈酸性、粉色，加热煮沸水蒸气发生器内的水并使之保持沸腾。向接收瓶内加入 10.0mL 硼酸溶液及 1～2 滴混合指示液 A 或 B，并使冷凝管的下端插入液面下，根据试样中氮含量，准确吸取 2.0～10.0mL 试样处理液由小玻杯注入反应室，记录 V_3。以 10mL 水洗涤小玻杯并使之流入反应室内，随后塞紧棒状玻塞。将 10.0mL 氢氧化钠溶液倒入小玻杯，提起玻塞使其缓缓流入反应室，立即将玻塞盖紧并水封。夹紧螺旋夹，开始蒸馏</td><td>V_3：吸取消化液的体积，mL
V_1：试液消耗硫酸或盐酸标准滴定溶液的体积，mL
V_2：试剂空白消耗硫酸或盐酸标准滴定溶液的体积，mL
c：硫酸或盐酸标准滴定溶液的浓度，mol/L
V_3：__________
V_1：__________
V_2：__________
c：__________</td><td>1. 正确安装定氮蒸馏装置，掌握仪器操作及维护的方法。
2. 正确加入试样处理液、氢氧化钠，并液封。
3. 蒸馏结束后，正确撤离接收瓶。
4. 规范使用酸式滴定管，经过试漏、润洗、装液、排空气和调零等步骤，并能够正确读数。
5. 滴定结束后，正确过程顺序要明确，操作正确。
6. 记录正确、完整、美观。
7. 计算结果正确，按照要求进行数据修约</td></tr>
</table>

<table>
<tr><th rowspan="2">任务</th><th colspan="2">具体实施</th><th rowspan="2">要求</th></tr>
<tr><th>实施步骤</th><th>实验记录</th></tr>
<tr><td rowspan="3">试样测定</td><td>蒸馏 15min 后移动蒸馏液接收瓶，液面离开冷凝管下端，再蒸馏 1min，至 pH 试纸检测馏出液为中性。然后用少量水冲洗冷凝管下端外部，取下蒸馏液接收瓶</td><td rowspan="2"></td><td rowspan="2">8. 计算结果以重复性条件下获得的 2 次独立测定结果的算术平均值表示，蛋白质含量≥1g/100g 或 1g/100mL 时，结果保留 3 位有效数字；蛋白质含量<1g/100g 或 1g/100mL 时，结果保留 2 位有效数字。
9. 精密度：当样品中蛋白质含量≤10g/100g 或 10g/100mL，在重复条件下获得的两次独立测定结果的绝对差值不得超过算术平均值的 10%。当样品中蛋白质含量>10g/100g 或 10g/100mL，在重复条件下获得的两次独立测定结果的绝对差值不得超过算术平均值的 5%</td></tr>
<tr><td>尽快以硫酸或盐酸标准滴定溶液滴定至终点，如果用混合指示液 A，终点颜色为紫红色；如果用混合指示液 B，终点颜色为浅灰红色。同时做试剂空白试验，记录 c、V_1、V_2</td></tr>
<tr><td>根据公式，计算试样中蛋白质含量：
$$X=\frac{(V_1-V_2)\times c\times 0.0140}{m\times\frac{V_3}{V_4}}\times F\times 100$$
式中 0.0140——1.0mL 硫酸[$c(1/2H_2SO_4)$=1.000mol/L]或盐酸[$c(HCl)$=1.000mol/L]标准滴定溶液相当的氮的质量，g；
F——蛋白质折算系数，一般食物为 6.25，纯乳与纯乳制品为 6.38，面粉为 5.70，玉米、高粱为 6.25，花生为 5.46，大米为 5.95，大豆及其粗加工制品为 5.71，大豆蛋白制品为 6.25，肉与肉制品为 6.25，大麦、小米、燕麦、裸麦为 5.83，芝麻、葵花籽为 5.30，其他食品为 6.25；
100——换算系数</td><td>X：试样中蛋白质的含量，g/100g 或 g/100mL
X：________</td><td></td></tr>
<tr><td>结束工作</td><td colspan="2">结束后倒掉废液、清理台面、洗净玻璃仪器。
将蒸馏装置活塞处垫一条纸条，仪器正确归位</td><td>1. 实验室安全操作。
2. 团队进行工作总结</td></tr>
</table>

检查与评价

学生完成本任务的学习，通过自评、小组互评以检查自己对本任务的掌握情况。指导教师在整个教学过程中，关注每个小组的检测过程及小组成员的动手能力，并对小组成员动手能力进行评价，将具体的检查与评价填入下表。评价表对应工作任务。

项目	评价标准	分值	学生自评	小组互评	教师评价
方案制订与任务准备	认真负责、一丝不苟进行资料查阅，确定检测依据	5			
	协同合作制订方案并合理分工	5			
	相互沟通完成方案诊改	5			
	正确清洗及检查仪器	5			
	合理领取药品	5			
	正确取样	5			
	准确进行溶液的配制	5			
试样处理	正确安装消化装置	5			
	规范使用通风橱	5			
	正确加入实验试剂	5			
试样测定	正确安装凯氏定氮蒸馏装置	5			
	规范加入样液及试剂	5			
	正确完成蒸馏、滴定	10			
	准确、完整、美观记录实验数据	5			
	正确计算结果，按照要求进行数据修约	5			
	规范编制检测报告	5			
结束工作	结束后倒掉废液、清理台面、洗净用具并归位	5			
	清洗消化、蒸馏装置，正确归位。文明操作	5			
	合理分工，按规定时间完成	5			

项目拓展 分光光度法测定食品中的蛋白质

一、 方法解读

食品中的蛋白质在催化加热条件下被分解，分解产生的氨与硫酸结合生成硫酸铵，在pH4.8的乙酸钠-乙酸缓冲溶液中与乙酰丙酮和甲醛反应生成黄色的3,5-二乙酰-2,6-二甲基-1,4-二氢化吡啶化合物。在波长400nm下测定吸光度值，与标准曲线比较定量，结果乘以换算系数，即为蛋白质含量。

二、 任务准备

1. 试剂

除非另有说明，本方法所用试剂均为分析纯，水为GB/T 6682—2008《分析实验用水规格和试验方法》规定的三级水。

（1）硫酸铜。

（2）硫酸钾。

（3）氢氧化钠溶液（300g/L）：称取 30g 氢氧化钠加水溶解后，放冷，并稀释至 100mL。

（4）对硝基苯酚指示剂溶液（1g/L）：称取 0.1g 对硝基苯酚指示剂溶于 20mL 95%乙醇中，加水稀释至 100mL。

（5）乙酸溶液（1mol/L）：量取 5.8mL 乙酸（优级纯），加水稀释至 100mL。

（6）乙酸钠溶液（1mol/L）：称取 41g 无水乙酸钠或 68g 无水乙酸钠，加水溶解后并稀释至 500mL。

（7）乙酸钠-乙酸缓冲溶液：量取 60mL 乙酸钠溶液与 40mL 乙酸溶液混合，该溶液 pH 为 4.8。

（8）显色剂：15mL 甲醛（37%）与 7.8mL 乙酰丙酮混合，加水稀释至 100mL，剧烈振摇混匀（室温下放置稳定 3d）。

（9）硫酸铵标准储备溶液（1.0g/L）：称取 105℃ 干燥 2h 的硫酸铵 0.4720g，加水溶解后移于 100mL 容量瓶中，并稀释至刻度，混匀，此溶液每毫升相当于 1.0mg 氮。

（10）硫酸铵标准使用溶液（0.1g/L）：用移液管吸取 10.00mL 硫酸铵标准储备液于 100mL 容量瓶内，加水定容至刻度，混匀，此溶液每毫升相当于 0.1mg 氮。

（11）硫酸（密度为 1.84g/L）：优级纯。

2. 仪器

（1）分光光度计。

（2）恒温水浴锅：（100±0.5）℃。

（3）10mL 具塞玻璃比色管。

（4）分析天平：感量为 1mg。

三、任务过程

<table>
<tr><th rowspan="2">任务</th><th colspan="2">具体实施</th><th rowspan="2">要求</th></tr>
<tr><th>实施步骤</th><th>实验记录</th></tr>
<tr><td rowspan="2">试样处理</td><td>称取充分混匀的试样：称取经粉碎混匀过 40 目筛的固体试样 0.1~0.5g（精确至 0.001g）、半固体试样 0.2~1g（精确至 0.001g）或液体试样 1~5mL(g)（精确至 0.001g），移入干燥的 100 或 250mL 定氮瓶，记录 m</td><td rowspan="2">m：试样质量或体积，g 或 mL
V_1：试样消化液定容体积，mL
V_2：制备试样溶液的消化液体积，mL
V_3：试样溶液总体积，mL
m:________
V_1:________
V_2:________
V_3:________</td><td rowspan="2">1. 桌面整齐，着工作服，仪表整洁
2. 正确称量试样，并准确记录结果。
3. 正确安装消化装置，规范使用通风橱。
4. 安全规范使用硫酸。
5. 正确使用吸量管、容量瓶。
6. 正确规范进行试样处理。
7. 准确进行数据记录</td></tr>
<tr><td>试样消解：在定氮瓶中加入 0.1g 硫酸铜、1g 硫酸钾及 5mL 硫酸（密度为 1.84g/L，优级纯），摇匀后于瓶口放一小漏斗，将定氮瓶以 45°斜支于有小孔的石棉网上。缓慢加热，待内容物全部炭化，泡沫完全停止后，加强火力，并保持瓶内液体微沸，至液体呈蓝绿色澄清透明后，再继续加热 0.5h。取下放冷，慢慢加入 20mL 水，放冷后移入 50mL 或 100mL 容量瓶中，并用少量水洗定氮瓶，洗液并入容量瓶中，再加水至刻度，混匀备用，记录 V_1。按同一方法做试剂空白试验</td></tr>
</table>

<table>
<tr><th rowspan="2">任务</th><th colspan="2">具体实施</th><th rowspan="2">要求</th></tr>
<tr><th>实施步骤</th><th>实验记录</th></tr>
<tr><td>试样处理</td><td>试样溶液的制备：吸取 2.00～5.00mL 试样或试剂空白消化液于 50mL 或 100mL 容量瓶内，加 1～2 滴对硝基苯酚指示剂溶液，摇匀后滴加氢氧化钠溶液（300g/L）中和至黄色，再滴加乙酸溶液（1mol/L）至溶液无色，用水稀释至刻度，混匀，记录 V_2、V_3</td><td></td><td></td></tr>
<tr><td rowspan="2">试样测定</td><td>标准曲线的绘制：吸取 0.00，0.05，0.10，0.20，0.40，0.60，0.80 和 1.00mL 氨氮标准使用溶液（相当于 0.00，5.00，10.0，20.0，40.0，60.0，80.0 和 100.0μg 氮），分别置于 10mL 比色管中。加 4.0mL 乙酸钠-乙酸缓冲溶液及 4.0mL 显色剂，加水稀释至刻度，混匀，置于 100℃水浴中加热 15min。取出用水冷却至室温后，移入 1cm 比色杯内，以零管为参比，于波长 400nm 处测量吸光度值，根据标准各点吸光度值绘制标准曲线或计算线性回归方程</td><td>记录硫酸铵标准使用溶液取样体积及吸光度</td><td rowspan="2">1. 正确使用分光光度计，掌握仪器操作及维护的方法。
2. 正确使用比色皿。
3. 正确读数、绘制标准曲线或计算线性回归方程。
4. 计算结果正确，按照要求进行数据修约。
5. 正确计算结果。
6. 计算结果以重复性条件下获得的 2 次独立测定结果的算术平均值表示，蛋白质含量≥1g/100g 或 1g/100mL 时，结果保留 3 位有效数字；蛋白质含量<1g/100g 或 1g/100mL 时，结果保留 2 位有效数字。
7. 精密度：在重复条件下获得的两次独立测定结果的绝对差值不得超过算术平均值的 10%</td></tr>
<tr><td>试样测定：吸取 0.50～2.00mL（相当于氮含量<100μg）试样溶液和同量的试剂空白溶液，分别置于 10mL 比色管中，记录 V_4。加 4.0mL 乙酸钠-乙酸缓冲溶液及 4.0mL 显色剂，加水稀释至刻度，混匀，置于 100℃水浴中加热 15min。取出用水冷却至室温后，移入 1cm 比色杯内，以零管为参比，于波长 400nm 处测量吸光度值，并记录。试样吸光度值与标准曲线比较定量或代入线性回归方程求出含量，记录 c、c_0。
根据公式，计算试样中蛋白质含量：
$$X=\frac{(c-c_0)\times V_1\times V_3}{m\times V_2\times V_4\times 1000\times 1000}\times 100\times F$$
式中 F——蛋白质折算系数；
1000——换算系数；
100——换算系数</td><td>V_4：测定用试样溶液体积，mL
c：试样测定液中氮的含量，μg
c_0：试剂空白测定液中氮的含量，μg
X：试样中蛋白质的含量，g/100g
V_4：________
c：________
c_0：________
X：________</td></tr>
<tr><td>结束工作</td><td colspan="2">结束后倒掉废液、清理台面、洗净用具并归位。清洗吸色皿，正确归位分光光度计</td><td>1. 实验室安全操作。
2. 团队进行工作总结</td></tr>
</table>

学习思考

1. 蛋白质的生理功能有哪些?
2. 凯氏定氮法测定食品中蛋白质的基本原理是什么?
3. 国家标准中测定食品中蛋白质含量的方法有哪些?试述这些方法的使用范围及优缺点。
4. 凯氏定氮法测定黄豆中蛋白质含量的过程中样品消化有哪些注意事项?
5. 如何用自动凯氏定氮仪进行试样消化?

项目二

食品中氨基酸态氮的测定

项目导入

【传统酿造酱油】酿造酱油是我国劳动人民创造发明的传统调味品，是中国对人类文明的贡献。中国酱油酿造工艺经历了汉代的制麴法，唐代以来的全料制麴，现代的麴种法三个历史发展阶段。其间，手工劳作的前店后厂式中国传统“酱园”在历史上存在了2000多年，对中国酱和中国酱油文化的历史影响重大。20世纪中叶以后中国酱油生产的科学与技术发生了重大改变，取得了巨大发展。今天，中国酱油不仅真正成为了中国大众家庭生活的必不可少的调味品，而且越来越为全世界各种不同类型文化的人群所喜爱和接受。

问题启发

请分享生活中你对酱油的喜好。什么是酿造酱油?如何判断真假酱油?氨基酸态氮为什么是酱油质量判定的重要指标?如何测定酱油中氨基酸态氮?

知识准备

一、氨基酸态氮的基础知识

1. 氨基酸态氮

氨基酸态氮指的是以氨基酸形式存在的氮元素的含量，也称氨基氮，是酱油中的重要组成成分，是酱油鲜味的主要来源，是由制造酱油的原料（大豆和或脱脂大豆、小麦和或麸皮）中的蛋白质水解产生的，是区分酿造酱油与勾兑酱油，展示酱油质量的重要指标。酱油俗称豉油，以富含蛋白质的豆类和富含淀粉的谷类及其副产品为主要原料，在微生物酶的催化作用下分解熟成并经浸滤提取的调味汁液。

2. 酱油的分类

根据GB/T 18186—2000《酿造酱油》的定义，酿造酱油指的是以大豆和（或）脱脂大豆、小麦和（或）麸皮为原料，经微生物发酵制成的具有特殊色、香、味的液体调味品。按照发酵工艺分为高盐稀态发酵酱油和低盐固态发酵酱油。

二、 食品中氨基酸态氮测定的意义

氨基酸态氮是判定发酵产品发酵程度的特性指标。该指标不达标，主要是由于生产工艺不符合标准要求、产品配方有缺陷或者是产品与已制定指标不匹配等原因造成的。氨基酸态氮含量越高，说明酱油中的氨基酸含量越高，鲜味越好。酱油中氨基酸态氮最低含量不得小于 0.4g/100mL。

三、 食品中氨基酸态氮测定的方法

依据 GB 5009.235—2016《食品安全国家标准　食品中氨基酸态氮的测定》进行检测。标准规定了酱油、酱、黄豆酱中氨基酸态氮的测定方法。酸度计法适用于以粮食和其副产品豆饼、麸皮等为原料酿造或配制的酱油，以粮食为原料酿造的酱类，以黄豆、小麦粉为原料酿造的豆酱类食品中氨基酸态氮的测定；比色法适用于以粮食和其副产品豆饼、麸皮等为原料酿造或配制的酱油中氨基酸态氮的测定。

四、 食品中氨基酸态氮测定过程中的注意事项

（1）酸度计法测定酱油氨基酸态氮时，pH = 8.2 是溶液中所有酸性成分与氢氧化钠标准溶液完全反应后的 pH，即总酸。pH = 9.2 是溶液中氨态氮中的羧基与氢氧化钠标准溶液完全反应后的 pH。本方法用的是 pH8.2 和 9.2，由于酱油中还有总酸度，所以即使不测定总酸度，也要用 pH = 8.2 时氢氧化钠标准溶液消耗的体积与 pH = 9.2 时氢氧化钠标准溶液消耗的体积之差来计算样品中氨态氮含量。

（2）标准 pH 缓冲液按规定配制好以后为避免其 pH 会发生变化，存放时间不应过长，否则将直接影响到滴定终点，最终导致检测结果的不准确。

（3）酸度计法测定酱油氨基酸态氮准确快速，可用于各类样品游离氨基酸含量测定。

（4）氨基酸态氮测定时，对于浑浊和色深样液可不经处理而直接测定。

（5）酸度计久置的复合电极初次使用时，一定要先在饱和氯化钾溶液中浸泡 24h 以上。

（6）测定酱油氨基酸态氮时，加入甲醛后放置时间不宜过长，应立即滴定，以免甲醛聚合，影响测定结果。

（7）由于铵离子能与甲醛作用，样品中若含有铵盐将会使测定结果偏高。

（8）比色法测定食品中氨基酸态氮，检出限为 0.0070mg/100g，定量限为 0.0210mg/100g。

工作任务　酸度计法测定食品中氨基酸态氮

一、 方法解读

利用氨基酸的两性作用，加入甲醛以固定氨基的碱性，使羧基显示出酸性，用氢氧化钠标准溶液滴定后定量，以酸度计测定终点。

【视频】食品中氨基酸态氮的测定

二、 任务准备

试剂	甲醛溶液:36%~38%
	0.05mol/L NaOH 标准滴定溶液:按 GB/T 601—2016《化学试剂　标准滴定溶液的制备》规定的方法配制和标定
	酚酞指示液:称取酚酞 1g,溶于 95%的乙醇中,用 95%乙醇稀释至 100mL
仪器	酸度计或自动电位滴定仪
	磁力搅拌器
	10mL 微量滴定管
	分析天平:感量为 0.1mg

注：除非另有规定，本方法所用试剂均为优级纯，水为 GB/T 6682—2008《分析实验用水规格和试验方法》规定的三级水。

三、 任务实施

1. 方案制订

通过相关知识学习，解读国家标准，小组完成方案制订，并依据方案完成任务准备。

任务名称			
小组成员		时间	
依据标准			
工作方案	一、明确方法		
	二、工作准备		
	仪器设备(规格、数量)		
	试剂(规格、浓度、数量)		
	样品		
	三、任务分工		
	姓名	分工及时间安排	
	四、工作流程简图		

2. 任务过程

任务	具体实施：实施步骤	具体实施：实验记录	要求
试样处理	酱油类：直接称取试样5g放入100mL容量瓶，加水定容至刻度线。吸取20.0mL上述样品置于200mL烧杯中，待测，记录 m、V_3、V_4	m：试样质量，g V_3：试样稀释液的取用量，mL V_4：试样稀释液的定容体积，mL m：________ V_3：________ V_4：________	1. 桌面整齐，着工作服，仪表整洁 2. 正确使用吸量管、容量瓶等玻璃仪器及电子天平，正确进行天平检查、使用、维护。 3. 正确规范进行试样处理
	酱及黄豆酱：将酱或黄豆酱试样搅拌均匀后，放入研钵中，在10min内迅速研磨至无肉眼可见颗粒，装入磨口瓶中备用。用已知质量的称量瓶称取搅拌均匀的样品5.0g，用50mL 80℃左右的蒸馏水分数次洗入100mL烧杯中，冷却后，转入100mL容量瓶中，用少量水分次洗涤烧杯，洗液并入容量瓶中，并加水至刻度，混匀后过滤。吸10.0mL上述样品置于200mL烧杯中，待测，记录 m、V_3、V_4		
试样测定	在上述待测溶液中加水60mL，开动磁力搅拌器，用0.05mol/L NaOH标准滴定溶液滴定至酸度计指示为pH=8.2（记下消耗NaOH溶液的体积，可用于计算总酸含量），记录 c	c：NaOH标准滴定溶液浓度，mol/L V_1：测定用试样稀释液加入甲醛后消耗NaOH标准滴定溶液的体积，mL V_2：试剂空白试验加入甲醛后滴定至终点所消耗NaOH标准滴定溶液的体积，mL c：________ V_1：________ V_2：________	1. 正确使用酸度计，掌握仪器操作及维护的方法。 2. 正确使用碱式滴定管，经过试漏、润洗、装液、排空气和调零等步骤，并能够正确读数。 3. 待测液加水、滴定、加甲醛、再滴定过程顺序要明确，操作正确。 4. 记录正确、完整、美观。 5. 计算结果正确，按照要求进行数据修约。 6. 计算结果保留两位有效数字。 7. 精密度：在重复条件下获得的两次独立测定结果的绝对差值不得超过算术平均值的10%
	加入10.0mL甲醛溶液，混匀。再用0.05mol/L NaOH标准滴定溶液继续滴定至pH=9.2，记录 V_1		
	同时做试剂空白：取80mL水，在同样条件下做试剂空白试验，记录 V_2		
	根据公式，计算试样中氨基酸态氮的含量： $X=\frac{(V_1-V_2)\times c\times 0.014}{m\times V_3/V_4}\times 100$ 式中　100——单位换算系数； 0.014——与1.00mL NaOH标准滴定溶液（1.000mol/L）相当的氮的质量，g	X：试样中氨基酸态氮的含量，g/100mL X：________	
结束工作	结束后倒掉废液、清理台面、洗净玻璃仪器并归位。 清洗酸度计电极，正确归位		1. 实验室安全操作。 2. 团队进行工作总结

检查与评价

学生完成本任务的学习，通过自评、小组互评以检查自己对本任务学习的掌握情况。指导教师在整个教学过程中，关注每个小组的检测过程及小组成员的动手能力，并对小组成员动手能力进行评价，将具体的检查与评价填入下表。评价表对应工作任务。

项目	评价标准	分值	学生自评	小组互评	教师评价
方案制订与任务准备	认真负责、一丝不苟进行资料查阅,确定检测依据	5			
	协同合作制订方案并合理分工	5			
	相互沟通完成方案诊改	5			
	正确清洗及检查仪器	5			
	合理领取药品	5			
	正确取样	5			
	准确进行溶液的配制	5			
试样处理	正确完成试样处理	5			
试样测定	按照说明书预热酸度计	10			
	规范完成试样滴定	10			
	正确使用酸度计	10			
	正确、完整、美观记录实验数据	5			
	正确计算结果,按照要求进行数据修约	5			
	规范编制检测报告	5			
结束工作	结束后倒掉废液、清理台面、洗净用具并归位	5			
	清洗酸度计电极,正确归位。文明操作	5			
	合理分工,按规定时间完成	5			

项目拓展　比色法测定食品中氨基酸态氮

一、方法解读

在 pH 为 4.8 的乙酸钠-乙酸缓冲液中，氨基酸态氮与乙酰丙酮和甲醛反应生成黄色的 3,5-二乙酸-2,6-二甲基-1,4 二氢化吡啶氨基酸衍生物。在波长 400nm 处测定吸光度，与标准系列比较定量。

二、工作准备

1. 试剂

除非另有说明，本方法所用试剂均为分析纯，水为 GB/T 6682—2008《分析实验用水规格和试验方法》规定的三级水。

（1）乙酸溶液（1mol/L）：量取 5.8mL 乙酸（优级纯），加水稀释至 100mL。

（2）乙酸钠溶液（1mol/L）：称取 41g 无水乙酸钠或 68g 无水乙酸钠，加水溶解后并稀释至 500mL。

（3）乙酸钠-乙酸缓冲溶液：量取60mL乙酸钠溶液（2）与40mL乙酸溶液（1）混合，该溶液pH 4.8。

（4）显色剂：15mL甲醛（37%）与7.8mL乙酰丙酮混合，加水稀释至100mL，剧烈振摇混匀（室温下放置稳定3d）。

（5）氨氮标准储备溶液（以氮计）（1.0g/L）：称取105℃干燥2h的硫酸铵0.4720g加水溶解后移入100mL容量瓶中，并定容至刻度，混匀，此溶液每毫升相当于1.0mg氮。

（6）氨氮标准使用溶液（0.1g/L）：用移液管吸取10.00mL氨氮标准储备液于100mL容量瓶内，加水定容至刻度，混匀，此溶液每毫升相当于0.1mg氮。

2. 仪器

（1）分光光度计。

（2）电热恒温水浴锅：（100±0.5）℃。

（3）10mL具塞玻璃比色管。

（4）分析天平：感量为1mg。

三、检测过程

<table>
<tr><th rowspan="2">任务</th><th colspan="2">具体实施</th><th rowspan="2">要求</th></tr>
<tr><th>实施步骤</th><th>实验记录</th></tr>
<tr><td>试样处理</td><td>准确称取1.0g试样于50mL容量瓶中，加水定容混匀，记录 m_1</td><td>m_1：称取试样的质量，g
m_1：__________</td><td>1. 桌面整齐，着工作服，仪表整洁。
2. 正确使用吸量管、容量瓶等玻璃仪器及电子天平，正确进行天平检查、使用、维护。
3. 正确规范进行试样处理</td></tr>
<tr><td rowspan="2">试样测定</td><td>标准曲线的绘制：吸取0.00，0.05，0.10，0.20，0.40，0.60，0.80和1.00mL氨氮标准使用溶液（相当于0.00，5.00，10.0，20.0，40.0，60.0，80.0和100.0μg氮），分别置于10mL比色管中。向各比色管分别加4mL乙酸钠-乙酸缓冲溶液及4mL显色剂，加水稀释至刻度，混匀。置于100℃水浴中加热15min。取出，用水冷却至室温后，移入1cm比色杯内，以零管为参比，于波长400nm处测量吸光度值，绘制标准曲线或计算线性回归方程</td><td>记录氨氮标准使用溶液取样体积及吸光度</td><td rowspan="2">1. 正确使用分光光度计，掌握仪器操作及维护的方法。
2. 正确选择仪器波长，完成标准曲线绘制。
3. 吸取试样稀释溶液，加乙酸钠-乙酸缓冲溶液及显色剂，加水稀释，水浴加热、冷却过程顺序要明确，操作正确。
4. 正确测定吸光度。
5. 记录正确、完整、美观；计算结果正确，按照要求进行数据修约。
6. 计算结果保留两位有效数字。
7. 精密度：在重复条件下获得的两次独立测定结果的绝对差值不得超过算术平均值的10%</td></tr>
<tr><td>精密吸取2.00mL试样稀释溶液于10mL比色管中。加4mL乙酸钠-乙酸缓冲溶液及4mL显色剂，加水稀释至刻度，混匀。置于100℃水浴中加热15min。取出用水冷却至室温后，移入1cm比色杯内，以零管为参比，于波长400nm处测量吸光度值，并记录。试样吸光度值与标准曲线比较定量或代入线性回归方程求出含量，记录 m、V_1、V_2</td><td>m：试样测定液中氮的质量，μg
V_1：测定用试样溶液体积，mL
V_2：试样前处理中的定容体积，mL
m：__________
V_1：__________
V_2：__________</td></tr>
</table>

<table>
<tr><th rowspan="2">任务</th><th colspan="2">具体实施</th><th rowspan="2">要求</th></tr>
<tr><th>实施步骤</th><th>实验记录</th></tr>
<tr><td>试样测定</td><td>根据公式,计算试样中氨基酸态氮的含量:
$$X=\frac{m}{m_1\times\frac{V_1}{V_2}\times1000\times1000}\times100$$
式中 100、1000——单位换算系数</td><td>X:试样中氨基酸态氮的含量,g/100mL
X:__________</td><td></td></tr>
<tr><td>结束工作</td><td colspan="2">结束后倒掉废液、清理台面、洗净用具并归位。清洗比色皿,正确安放分光光度计</td><td>1. 实验室安全操作。
2. 团队进行工作总结</td></tr>
</table>

学习思考

1. 如何区分酿造酱油和勾兑酱油?
2. 试述酱油中氨基酸含量的指标值,并说明检测的意义。
3. 在做空白实验时,若在中和游离酸前,pH 即为 8.20 或者大于 8.20,你将如何继续操作?
4. 中和游离酸后,加入甲醛,溶液的 pH 如何变化?为什么?
5. 国家标准中对酱油中氨基酸态氮含量有何要求?

模块三

脂肪检测

学习目标

知识目标

1. 了解脂肪与人体健康的关系，理解食品中脂肪含量、过氧化值的测定意义。
2. 熟悉食品中脂肪和过氧化值测定的依据、原理、方法及注意事项。
3. 掌握索氏提取法抽提脂肪的步骤及易制有毒药品安全使用方法。

能力目标

1. 能够正确解读食品中脂类检测相关标准，并正确选用检测方法。
2. 能够整理分析资料并制订检测方案。
3. 能够对索氏提取器、乳脂离心机、电位滴定仪等设备进行正确使用、维护和保养。
4. 能够对实验结果进行记录、分析和处理，并编制报告。
5. 能够正确处理实验废弃物、正确回收有机溶剂，建立环保意识，自觉遵守安全操作规程。

素养目标

1. 具有跨部门沟通能力，能与生产、质检、监管等环节人员高效合作。
2. 强调操作的规范性，养成严谨的科学态度。
3. 树立实验室安全意识，养成严格遵守实验室规程操作的良好习惯。

项目一

食品中脂肪的测定

项目导入

【中国居民膳食指南】合理膳食是保证健康的基础。近年来，我国居民营养健康状况明显改善，但仍面临营养不足与过剩并存、营养相关疾病多发等问题。《中国居民营养与慢性病状况报告（2020 年）》显示，中国居民每标准人日烹调油摄入量为 43.2g，远超推荐量（《中国居民膳食指南（2022）》推荐标准为每天 25~30g）；居民膳食脂肪提供能量比例达到 32.9%（《中国居民膳食指南（2022）》推荐值上限为 30.0%）。《健康中国行动（2019—2030 年）》建议超重或肥胖者使体重指数（BMI）达到或接近 24kg/m^2，或体重至少下降 7%，每日饮食总热量至少减少 400~500kcal，饱和脂肪酸摄入占总脂肪酸摄入的 30%以下，中等强度体力活动至少保持在 150min/周。

问题启发

请分享生活中含有脂肪的食品。脂肪的生理功能有哪些？油炸方便面有哪些健康隐患？如何测定方便面中的油脂含量？

知识准备

一、脂类

脂类是人体需要的重要营养素之一，供给机体所需的能量、提供机体所需的必需脂肪酸，是人体细胞组织的组成成分。脂类分为油脂即甘油三酯和类脂，一般将常温下呈液态的油脂称为油，呈固态的油脂称为脂肪，其中甘油三酯是食品中脂肪的主要成分，通常占总脂的 95%~99%。不同食品脂肪含量不同，其中植物性或动物性油脂中脂肪含量最高，而水果、蔬菜中脂肪含量很低。

脂肪是人体的重要组成成分，是生命运转的必需品。脂肪中的磷脂和胆固醇是人体细胞的主要成分，脑细胞和神经细胞中含量最多。脂肪可为人体提供热能，是食品中三大产热营养素之一，脂肪在体内可提供 39.54kJ/g 的热能，比糖（18.41kJ/g）和蛋白质（18.20kJ/g）高一倍以上。脂肪大部分储存在皮下，用于调节体温，保护对温度敏感的组织，防止热能散失。脂肪与蛋白质结合生产的脂蛋白在调节人体生理机能和完成体内生化反应方面都起着非常重要的作用。脂肪是食品中重要的营养成分之一，人体所需的必需脂肪酸是由脂肪提供的，脂肪也是脂溶性维生素的良好溶剂，可辅助脂溶性维生素的吸收。

食品中脂肪的存在形式有游离态，如动物性脂肪及植物性油脂；也有结合态，如天然存在的磷脂、糖脂、脂蛋白及某些加工食品（如焙烤食品及麦乳精等）中的脂肪，它们与蛋白质或碳水化合物等成分形成结合态。对大多数食品来说，游离态脂肪是主要的，结合态脂肪含量较少。

脂类不溶于水，易溶于有机溶剂。测定脂类大多采用有机溶剂萃取法。

检测脂肪含量的方法有多种，食品的种类不同，则检测方法有所不同。常用一般食品检测脂肪的方法有：索氏抽提法、酸水解法、碱水解法、盖勃法。

二、食品中脂肪测定的意义

在食品加工生产中，原料、半成品、成品的脂肪含量对产品的风味、组织结构、品质、外观、口感等都有直接的影响。如在蔬菜罐头生产时，由于蔬菜本身脂肪含量较低，可适量添加脂肪改善制品的风味；对于面包之类的焙烤食品，脂肪含量特别是卵磷脂等组分与面包的柔软度、体积及其结构都直接相关。在食品的加工生产中对食品中的脂肪含量有相应的规定，因此，为了实现食品生产中的质量管理，脂肪含量是一项重要的控制指标。测定食品的脂肪含量，对于评价食品的品质、衡量食品的营养价值，同时对于加工生产过程的质量管理、食品的储藏、运输条件等都起到重要的指导作用。

三、食品中脂肪测定的方法

依据 GB 5009.6—2016《食品安全国家标准　食品中脂肪的测定》进行检测。标准中索式抽提法适用于水果、蔬菜及其制品、粮食及粮食制品、肉及肉制品、蛋及蛋制品、水产及其制品、焙烤食品、糖果等食品中游离态脂肪含量的测定。酸水解法适用于水果、蔬菜及其制品、粮食及粮食制品、肉及肉制品、蛋及蛋制品、水产及其制品、焙烤食品、糖果等食品中游离态脂肪及结合态脂肪总量的测定。碱水解法适用于乳及乳制品、婴幼儿配方食品中脂肪的测定。盖勃法适用于乳及乳制品、婴幼儿配方食品中脂肪的测定。

四、食品中脂肪测定的注意事项

（1）抽提剂乙醚是易燃、易爆物质，应注意通风并且不能有火源。

（2）滤纸筒的高度不能超过虹吸管，否则上部脂肪不能提尽而造成误差。

（3）试样和醚浸出物在烘箱中干燥时，时间不能过长，以防止极不饱和的脂肪酸受热氧化而增加质量。

（4）脂肪提取器在烘箱中干燥时，瓶口侧放，以利空气流通。而且先不要关上烘箱门于 90℃ 以下鼓风干燥 10~20min，驱尽残余溶剂后再将烘箱门关紧，升至所需温度。

（5）乙醚若放置时间过长，会产生过氧化物。过氧化物不稳定，当蒸馏或干燥时会发生爆炸，故使用前应严格检查，并除去过氧化物。检查方法：取 5mL 乙醚于试管中，加 KI（100g/L）溶液 1mL，充分振摇 1min。静置分层。若有过氧化物则放出游离碘，水层是黄色（或加 4 滴 5g/L 淀粉指示剂显蓝色），则该乙醚需处理后使用。去除过氧化物的方法：将乙醚倒入蒸馏瓶中加一段无锈铁丝或铝丝，收集重蒸馏乙醚。

（6）反复加热可能会因脂类氧化而增重，质量增加时，以增重前的质量为恒重。

工作任务　索氏抽提法测定食品中的脂肪

一、方法解读

脂肪易溶于有机溶剂。试样直接用无水乙醚或石油醚等溶剂抽提后，蒸发除去溶剂，干燥，得到游离态脂肪的含量。

二、任务准备

试剂	无水乙醚
	石油醚：沸程 30~60℃
	石英砂
	脱脂棉
仪器	索式提取器，如图 3-1 所示
	恒温水浴锅
	分析天平：感量 0.001g 和 0.0001g
	电热鼓风干燥箱
	干燥箱：内装有干燥剂，如硅胶
	滤纸筒
	蒸发皿

注：除非另有规定，本方法所用试剂均为优级纯，水为 GB/T 6682—2008《分析实验室用水规格和试验方法》规定的三级水。

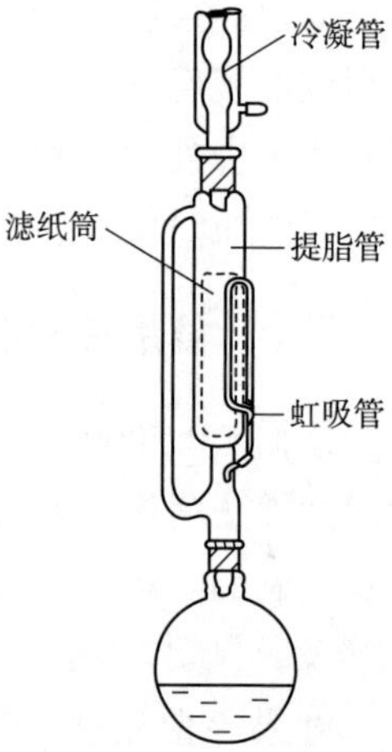

图 3-1 索氏提取器

三、任务实施

1. 方案制订

通过相关知识学习，解读国家标准，小组完成方案制订，并依据方案完成任务准备。

任务名称			
小组成员		时间	
依据标准			
工作方案	一、明确方法		
	二、工作准备		
	仪器设备（规格、数量）		
	试剂（规格、浓度、数量）		
	样品		
	三、任务分工		
	姓名	分工及时间安排	
	四、工作流程简图		

2. 检测过程

<table>
<tr><th rowspan="2">任务</th><th colspan="2">具体实施</th><th rowspan="2">要求</th></tr>
<tr><th>实施步骤</th><th>实验记录</th></tr>
<tr><td rowspan="2">试样处理</td><td>固体试样：称取充分混匀后的试样 2~5g，准确至 0.001g，全部移入滤纸筒内，记录 m_2</td><td rowspan="2">m_2：试样质量，g
m_2：__________</td><td rowspan="2">1. 桌面整齐，着工作服，仪表整洁。
2. 正确进行天平检查、使用、维护。
3. 正确使用和维护电炉、恒温干燥箱等高温设备，树立实验室安全意识。
4. 正确准备滤纸筒。
5. 正确规范进行试样的采样和预处理</td></tr>
<tr><td>液体或半固体试样：称取混匀后的试样 5~10g，准确至 0.001g，置于蒸发皿中，加入约 20g 石英砂，于沸水浴上蒸干后，在电热鼓风干燥箱中于(100±5)℃干燥 30min 后，取出，研细，全部移入滤纸筒内。蒸发皿及粘有试样的玻璃棒，均用沾有乙醚的脱脂棉擦净，并将棉花放入滤纸筒，记录 m_2</td></tr>
<tr><td rowspan="3">抽提</td><td>抽提：将滤纸筒放入索氏抽提器的抽提筒内，连接已干燥至恒重的接收瓶，由抽提器冷凝管上端加入无水乙醚或石油醚至瓶内容积的 2/3 处，于水浴上加热，使无水乙醚或石油醚不断回流抽提（6~8 次/h），一般抽提 6~10h。提取结束时，用磨砂玻璃棒接取 1 滴提取液，磨砂玻璃棒上无油斑表明提取完毕，记录接收瓶质量 m_0</td><td rowspan="2">m_0：接收瓶的质量，g
m_1：恒重后接收瓶和脂肪的含量，g
m_0：__________
m_1：__________</td><td rowspan="3">1. 正确安装索氏提取器。
2. 正确使用恒温水浴锅，掌握仪器操作及维护的方法。
3. 正确控制溶液回流提取速度。
4. 准确判断抽提终点。
5. 正确进行有机溶剂的回收，树立正确的实验室安全意识。
6. 正确使用干燥器，会进行干燥器干燥效果的评定和处理。
7. 正确判断恒重。
8. 记录正确、完整、美观。
9. 计算结果正确，按照要求进行数据修约。
10. 计算结果表示到小数点后一位。
11. 精密度：在重复性条件下获得的两次独立测定结果的绝对差值不得超过算术平均值的 10%</td></tr>
<tr><td>取下接收瓶，回收无水乙醚或石油醚，待接收瓶内溶剂剩余 1~2mL 时在水浴上蒸干，再于(100±5)℃干燥 1h，放于干燥器内冷却 0.5h 称量。重复以上操作直至恒重（前后两次质量差不超过 2mg），记录 m_1</td></tr>
<tr><td>根据公式，计算试样中的脂肪含量：
$$X=\frac{m_1-m_0}{m_2}\times100$$
式中　100——换算系数。</td><td>X：试样中脂肪的含量，g/100g
X：__________</td></tr>
<tr><td>结束工作</td><td colspan="2">结束后倒掉废渣、废液，清理台面，洗净索氏抽提器、烘干，关闭水浴锅、恒温干燥箱等设备，并归位</td><td>1. 实验室安全操作。
2. 团队进行工作总结。
3. 完成检测报告</td></tr>
</table>

检查与评价

学生完成本任务的学习，通过自评、小组互评以检查自己对本任务学习的掌握情况。指导教师在整个教学过程中，关注每个小组的检测过程及小组成员的动手能力，并对小组成员动手能力进行评价。将具体的检查与评价填入下表。评价表对应工作任务。

项目	评价标准	分值	学生自评	小组互评	教师评价
方案制订与任务准备	认真负责、一丝不苟进行资料查阅,确定检测依据	5			
	协同合作制订方案并合理分工	5			
	相互沟通完成方案诊改	5			
	正确清洗及检查仪器	5			
	合理领取药品	5			
	正确取样	5			
样品处理	正确进行样品处理	5			
	规范制作滤纸包	5			
	正确将试样放入滤纸包并检查	5			
样品测定	正确安装索式抽提装置	10			
	规范放入样品,调节水浴温度	10			
	正确接通冷凝水,开始抽提	5			
	准确、完整、美观记录实验数据	5			
	正确计算结果,按照要求进行数据修约	5			
	规范编制检测报告	5			
结束工作	结束后正确收集抽提剂	5			
	清洗索氏提取器,正确规范放置。文明操作	5			
	合理分工,按规定时间完成	5			

项目拓展 酸水解法测定食品中的脂肪

一、方法解读

食品中的结合态脂肪必须用强酸使其游离出来，游离出的脂肪易溶于有机溶剂。试样经盐酸水解后用无水乙醚或石油醚提取，除去溶剂即得游离态和结合态脂肪的总含量。

【视频】食品中脂肪的测定——酸水解法

二、任务准备

1. 试剂

除非另有说明，本方法所用试剂均为分析纯，水为 GB/T 6682—2008《分析实验用水规格和试验方法》规定的三级水。

（1）盐酸（2mol/L）：量取50mL盐酸，加入到250mL水中，混匀。
（2）乙醇。
（3）无水乙醚。
（4）石油醚：沸程为30~60℃。
（5）碘液（0.05mol/L）：称取6.5g碘和25g碘化钾于少量水中溶解，稀释至1L。

2. 材料

（1）蓝色石蕊试纸。
（2）脱脂棉。
（3）滤纸：中速。

3. 仪器

（1）恒温水浴锅。
（2）电热板：满足200℃高温。
（3）锥形瓶。
（4）表面皿。
（5）分析天平：感量为0.1g和0.001g。
（6）电热鼓风干燥箱。

三、 检测过程

任务	具体实施		要求
	实施步骤	实验记录	
试样处理	肉制品：称取混匀后的试样3~5g，准确至0.001g，置于锥形瓶（250mL）中，加入50mL 2mol/L盐酸溶液和数粒玻璃细珠，盖上表面皿，于电热板上加热至微沸，保持1h，每10min旋转摇动1次。取下锥形瓶，加入150mL热水，混匀，过滤。锥形瓶和表面皿用热水洗净，热水一并过滤。沉淀用热水洗至中性（用蓝色石蕊试纸检验，中性时试纸不变色）。将沉淀和滤纸置于大表面皿上，于（100±5）℃干燥箱内干燥1h，冷却，记录m_2 淀粉：根据总脂肪含量的估计值，称取混匀后的试样25~50g，准确至0.1g，倒入烧杯并加入100mL水。将100mL盐酸缓慢加到200mL水中，并将该溶液在电热板上煮沸后加入样品液中，加热此混合液至沸腾并维持5min，停止加热后，取几滴混合液于试管中，待冷却后加入1滴碘液，若无蓝色出现，可进行下一步操作。若出现蓝色，应继续煮沸混合液，并用上述方法不断地进行检查，直至确定混合液中不含淀粉为止，再进行下一步操作。将盛有混合液的烧杯置于水浴锅	m_2：试样质量，g m_2：________	1. 桌面整齐，着工作服，仪表整洁。 2. 正确使用量筒、吸量管等玻璃仪器，及电子天平，正确进行天平检查、使用、维护。 3. 正确规范进行试样的采样和预处理

任务	具体实施		要求
	实施步骤	实验记录	
试样处理	(70~80℃)中 30min,不停地搅拌,以确保温度均匀,使脂肪析出。用滤纸过滤冷却后的混合液,并用干滤纸片取出黏附于烧杯内壁的脂肪。为确保定量的准确性,应将冲洗烧杯的水进行过滤。在室温下用水冲洗沉淀和干滤纸片,直至滤液用蓝色石蕊试纸检验不变色。将含有沉淀的滤纸和干滤纸片折叠后,放置于大表面皿上,在(100±5)℃的电热恒温干燥箱内干燥 1h,记录 m_2		
	其他固体试样:称取约 2~5g 试样,准确至 0.001g,置于 50mL 试管内,加入 8mL 水,混匀后再加 10mL 盐酸。将试管放入 70~80℃ 水浴中,每隔 5~10min 以玻璃棒搅拌 1 次,至试样消化完全为止,40~50min。混匀后待测,记录 m_2		
	其他液体试样:称取约 10g 试样,准确至 0.001g,置于 50mL 试管内,加 10mL 盐酸。其余操作同其他固体试样,记录 m_2		
试样测定	肉制品、淀粉试样的抽提:同索氏抽提法试样抽提	m_0:接收瓶的质量,g m_1:恒重后接收瓶和脂肪的含量,g m_0:________ m_1:________	1. 正确使用恒温水浴锅,掌握仪器操作及维护的方法。 2. 正确使用移液管、具塞量筒、玻璃棒、锥形瓶等玻璃仪器。 3. 正确进行溶液搅拌、转移、吸取操作。 4. 正确进行有机溶剂的挥发操作,树立正确的实验室安全意识。 5. 正确使用干燥器,会进行干燥器干燥效果的评定和处理。 6. 正确判断恒重。 7. 记录正确、完整、美观。 8. 计算结果正确,按照要求进行数据修约。 9. 计算结果保留到小数点后一位。 10. 精密度:在重复性条件下获得的两次独立测定结果的绝对差值不得超过算术平均值的 10%
	其他食品的抽提:取出试管,加入 10mL 乙醇,混合。冷却后将混合物移入 100mL 具塞量筒中。用 25mL 无水乙醚分数次洗涤试管,一并倒入具塞量筒中。待无水乙醚全部倒入量筒后,加塞振摇 1min,小心开塞,放出气体,再塞好,静置 12min,小心开塞,并用乙醚冲洗塞及量筒口附着的脂肪。静置 10~20min,待上部液体清晰,吸出上清液于已恒重的锥形瓶内,再加 5mL 无水乙醚于具塞量筒内,振摇,静置后,仍将上层乙醚吸出,放入原锥形瓶内,记录 m_0		
	回收溶剂、烘干、称重:取下接收瓶,回收无水乙醚或石油醚,待接收瓶内溶剂剩余 1~2mL 时在水浴上蒸干,再于(100±5)℃干燥 1h,放于干燥器内冷却 0.5h 称量。重复以上操作直至恒重(前后两次质量差不超过 2mg),记录 m_1		
	试样中脂肪含量 X 的计算,同索氏抽提法		
结束工作	结束后倒掉废渣、废液,清理台面,洗净具塞量筒、移液管、玻璃棒、锥形瓶等玻璃仪器,关闭水浴锅、干燥箱等设备,并归位		1. 实验室安全操作。 2. 团队进行工作总结

学习思考

1. 简述索氏提取法的适用范围。
2. 索氏提取器由哪些组成？
3. 索氏抽提法的工作原理及注意事项有哪些？
4. 碱水解法测定乳制品脂肪含量时，加入氨水、乙醇、乙醚及石油醚的作用分别是什么？
5. 测定脂肪时常用的提取剂有哪些？各自有什么特点？

项目二

食品中过氧化值的测定

项目导入

【放置过久的食品过氧化值超标吗?】了解过氧化值在一定程度上可以反映食品的质量，除了食用油质量检测时需要测定过氧化值，当加工食品的原材料中有油脂、脂肪时，一般要检测其过氧化值，比如蛋糕、月饼、方便面、绿豆糕、桃酥、莲花酥、饼干、面包、萨其马、肉制品、坚果、水产品及其制品、速冻水饺、火腿、火腿肠、腌腊肉、婴幼儿乳粉等食品。买回来的食品如果放置过长，或者买回来生产过久的食品，食品中的油脂不可避免的会发生酸败氧化，进而引起过氧化值增高的问题。

问题启发

过氧化值超标可能有哪些危害？造成这一现象的原因可能有哪些？此类情况发生该公司中哪些人可能有失责？分享生活中常有哈喇味的食品有哪些，是什么原因引起的？这样的食品还能吃吗？

知识准备

一、 过氧化值

1. 过氧化值的概念

过氧化值表示油脂和脂肪酸等被氧化程度的一种指标，是1kg样品中的活性氧含量，以过氧化物的量（mmol）表示，用于说明样品是否因已被氧化而变质。那些以油脂、脂肪为原料而制作的食品，通过检测其过氧化值来判断其质量和变质程度。

2. 过氧化值超标的原因

（1）植物油是不饱和羧酸的甘油酯（含有双键），食中植物油暴露在空气中很容易被氧化，塑料容器中的过氧化物引发剂碎片也会引起氧化。所以植物油应该在玻璃容器中密封保存。

（2）GB 7099—2015《食品安全国家标准　糕点、面包》规定，糕点中的过氧化值（以脂肪计）应不超过0.25g/100g。过氧化值超标的原因可能是产品用油已经变质，或者产品在储存过程中环境条件控制不当，导致油脂酸败；也可能是原料储存不当，未采取有效的抗氧化措施，使得终产品油脂氧化。

二、食品中过氧化值测定的意义

（1）过氧化值在一定程度上可以反映食品的质量，除了食用油质量检测时需要测定过氧化值，当加工食品的原材料中有油脂、脂肪时，一般就要检测其过氧化值。

（2）“地沟油”作为反复使用的废弃油脂经回购加工所得，其过氧化值也是严重超标的，虽然不能作为检测“地沟油”的唯一指标，但是也可以作为“地沟油”的初步筛查方法之一。

（3）并不是买来合格的食品就不用担心过氧化值超标的问题，买回来的食品如果放置过长，或者买回来生产过久的食品，食品中的油脂不可避免地会发生酸败氧化，进而引起过氧化值增高的问题，比如买回来合格的食用油，特别是大桶的食用油，在使用过程中，每次打开盖，都会进去一些氧气，打开次数越多越会增加油脂酸败氧化的速度，所以要尽量减少打开的次数，购买食品也要注意查看保质期。

（4）长期食用过氧化值超标的食物对人体的健康非常不利，因为过氧化物可以破坏细胞膜结构，导致胃癌、肝癌、动脉硬化、心肌梗死、脱发和体重减轻等。长期食用过高过氧化值的食物会加重心血管疾病、肿瘤等慢性病。

三、食品中过氧化值测定的方法

依据 GB 5009.227—2023《食品安全国家标准　食品中过氧化值的测定》进行检测。标准中指示剂滴定法适用于食用中过氧化值的测定。电位滴定法适用于食用动植物油脂和人造奶油中过氧化值的测定。

四、食品中过氧化值测定的注意事项

（1）析出碘用硫代硫酸钠液滴定的方法，受光线的影响较大，光线促进空气对碘化钾的氧化，表现为在较强的光线下有较大的空白值，因此滴定时应尽量避光。

（2）室温在 25℃以上时，游离碘的挥发很显著，可以看到液面上空气中有明显碘蒸气的柴油色，且“碘-淀粉”反应灵敏度降低，故在室温高达 25℃时，滴定宜用冰浴降温至 20℃以下进行。

（3）重铬酸钾与碘化钾之间反应速度较慢，特别是在水溶液中更慢，故加入水稀释前要放置 5~6min。

（4）测定过氧化值过程中，淀粉指示剂应在将近终点时再加入。

（5）硫代硫酸钠应避免接触橡皮制品，可在水中充分煮沸以减少微生物的影响，本液应密闭保存，尽量减少与空气的接触。

（6）滴定液在储存中如出现浑浊，即不得再使用。

工作任务　指示剂滴定法测定食品中的过氧化值

一、方法解读

【视频】食品中过氧化值的测定

经制备的油脂试样在三氯甲烷-冰乙酸溶液中溶解，其中的过氧化物与碘化钾反应生成碘，用硫代硫酸钠标准溶液滴定析出的碘。用过氧化物相当于碘的质量分数或 1kg 样品中活性氧的量（mmol）表示过氧化值的量。

二、 任务准备

试剂	无水硫酸钠
	丙酮
	淀粉酶(CAS:9000-92-4):酶活力≥2000U/g
	木瓜蛋白酶(CAS:9001-73-4):酶活力≥6000U/g
	三氯甲烷-冰乙酸混合液(2+3):将三氯甲烷和冰乙酸按 2 : 3 的体积比混合均匀
	淀粉指示剂(10g/L):称取 1g 可溶性淀粉,加入约 5mL 水使其呈糊状,在搅拌下将 95mL 沸水加到糊状物中,再煮沸 1~2min,冷却。临用现配
	碘化钾饱和溶液:称取约 16g 碘化钾,加入 10mL 适量新煮沸冷却的水,摇匀后储于棕色瓶中,盖塞,于避光处保存备用,应确保溶液中有饱和碘化钾结晶存在,若超过空白体积要求时应重新配制。 使用前检查:在 30mL 三氯甲烷-冰乙酸混合液中添加 1.00mL 碘化钾饱和溶液和 2 滴 10g/L 淀粉指示剂,若出现蓝色,并需用 1 滴以上的 0.01mo1/L 硫代硫酸钠($Na_2S_2O_3 \cdot 5H_2O$)溶液才能消除,此碘化钾溶液不能使用,应重新配制
	石油醚:30~60℃ 石油醚的确认:取 100mL 石油醚于蒸馏瓶中,在不高于 40℃的水浴中,用旋转蒸发仪减压蒸干。用 30mL 三氯甲烷-冰乙酸溶液分次洗涤蒸馏瓶,合并洗涤液于 250mL 碘量瓶中。准确加入 1.00mL 饱和碘化钾溶液,塞紧瓶盖,并轻轻振摇 0.5min,在暗处放置 3min,加 1.0mL 淀粉指示剂后混匀,若无蓝色出现,此石油醚用于试样制备;如加 1.0mL 淀粉指示剂混匀后有蓝色出现,则需更换试剂
	标准溶液配制: (1)0.1mo1/L 硫代硫酸钠标准滴定溶液:按照 GB/T 5009.1—2003《食品卫生检验方法 理化部分 总则》要求进行配制和标定,或经国家认证并授予标准物质证书的标准滴定溶液。 (2)0.01mo1/L 硫代硫酸钠标准滴定溶液:由 0.1mo1/L 硫代硫酸钠标准滴定溶液以新煮沸冷却的水稀释而成。临用前配制。 (3)0.002mo1/L 硫代硫酸钠标准滴定溶液:由 0.01mo1/L 硫代硫酸钠标准滴定溶液以新煮沸冷却的水稀释而成。临用前配制
仪器	分析天平:感量为 0.01,0.001,0.0001g
	电热恒温干燥箱
	旋转蒸发仪:配棕色旋蒸瓶
	恒温水浴振荡器
	高速冷冻离心机:转速≥5000r/min
	顶置搅拌器
	滴定管:容量 10mL,最小刻度为 0.05mL
	滴定管:25mL 或 50mL,最小刻度为 0.1mL

注：(1) 除非另有规定，本方法所用试剂均为优级纯，水为 GB/T 6682—2008《分析实验室用水规格和试验方法》规定的三级水。

(2) 本方法中使用的所有器皿不得含有还原性或氧化性物质。磨砂玻璃表面不得涂油。

三、 任务实施

1. 方案制订

通过相关知识学习，解读国家标准，小组完成方案制订，并依据方案完成任务准备。

<table>
<tr><td>任务名称</td><td colspan="4"></td></tr>
<tr><td>小组成员</td><td colspan="2"></td><td>时间</td><td></td></tr>
<tr><td>依据标准</td><td colspan="4"></td></tr>
<tr><td rowspan="16">工作
方案</td><td colspan="4">一、明确方法</td></tr>
<tr><td colspan="4"></td></tr>
<tr><td colspan="4">二、工作准备</td></tr>
<tr><td>仪器设备(规格、数量)</td><td colspan="3"></td></tr>
<tr><td>试剂(规格、浓度、数量)</td><td colspan="3"></td></tr>
<tr><td>样品</td><td colspan="3"></td></tr>
<tr><td colspan="4">三、任务分工</td></tr>
<tr><td>姓名</td><td colspan="3">分工及时间安排</td></tr>
<tr><td></td><td colspan="3"></td></tr>
<tr><td></td><td colspan="3"></td></tr>
<tr><td></td><td colspan="3"></td></tr>
<tr><td></td><td colspan="3"></td></tr>
<tr><td colspan="4">四、工作流程简图</td></tr>
<tr><td colspan="4"></td></tr>
</table>

2. 任务过程

<table>
<tr><td rowspan="2">任务</td><td colspan="2">具体实施</td><td rowspan="2">要求</td></tr>
<tr><td>实施步骤</td><td>实验记录</td></tr>
<tr><td>试样处理</td><td>动植物油脂：对液态试样，振摇装有试样的密闭容器，充分均匀后直接取样；对固态试样，选取有代表性的试样置于密闭容器中混匀后取样，记录 m。如有必要，将盛有固态试样的容器置于恒温水浴中，加温熔化样品，振摇混匀，趁试样为液态时立即取样测定</td><td>m：试样质量，g
m：________</td><td>1. 桌面整齐，着工作服，仪表整洁。
2. 正确使用吸量管、容量瓶等玻璃仪器及电子天平，正确进行天平检查、使用、维护。
3. 正确取用石油醚。
4. 正确规范进行试样处理。
5. 试样制备过程应避免强光，并尽可能避免带入空气</td></tr>
</table>

任务	具体实施		要求
	实施步骤	实验记录	
试样处理	油脂制品 (1)食用氢化油、起酥油、代可可脂:同动植物油脂。 (2)人造奶油:将试样置于密闭容器中,于60~70℃的电热恒温干燥箱中加热至熔化,振摇混匀后,继续加热至破乳分层并将油层通过快速定性滤纸过滤到烧杯中,烧杯中滤液为待测试样,待测试样应澄清。趁待测试样为液态时立即取样测定。 (3)植脂奶油:取有代表性试样于烧杯中,加入约5倍试样体积的石油醚,使用顶置搅拌器搅拌2min使混合均匀。边搅拌边加入1.6倍的无水硫酸钠,继续搅拌混合5min,取下静置5min使石油醚分层。将上清液倒出,向烧杯中加入约2倍样品体积的石油醚,重复以上搅拌、静置操作,将石油醚合并,过滤,将滤液转入棕色旋蒸瓶中,在不高于40℃的水浴中,用旋转蒸发仪减压蒸干石油醚,残留物即为待测试样,提取量不少于5g。 (4)粉末油脂制品:称取有代表性试样于棕色碘量瓶中,每1g试样加入0.02g木瓜蛋白酶和0.02g淀粉酶。加入2倍试样体积的水混合,盖塞。将碘量瓶置于50℃恒温水浴振荡器,60~100次/min振荡30min,取出冷却。加入与水等体积的丙酮,混匀。加入3倍试样体积的石油醚振荡提取1min,将其转入分液漏斗静置30min分层,弃去下层。加入与石油醚等体积的水洗涤有机相,弃去下层,将上层有机相转入装有无水硫酸钠漏斗进行过滤。将滤液转入棕色旋蒸瓶中,在不高于40℃的水浴中,用旋转蒸发仪减压蒸干石油醚,残留物即为待测试样,提取量不少于5g		
	植物性食品及其制品:从所取全部试样中取出有代表性试样的可食部分,除去其中不含油脂部分,含水分较多的速冻调理肉样品可用纱布将水沥干再进行制备。破碎并充分混匀,置于广口瓶中,加入2~3倍样品体积的石油醚,摇匀,充分混合,封口后静置浸提12h以上,必要时超声5~10min。经装有无水硫酸钠的漏斗过滤,取滤液,在不高于40℃的水浴中,用旋转蒸发仪减压蒸干石油醚,残留物即为待测试样,提取量不少于5g		

<table>
<tr><th rowspan="2">任务</th><th colspan="2">具体实施</th><th rowspan="2">要求</th></tr>
<tr><th>实施步骤</th><th>实验记录</th></tr>
<tr><td rowspan="5">试样测定</td><td>应避免在阳光直射下进行试样测定。称取制备的试样 2～3g(精确至 0.001g),置于 250mL 碘量瓶中,加入 30mL 三氯甲烷-冰乙酸溶液,轻轻振摇使试样完全溶解。准确加入 1.00mL 饱和碘化钾溶液,塞紧瓶盖,并轻轻振摇 0.5min,在暗处放置 3min</td><td rowspan="3">c:硫代硫酸钠标准滴定溶液浓度,mol/L
V:试样消耗硫代硫酸钠标准滴定溶液的体积,mL
V_0:空白试验消耗硫代硫酸钠标准滴定溶液的体积,mL
c:__________
V:__________
V_0:__________</td><td rowspan="5">1. 正确使用碱式滴定管,经过试漏、润洗、装液、排空气和调零等步骤,并能够正确读数。
2. 待测液加三氯甲烷-冰乙酸、饱和碘化钾、水顺序要明确,操作正确。
3. 记录正确、完整、美观。
4. 计算结果正确,按照要求进行数据修约。
5. 计算结果以重复性条件下获得的两次独立测定结果的算术平均值表示,结果保留两位有效数字。
6. 精密度:在重复性条件下获得的两次独立测定结果的绝对差值不得超过算术平均值的 10%</td></tr>
<tr><td>取出加 100mL 水,摇匀后立即用硫代硫酸钠标准滴定溶液(过氧化值估计值在 0.15g/100g 及以下时,用 0.002mol/L 标准溶液;过氧化值估计值大于 0.15g/100g 时,用 0.01mol/L 标准滴定溶液)滴定析出的碘,滴定至淡黄色时,加 1mL 淀粉指示剂,继续滴定并强烈振摇至溶液蓝色消失为终点,记录 c、V</td></tr>
<tr><td>同时做试剂空白,空白试验所消耗 0.01mol/L 硫代硫酸钠溶液体积不得超过 0.1mL,记录 V_0</td></tr>
<tr><td>根据公式,用过氧化物相当于碘的质量分数表示过氧化值时:
$$X=\frac{(V-V_0)\times c\times 0.1269}{m}\times 100$$
式中 0.1269——与 1.00mL 硫代硫酸钠标准滴定溶液[$c(Na_2S_2O_3)=1.000$mol/L]相当的碘的质量,g/mmol;
100——换算系数</td><td rowspan="2">X:试样过氧化值,g/100g
X:__________
X_1:试样过氧化值,mmol/kg
X_1:__________</td></tr>
<tr><td>根据公式,用 1kg 样品中活性氧的量(mmol)表示过氧化值时,
$$X_1=\frac{(V-V_0)\times c}{2\times m}\times 1000$$
式中 1000——换算系数</td></tr>
<tr><td>结束工作</td><td colspan="2">结束后倒掉废液、清理台面、洗净玻璃仪器并归位。
清洗旋转蒸发仪,并规范放置</td><td>1. 实验室安全操作。
2. 团队进行工作总结</td></tr>
</table>

检查与评价

学生完成本任务的学习,通过自评、小组互评以检查自己对本任务学习的掌握情况。指导教师在整个教学过程中,关注每个小组的检测过程及小组成员的动手能力,并对小组成员动手能力进行评价。将具体的检查与评价填入下表。评价表对应工作任务。

项目	评价标准	分值	学生自评	小组互评	教师评价
方案制订与任务准备	认真负责、一丝不苟进行资料查阅，确定检测依据	5			
	协同合作制订方案并合理分工	5			
	相互沟通完成方案诊改	5			
	正确清洗及检查仪器	5			
	合理领取药品	5			
	正确取样	5			
	准确进行溶液的配制	5			
试样处理	不同类样品选择正确处理的方法	5			
	根据正确方法，完成试样制备	10			
试样测定	正确使用滴定管	10			
	正确进行试样滴定	10			
	准确、完整、美观记录实验数据	5			
	正确计算结果，按照要求进行数据修约	5			
	规范编制检测报告	5			
结束工作	结束后倒掉废液、清理台面、洗净用具并归位	5			
	清洗微量滴定管等玻璃仪器及其他工具，正确归位，文明操作	5			
	合理分工，按规定时间完成	5			

项目拓展　电位滴定法测定食品中的过氧化值

一、方法解读

经制备的油脂试样溶解在异辛烷-冰乙酸溶液中溶解，试样中过氧化物与碘化钾反应生成碘，反应后用硫代硫酸钠标准滴定溶液滴定析出的碘，用电位滴定仪确定滴定终点。用过氧化物相当于碘的质量分数或1kg样品中活性氧的毫摩尔数表示过氧化值的量。

二、任务准备

1. 试剂

除非另有说明，本方法所用试剂均为分析纯，水为GB/T 6682—2008《分析实验用水规格和试验方法》规定的三级水。

（1）异辛烷-冰乙酸混合液（2+3）：将异辛烷和冰乙酸按2∶3的体积比混合均匀。

（2）碘化钾饱和溶液：同指示剂滴定法。

（3）标准溶液配制：同指示剂滴定法。

2. 仪器

（1）天平：感量为0.01、0.001、0.0001g。

（2）电热恒温干燥箱。

（3）电位滴定仪：精度为±2mV。

（4）磁力搅拌器。

本方法中使用的所有器皿不得含有还原性或氧化性物质。磨砂玻璃表面不得涂油。

三、任务过程

任务	具体实施		要求
	实施步骤	实验记录	
试样制备	同指示剂滴定法	同指示剂滴定法	同指示剂滴定法
试样测定	称取制备的油脂试样5g(精确至0.001g)于电位滴定仪的滴定杯中,记录 m。加入50mL异辛烷-冰乙酸溶液,轻轻振摇使试样完全溶解。如果试样溶解性较差(如硬脂或动物脂肪),可先向滴定杯中加入20mL异辛烷,轻轻振摇使样品溶解,再加入30mL冰乙酸后混匀 向滴定杯中准确加入1.00mL饱和碘化钾溶液,开动磁力搅拌器,在合适的搅拌速度下反应(60±1)s。立即向滴定杯中加入30~100mL水,插入电极和滴定头,设置好滴定参数,运行滴定程序,采用动态滴定模式进行滴定并观察滴定曲线和电位变化,硫代硫酸钠标准滴定溶液加液量一般控制在0.05~0.2mL/滴。到达滴定终点后,记录 V。每完成一个样品的滴定后,须将搅拌器或搅拌磁子、滴定头和电极浸入异辛烷中清洗表面的油脂 同时进行空白试验:采用等量滴定模式进行滴定并观察滴定曲线和电位变化,硫代硫酸钠标准滴定溶液加液量一般控制在0.005mL/滴。到达滴定终点后,记录 V_0。空白试验所消耗0.01mol/L硫代硫酸钠溶液体积 V_0 不得超过0.1mL 计算与指示剂滴定法相同	m:试样质量,g c:硫代硫酸钠标准滴定溶液浓度,mol/L V:试样消耗硫代硫酸钠标准滴定溶液体积,mL V_0:空白试验消耗硫代硫酸钠标准滴定溶液体积,mL m:________ c:________ V:________ V_0:________	1. 正确使用电位滴定仪,掌握仪器操作及维护的方法。 2. 正确设置仪器参数。 3. 记录正确、完整、美观;计算结果正确,按照要求进行数据修约。 4. 计算结果保留两位有效数字。 5. 在重复性条件下获得的两次独立测定结果的绝对差值不得超过算术平均值的10%。 6. 要保证样品混合均匀又不会产生气泡影响电极响应。可根据仪器说明书的指导,选择一个合适的搅拌速度。 7. 可根据仪器进行加水量的调整,加水量会影响起始电位,但不影响测定结果。被滴定相位于下层,更大量的水有利于相转化,加水量越大,滴定起点和滴定终点间的电位差异越大,滴定曲线上的拐点更明显。 8. 应避免在阳光直射下进行试样测定
结束工作	结束后倒掉废液、清理台面、洗净用具并归位。 清洗电位滴定仪并归位,正确安放磁力搅拌器		1. 实验室安全操作。 2. 团队进行工作总结

学习思考

1. 食品中过氧化值测定的依据是什么？
2. 检测食品中过氧化值的意义有哪些？
3. 食品安全国家标准中指示剂滴定法适用什么样品的过氧化值测定？
4. 食品过氧化值超标的原因有哪些？
5. 测定过氧化值时，如何对粉末油脂制品进行试样处理？

模块四

碳水化合物检测

学习目标

知识目标

1. 熟悉碳水化合物与人体健康的关系。
2. 掌握食品中总糖、还原糖（直接滴定法）测定的意义、方法、原理、注意事项。

能力目标

1. 能够正确解读相关资料，整理分析，并制订检测方案。
2. 能够根据产品性质及测定需要，选择适合的检测方法。
3. 能够根据试验结果对产品进行正确分析。

素养目标

1. 在信息化的环境中，通过自主学习、合作探究、展示交流，具备独立测定能力。
2. 在技能训练中通过任务分解，培养自我学习能力和认真勤奋的学习态度。
3. 工作过程中能够坚守岗位，培养吃苦耐劳的劳动精神。

项目一

食品中总糖的测定

项目导入

【营养均衡】中国文化中最重要的概念其实就是两个字——平衡，民以食为天，饮食对我们非常重要，饮食也要讲求平衡。《中国居民膳食指南（2022）》准则四推荐控制添加糖摄入量每天不超过50g，最好控制在25g以下。碳水化合物摄入不足或过量都会影响蛋白质和脂肪代谢，会造成生长发育迟缓，体重减轻，容易疲劳、头晕等。如果谷类食物摄入不足还会造成 B 族维生素的缺乏；膳食纤维缺乏会引起胃肠道构造的损害和功能障碍，增加肥胖、糖尿病、高脂血症、动脉硬化及癌症等疾病的发病率。

问题启发

碳水化合物是人体必需的营养素吗？日常生活中哪些食品中含有大量碳水化合物？减肥就是不吃主食吗？糖在一日三餐中重要吗？糖在食品中的作用是什么？糖都对人体有害吗？如何测定食品中的总糖？

知识准备

一、碳水化合物

1. 碳水化合物的概念

糖类是一类由碳、氢和氧三种元素组成的有机化合物，由于它所含的氢氧比例为 2∶1，和水一样，故称为碳水化合物。碳水化合物是自然界存在最多、具有广谱化学结构和生物功能的有机化合物，它可以为人体提供热能。食物中的碳水化合物分成两类：人可以吸收利用的有效碳水化合物和人不能消化的无效碳水化合物。碳水化合物是一切生物体维持生命活动所需能量的主要来源，它不仅是营养物质，而且有些还具有特殊的生理活性。

2. 分类

根据糖类聚合程度的不同，糖类分为单糖、寡糖、多糖三大类。单糖是最简单的碳水化合物，不能再水解成更小单位，易溶于水，可直接被人体吸收利用；寡糖（又称低聚糖）指聚合度小于或等于 10 的糖类，按水解后所生成的单糖分子的数目，寡糖可分为二糖、三糖、四糖、五糖等，其中以二糖最为重要；多糖又称多聚糖，是由许多单糖分子结合而成的高分子化合物，聚合度大于 10。一般无甜味，不溶于水。

3. 总糖

营养学中的“总糖”是指能够被人体吸收、消化及利用的糖类物质的总和，包括单糖、寡糖和淀粉。而在食品生产中常规分析项目“总糖”中，一般指具有还原性的糖（葡萄糖、果糖、乳糖等）和在测定条件下能水解成为还原糖的寡糖（蔗糖等）的总和，不包括淀粉。

二、食品总糖测定的意义

作为食品生产中的常规分析项目，总糖反映的是食品中可溶性单糖和寡糖的总量，总糖的含量对产品的感官质量、组织形态、营养价值、成本等有一定影响，实际食品加工中可以根据食品中总糖的含量来评价其质量、营养以及风味。因此许多食品如麦乳精、糕点、果蔬罐头、饮料等的质量指标中总糖都是重要的检测指标，通过准确测定其含量对食品的营养以及食品工艺有重要意义。

三、食品总糖测定的方法

依据 GB/T 23780—2009《糕点质量检验方法》进行检测，使用斐林氏容量法对食品总糖进行测定。

四、 食品总糖测定注意事项

（1）斐林溶液要分别配制、分别存放，甲液应避光储存于棕色瓶中，乙液应至少放置2d后使用。

（2）总糖测定过程中，还原糖与酒石酸钾钠铜作用较缓慢，须在加热条件下进行，并严格控制时间。

（3）滴定过程中，不可离开热源，要保持液面微沸，让蒸汽上升，阻止空气进入。

（4）测定总糖用的指示剂次甲基蓝有氧化性，不能过早加入。

（5）待还原糖完全与酒石酸钾钠铜反应后，过量的一滴才会与指示剂反应，所以，当指示剂蓝色褪去时，表明全部的酒石酸钾钠铜已完全反应。在计算时，指示剂消耗的还原糖已被考虑在误差范围内。

工作任务 斐林氏容量法测定食品中的总糖

一、 方法解读

斐林溶液甲、乙液混合时，生成的酒石酸钾钠铜被还原性的单糖还原，生成红色的氧化亚铜沉淀。达到终点时，稍微过量的还原性单糖将蓝色的次甲基蓝染色体还原为无色的隐色体而显出氧化亚铜的鲜红色。

二、 任务准备

试剂	斐林溶液甲液：称取69.3g化学纯硫酸铜（$CuSO_4 \cdot 5H_2O$），溶于蒸馏水中并稀释到1000mL
	斐林溶液乙液：称取346g化学纯酒石酸钾钠及100g氢氧化钠，溶于蒸馏水中并稀释到1000mL，储存于具橡皮塞的玻璃瓶中
	200g/L氢氧化钠溶液：称取20g氢氧化钠，加水溶解并稀释至100mL
	6mol/L盐酸溶液：取250mL浓盐酸（35%～38%），用蒸馏水稀释到500mL
	10g/L次甲基蓝指示剂：称取1g次甲基蓝，用100mL蒸馏水溶解
	葡萄糖溶液：在天平上精确称取经烘干冷却的分析纯葡萄糖0.4g，用蒸馏水溶解并转入250mL容量瓶中，加水至刻度，摇匀备用
仪器	锥形瓶：150，250mL
	容量瓶：250mL
	糖滴管：25mL
	烧杯：100mL
	离心机：0～4000r/min
	分析天平：感量为0.001g，最大量程为200g
	可调温电炉

注：除非另有规定，本方法所用试剂均为优级纯，水为GB/T 6682—2008《分析实验室用水规格和试验方法》规定的三级水。

三、 任务实施

1. 方案制订

通过相关知识学习，解读国家标准，小组完成方案制订，并依据方案完成任务准备。

<table>
<tr><td colspan="2">任务名称</td><td colspan="4"></td></tr>
<tr><td colspan="2">小组成员</td><td colspan="2"></td><td>时间</td><td></td></tr>
<tr><td colspan="2">依据标准</td><td colspan="4"></td></tr>
<tr><td rowspan="15">工作
方案</td><td colspan="5">一、明确方法</td></tr>
<tr><td colspan="5"></td></tr>
<tr><td colspan="5">二、工作准备</td></tr>
<tr><td>仪器设备(规格、数量)</td><td colspan="4"></td></tr>
<tr><td>试剂(规格、浓度、数量)</td><td colspan="4"></td></tr>
<tr><td>样品</td><td colspan="4"></td></tr>
<tr><td colspan="5">三、任务分工</td></tr>
<tr><td>姓名</td><td colspan="4">分工及时间安排</td></tr>
<tr><td></td><td colspan="4"></td></tr>
<tr><td></td><td colspan="4"></td></tr>
<tr><td></td><td colspan="4"></td></tr>
<tr><td></td><td colspan="4"></td></tr>
<tr><td colspan="5">四、工作流程简图</td></tr>
<tr><td colspan="5"></td></tr>
<tr><td colspan="5"></td></tr>
</table>

2. 任务过程

<table>
<tr><td rowspan="2">任务</td><td colspan="2">具体实施</td><td rowspan="2">要求</td></tr>
<tr><td>实施步骤</td><td>实验记录</td></tr>
<tr><td rowspan="3">斐林溶液标定</td><td>预标定：准确取斐林溶液甲、乙液各2.5mL，放入150mL锥形瓶中，加蒸馏水20mL，置电炉上加热至沸腾，用配好的葡萄糖溶液滴定至溶液变红色时，加入1滴次甲基蓝指示剂，继续滴定至蓝色消失显鲜红色为终点</td><td rowspan="3">V_0：滴定时消耗葡萄糖溶液的体积，mL
m_0：葡萄糖的质量，g
A：5mL斐林溶液2.5mL甲液、2.5mL乙液相当于葡萄糖的质量，g
m_0：__________
V_0：__________
A：__________</td><td rowspan="3">1. 桌面整齐，着工作服，仪表整洁。
2. 能选择适当的仪器量取试剂。
3. 能够在沸腾状态下，准确滴定。
4. 能够按要求控制好温度和时间。
5. 根据颜色变化准确判断滴定终点。
6. 准确记录实验数据</td></tr>
<tr><td>精确标定：先加入比预滴时少0.5~1mL的葡萄糖溶液，置电炉上煮沸2min，再加1滴次甲基蓝指示剂，继续用葡萄糖溶液滴定至终点，记录V_0</td></tr>
<tr><td>根据公式，计算：
$$A=\frac{m_0V_0}{250}$$
式中　250——葡萄糖溶液的体积，mL</td></tr>
</table>

<table>
<tr><th rowspan="2">任务</th><th colspan="2">具体实施</th><th rowspan="2">要求</th></tr>
<tr><th>实施步骤</th><th>实验记录</th></tr>
<tr><td rowspan="2">试样处理</td><td>试样分离：准确称取样品 1.5～2.5g，放入 100mL 烧杯中，用 50mL 蒸馏水浸泡 30min（浸泡时多次搅拌），记录 m。转入离心试管，用 20mL 蒸馏水冲洗烧杯，洗液一并转入离心试管中。将其置离心机上以 3000r/min 离心 10min，上层清液经快速滤纸滤入 250mL 锥形瓶，用 30mL 蒸馏水冲洗原烧杯 2～3 次，再转入离心试管搅洗样渣。再以 3000r/min 离心 10min，上清液经滤纸滤入 250mL 锥形瓶。浸泡后的试样溶液也可直接用快速滤纸过滤（必要时加沉淀剂）</td><td rowspan="2">m：试样质量，g
m：__________</td><td rowspan="2">1. 规范使用电子天平，正确进行天平的检查与维护。
2. 掌握水浸分离提取法。
3. 能够正确过滤试样。
4. 水解过程中能够准确将试样处理液调至中性</td></tr>
<tr><td>试样水解：在滤液中加盐酸 10mL，置 70℃ 水浴中水解 10min。取出迅速冷却后加 1 滴酚酞指示剂，用 200g/L 氢氧化钠溶液中和至溶液呈微红色，转入 250mL 容量瓶，加水至刻度，摇匀备用</td></tr>
<tr><td rowspan="3">试样测定</td><td>预滴定：准确取斐林溶液甲、乙液各 2.5mL，放入 150mL 锥形中，加蒸馏水 20mL，置电炉上加热至沸，用水解好的试样溶液滴定至溶液变红色时，加入 1 滴次甲基蓝指示剂，继续滴定至蓝色消失显鲜红色为终点</td><td rowspan="2">V：试样滴定时消耗试样溶液的体积，mL
V：__________</td><td rowspan="3">1. 正确使用糖滴管，经过试漏、润洗、装液、排空气和调零等步骤，并能够正确读数。
2. 两次滴定的预先加入体积要明确，操作要正确。
3. 滴定过程中要严格控制时间，减少误差。
4. 记录正确、完整、美观。
5. 计算结果正确，按照要求进行数据修约。
6. 平行测定 2 个结果间的差数不得大于 0.4%</td></tr>
<tr><td>精确滴定：准确取斐林溶液甲、乙液各 2.5mL，放入 150mL 锥形中，加蒸馏水 20mL，先加入比预滴时少 0.5～1mL 的试样溶液，置电炉上煮沸 2min，再加 1 滴次甲基蓝指示剂，继续用试样溶液滴定至终点，记录 V。</td></tr>
<tr><td>根据公式，计算试样中总糖含量：
$$X=\frac{A}{m\times\frac{V}{250}}\times100$$
式中 250——样品稀释后体积；
100——换算系数</td><td>X：试样中总糖含量，以葡萄糖计，g/100g
X：__________</td></tr>
<tr><td>结束工作</td><td colspan="2">结束后倒掉废液、清理台面、洗净用具并归位</td><td>1. 实验室安全操作。
2. 团队进行工作总结</td></tr>
</table>

检查与评价

学生完成本任务的学习，通过自评、小组互评以检查自己对本任务学习的掌握情况。指导教师在整个教学过程中，关注每个小组的检测过程及小组成员的动手能力，并对小组成员动手能力进行评价。将具体的检查与评价填入下表。评价表对应工作任务。

项目	评价标准	分值	学生自评	小组互评	教师评价
方案制订与任务准备	认真负责、一丝不苟进行资料查阅，确定检测依据	5			
	协同合作制订方案并合理分工	5			
	相互沟通完成方案诊改	5			
	正确清洗及检查仪器	5			
	合理领取药品	5			
	正确取样	5			
	准确进行溶液的配制	5			
标定斐林溶液	准确移取斐林溶液	5			
	准确判断滴定终点	5			
	准确进行计算	5			
试样处理	规范使用离心机	5			
	正确进行试样水解	5			
试样测定	规范加入样液及试剂	5			
	准确控制时间及加热温度，正确完成滴定	5			
	准确、完整、美观记录实验数据	5			
	正确计算结果，按照要求进行数据修约	5			
	规范编制检测报告	5			
结束工作	结束后倒掉废液、清理台面、洗净用具并归位	5			
	正确维护离心机等仪器，文明操作	5			
	合理分工，按规定时间完成	5			

学习思考

1. 营养学中的总糖指什么？
2. 食品总糖测定的意义有哪些？
3. 斐林溶液配制及存放有哪些注意事项？
4. 试样测定时预滴定的结果是否可以用于结果计算？
5. 简述试样测定过程中滴定终点的颜色变化。

项目二

食品中还原糖的测定

项目导入

【粽子糖】粽子糖作为最早的中式糖果之一，是我国古代劳动人民智慧的结晶，采用蔗糖配上玫瑰花、饴糖、松子仁制成，形状如三角粽子形，故取名为粽子糖。粽子糖坚硬透明，有光泽，可以清晰地看到玫瑰花、松子仁均匀地散布在糖体内，犹如美丽的水晶石，食之甘润、芬芳、可口，有松仁和玫瑰的清香味道。因受气候影响，夏季不宜生产。糖果是糖果糕点的一种，指以糖类为主要成分的小吃，可分为硬质糖果、硬质夹心糖果、乳脂糖果、凝胶糖果、抛光糖果、胶基糖果、充气糖果和压片糖果等。在糖果制品中，还原糖是检测糖果质量的重要指标之一，当还原糖的含量偏高时，糖果很容易吸潮，发霉变质，不易储存；当还原糖含量过低时，糖果很容易失水，使产品发硬。

问题启发

糖果中常见的还原糖有哪些？糖果中的还原糖越多越好吗？其他食品中也有还原糖吗？我们是否有必要准确测定糖果中还原糖的含量？如何测定食品中的还原糖？

知识准备

一、 还原糖

含有醛基或酮基的糖，在碱性条件下可转变成非常活泼的烯二醇结构，具有一定的还原性，可被弱氧化剂氧化成相应的糖酸，这类糖称为还原糖。单糖均是还原糖，双糖中的乳糖、麦芽糖也具有还原性。一般情况下，单糖的还原能力主要来自它的醛基，如葡萄糖；而多糖则大多因为半缩醛羟基的存在。糖还原后会变成糖酸，如葡萄糖就会变成葡萄糖酸。

所有单糖（除二羟丙酮外）及大部分二糖（除蔗糖等外）在本尼迪克特试验中呈阳性反应，所以大部分单糖及二糖都具有还原性。还原糖常用的测定方法有直接滴定法、高锰酸钾滴定法和比色法等。

二、 食品中还原糖测定的意义

还原糖除具有抗结晶性外，还具有较强的吸水性和提高蔗糖溶液溶解度的特性。硬质糖果中若还原糖含量过高，糖体便会吸水，糖表面容易发黏、浑浊、甚至出现溶化等现象，失去原有的光泽和固有的清晰外形，这种现象称为“发烊”。发烊的产品，一旦受外界空气骤然干燥的影响，一部分被糖果吸收的水分又重新失去，糖果的水分在空气扩散的过程中，使糖果表面原来开始溶化的糖分又发生结晶而析出，在表面形成一层白色砂层，由表面及里反复进行，直到糖果粒全部返砂为止。

还原糖不达标还会影响产品本身的风味，影响糖果的质量。

三、 食品中还原糖测定的方法

依据 GB 5009.7—2016《食品安全国家标准　食品中还原糖的测定》进行检测。标准中直接滴定法和高锰酸钾滴定法适用于各种食品中还原糖含量的测定，铁氰化钾法适用于小麦粉中还原糖含量的测定，奥氏试剂滴定法适用于甜菜块根中还原糖含量的测定。

四、 食品中还原糖测定的注意事项

（1）直接滴定法是目前最常用的测定还原糖的方法，其特点是试剂用量少，操作简单、快速，滴定终点明显，适用于各类食品中还原糖的测定。但测定深色试样（如酱油、深色果汁等）时，因色素干扰，终点难以判断，影响准确性。另外因碱性酒石酸铜的氧化能力较强，可将醛糖和酮糖都氧化，所以本法测得的是总还原糖量，包括葡萄糖、果糖、乳糖、麦芽糖等，只是结果用葡萄糖或其他转化糖的方式表示。

（2）碱性酒石酸铜甲液和乙液应分别配制和储存，临用时混合。否则酒石酸钾钠铜络合物长期在碱性条件下会慢慢分解析出氧化亚铜沉淀，使试剂有效浓度降低。在碱性酒石酸铜乙液中加入亚铁氰化钾，是为了使所生成的氧化亚铜红色沉淀与之形成可溶性的无色络合物，使终点便于观察。

（3）滴定时需保持沸腾状态，一是可以加速还原糖与 Cu^{2+} 的反应速度；二是反应液沸腾使上升蒸汽阻止空气侵入溶液，避免次甲基蓝和氧化亚铜被氧化而增加耗糖量。因为次甲基蓝变色反应是可逆的，无色的还原型次甲基蓝遇空气中氧时又会被氧化成蓝色的氧化型次甲基蓝。氧化亚铜也极不稳定，易被空气氧化。

（4）滴定至终点，次甲基蓝被还原糖所还原，蓝色消失，放置一段时间，接触空气中的氧，次甲基蓝被氧化，溶液的颜色又重新变成蓝色，此时不应再滴定。

（5）本法对滴定操作条件要求很严格，测定中热源强度、加热时间、滴定速度、锥形瓶壁厚、预加入大致体积、终点的确定方法都要尽量一致。如整个滴定工作必须控制在3min 内完成，因此应将滴定所需体积的绝大部分样液先加入碱性酒石酸铜溶液中共沸，使其充分反应，仅留 1mL 左右进行滴定，并判断终点，以减少操作误差；对碱性酒石酸铜溶液的标定、试样液预测及测定的操作条件均应力求保持一致；滴定时不能随意摇动锥形瓶，更不能把锥形瓶从热源上取下来滴定，以防空气进入反应液中。

（6）分别用葡萄糖、果糖、乳糖、麦芽糖标准品配制标准溶液滴定等量已标定的碱性酒石酸铜溶液，所消耗标准溶液的体积有所不同，说明即便同是还原糖，在物化性质上仍有所差别，所以还原糖的结果只是反映样品整体情况，并不完全等于各还原糖含量之和。如果已知样品只含有某种还原糖，则应以该还原糖作为标准品，结果为该还原糖的含量。如果样品中还原糖的成分未知，或为多种还原糖的混合物，则以某种还原糖作标准品，结果以该还原糖计，但不代表该糖的真实含量。

（7）直接滴定法测定时，滴定管盛装溶液由还原糖标准溶液再换装样液，比较麻烦，而测定浓度很稀的样液时的反滴定法，滴定管内的溶液就不需要更换，只用标准还原糖溶液即可。故可用反滴定法测定样液的还原糖含量。

（8）直接滴定法测定食品中还原糖，当称样量为 5g 时，定量限为 0. 25g/100g。高锰酸钾滴定法测定食品中还原糖，当称样量为 5g 时，定量限为 0. 5g/100g。奥氏试剂滴定法测定食品中还原糖，当称样量为 5g 时，定量限为 0. 25g/100g。

工作任务　直接滴定法测定食品中的还原糖

一、方法解读

试样经除去蛋白质后，以次甲基蓝作指示剂，在加热条件下滴定标定过的碱性酒石酸铜溶液（已用还原糖标准溶液标定），根据样品液消耗体积计算还原糖含量。

【视频】食品中还原糖的测定——直接滴定法

二、任务准备

试剂	碱性酒石酸铜甲液：称取硫酸铜（$CuSO_4 \cdot 5H_2O$）15g 和次甲基蓝 0.05g，溶于水并稀释至 1000mL
	碱性酒石酸铜乙液：称取酒石酸钾钠（$C_4H_4O_6KNa \cdot 4H_2O$）50g 和氢氧化钠 75g，溶于水，再加入亚铁氰化钾［$K_4Fe(CN)_6 \cdot 3H_2O$］4g，完全溶解后，用水稀释至 1000mL，储存于橡胶塞玻璃瓶内
	乙酸锌溶液（219g/L）：称取乙酸锌［$Zn(CH_3COO)_2 \cdot 2H_2O$］21.9g，加 3mL 冰乙酸，加水溶解并稀释至 100mL
	亚铁氰化钾溶液（106g/L）：称取亚铁氰化钾 10.6g，加水溶解并稀释至 100mL
	氢氧化钠溶液（40g/L）：称取 4g 氢氧化钠，加水溶解，放冷，并稀释至 100mL
	盐酸溶液（1+1，体积比）：量取 50mL 盐酸，加水 50mL，混匀
	葡萄糖标准溶液（1.0mg/mL）：称取经过 98～100℃干燥 2h 后的葡萄糖 1g（精确至 0.0001g），加水溶解后加入盐酸 5mL，并用水定容至 1000mL。此溶液每毫升相当于 1.0mg 葡萄糖
	果糖标准溶液（1.0mg/mL）：称取经过 98～100℃干燥 2h 后的果糖 1g（精确至 0.0001g），加水溶解后加入盐酸 5mL，并用水定容至 1000mL。此溶液每毫升相当于 1.0mg 果糖
	乳糖标准溶液（1.0mg/mL）：称取经过 94～98℃干燥 2h 的乳糖（含水）1g（精确至 0.0001g），加水溶解后加入 5mL 盐酸，并以水定容至 1000mL。此溶液每毫升相当于 1.0mg 乳糖（含水）
	转化糖标准溶液（1.0mg/mL）：准确称取 1.0526g 蔗糖，用 100mL 水溶解，置于具塞锥形瓶中，加 5mL 盐酸，在 68～70℃水浴中加热 15min，放置至室温，转移至 1000mL 容量瓶定容。每毫升标准溶液相当于 1.0mg 转化糖
标准品	葡萄糖：CAS 50-99-7，纯度≥99%
	果糖：CAS 57-48-7，纯度≥99%
	乳糖（$C_6H_{12}O_6 \cdot H_2O$）：CAS 5989-81-1，纯度≥99%
	蔗糖：CAS 57-50-1，纯度≥99%。
仪器	酸式滴定管：25mL
	可调温电炉
	水浴锅
	天平：感量为 0.1mg
	蒸发皿

注：除非另有规定，本方法所用试剂均为优级纯，水为 GB/T 6682—2008《分析实验室用水规格和试验方法》规定的三级水。

三、 任务实施

1. 方案制订

通过相关知识学习，解读国家标准，小组完成方案制订，并依据方案完成任务准备。

<table>
<tr><td>任务名称</td><td colspan="4"></td></tr>
<tr><td>小组成员</td><td colspan="2"></td><td>时间</td><td></td></tr>
<tr><td>依据标准</td><td colspan="4"></td></tr>
<tr><td rowspan="16">工作
方案</td><td colspan="4">一、明确方法</td></tr>
<tr><td colspan="4"></td></tr>
<tr><td colspan="4">二、工作准备</td></tr>
<tr><td>仪器设备(规格、数量)</td><td colspan="3"></td></tr>
<tr><td>试剂(规格、浓度、数量)</td><td colspan="3"></td></tr>
<tr><td>样品</td><td colspan="3"></td></tr>
<tr><td colspan="4">三、任务分工</td></tr>
<tr><td>姓名</td><td colspan="3">分工及时间安排</td></tr>
<tr><td></td><td colspan="3"></td></tr>
<tr><td></td><td colspan="3"></td></tr>
<tr><td></td><td colspan="3"></td></tr>
<tr><td></td><td colspan="3"></td></tr>
<tr><td></td><td colspan="3"></td></tr>
<tr><td colspan="4">四、工作流程简图</td></tr>
<tr><td colspan="4"></td></tr>
<tr><td colspan="4"></td></tr>
</table>

2. 任务过程

<table>
<tr><td rowspan="2">任务</td><td colspan="2">具体实施</td><td rowspan="2">要求</td></tr>
<tr><td>实施步骤</td><td>实验记录</td></tr>
<tr><td>试样处理</td><td>含淀粉的食品:称取粉碎或混匀后的试样10~20g(精确至0.001g),置250mL容量瓶中,加水200mL,在45℃水浴中加热1h,并时时振摇,冷却后加水至刻度,混匀,静置,沉淀。吸取200.0mL上清液置于另一250mL容量瓶中,缓缓加入5mL乙酸锌溶液和5mL亚铁氰化钾溶液,加水至刻度,混匀,静置30min,用干燥滤纸过滤,弃去初滤液,取后续滤液备用,记录 m</td><td>m:试样质量,g
m:__________</td><td>1. 桌面整齐,着工作服,仪表整洁。
2. 能够根据样品性质正确选择处理方法。
3. 正确使用吸量管、容量瓶等玻璃仪器;规范使用电子天平,正确进行天平的检查与维护。</td></tr>
</table>

<table>
<tr><th rowspan="2">任务</th><th colspan="2">具体实施</th><th rowspan="2">要求</th></tr>
<tr><th>实施步骤</th><th>实验记录</th></tr>
<tr><td rowspan="3">试样处理</td><td>酒精饮料：称取约 100g 试样（精确至 0.01g）置于蒸发皿中，用氢氧化钠溶液中和至中性，在水浴锅中蒸发至原体积的 1/4 后，移入 250mL 容量瓶中，缓慢加入 5mL 乙酸锌溶液和 5mL 亚铁氰化钾溶液，加水至刻度，混匀，静置 30min，用干燥滤纸过滤，弃去初滤液，取后续滤液备用，记录 m</td><td rowspan="3"></td><td rowspan="3">4. 掌握滤纸折法进行过滤操作。
5. 能够正确处理试样，有效提取检测成分</td></tr>
<tr><td>碳酸饮料：称取约 100g 试样（精确至 0.01g）于蒸发皿中，在水浴上微热搅拌除去二氧化碳后，移入 250mL 容量瓶中，用水洗涤蒸发皿，洗液并入容量瓶，加水至刻度，混匀，备用，记录 m</td></tr>
<tr><td>其他食品：称取粉碎后的固体试样 2.5～5g（精确至 0.001g）或混匀后的液体试样 5～25g（精确至 0.001g），置于 250mL 容量瓶中，加 50mL 水，缓慢加入乙酸锌溶液 5mL 和亚铁氰化钾溶液 5mL，加水至刻度，混匀，静置 30min，用干燥滤纸过滤，弃去初滤液，取后续滤液备用，记录 m</td></tr>
<tr><td>碱性酒石酸铜溶液的标定</td><td>吸取碱性酒石酸铜甲、乙液各 5mL 于 150mL 锥形瓶中，加入 10mL 蒸馏水，2～4 粒玻璃珠，从滴定管中加入标准葡萄糖液（或其他糖标液）约 9mL，放置在可调温电炉上，控制 2min 内加热至沸，趁热以 1 滴/2s 的速度继续滴加葡萄糖（或其他糖标准溶液），滴定至蓝色刚好褪去为终点，记录消耗葡萄糖（或其他糖标准溶液）的总体积 V_1，同时平行操作 3 份，取其平均值，计算每 10mL 碱性酒石酸铜溶液相当于葡萄糖（或其他还原糖）的质量，记录 m_1</td><td>V_1：滴定时消耗葡萄糖溶液（或其他糖标准溶液）的体积，mL
m_1：10mL 碱性酒石酸铜溶液相当于葡萄糖（或其他还原糖）的质量，mg
V_1：__________
m_1：__________</td><td>1. 能选择适当的仪器量取试剂。
2. 能够在沸腾状态下，准确滴定。
3. 能够按要求控制好温度和时间。
4. 根据颜色变化准确判断滴定终点。
5. 准确记录实验数据</td></tr>
<tr><td>试样测定</td><td>试样溶液预测：吸取碱性酒石酸铜甲、乙液各 5mL 于 150mL 锥形瓶中，加入 10mL 蒸馏水，2～4 粒玻璃珠，放置在可调温电炉上，控制 2min 内加热至沸，以先快后慢的速度从滴定管中滴加试样，并保持沸腾状态，待溶液颜色变浅时，以 1 滴/2s 的速度滴定，至蓝色刚好褪去为终点，记录消耗试样溶液的体积。</td><td>V：滴定时平均消耗试样溶液的体积，mL
V：__________</td><td>1. 两次滴定的预先加入体积要明确，操作要正确。
2. 滴定过程中要严格控制时间，减少误差。
3. 记录正确、完整、美观。
4. 按照要求进行数据修约。
5. 根据情况正确选择计算公式，计算结果正确。</td></tr>
</table>

<table>
<tr><th rowspan="2">任务</th><th colspan="2">具体实施</th><th rowspan="2">要求</th></tr>
<tr><th>实施步骤</th><th>实验记录</th></tr>
<tr><td rowspan="3">试样测定</td><td>当试样溶液中还原糖浓度过高时，应适当稀释后再进行正式测定，使每次滴定消耗试样溶液的体积控制在与标定碱性酒石酸铜溶液时所消耗的还原糖标准溶液的体积相近，约 10mL，结果按式(1)计算；当浓度过低时则采取直接加入 10mL 试样溶液，免去加水 10mL，再用还原糖标准溶液滴定至终点，消耗的体积与标定时消耗的还原糖标准溶液体积之差相当于 10mL 试样溶液中所含还原糖的量，结果按式(2)计算</td><td rowspan="2"></td><td rowspan="3">6. 计算结果保留两位有效数字。还原糖含量 ≥ 10g/100g 时，计算结果保留 3 位有效数字；还原糖含量 < 10g/100g 时，计算结果保留 2 位有效数字。
7. 精密度：在重复性条件下获得的两次独立测定结果的绝对差值不得超过算术平均值的 5%</td></tr>
<tr><td>试样溶液测定：吸取碱性酒石酸铜甲、乙液各 5mL 于 150mL 锥形瓶中，加入 10mL 蒸馏水，2~4 粒玻璃珠，放置在可调温电炉上，从滴定管滴加比预测体积少 1mL 的试样溶液至锥形瓶中，控制 2min 内沸腾，保持沸腾以 1 滴/2s 的速度滴定，至蓝色刚好褪去为终点，记录消耗试样溶液的体积，同时平行操作 3 份，记录 V</td></tr>
<tr><td>按式(1)计算试样中还原糖的含量：
$$X=\frac{m_1}{m\times F\times\frac{V}{250}\times 1000}\times 100 \qquad (1)$$
式中 F——系数，含淀粉食品、碳酸饮料和其他食品的 F 为 1，酒精饮料的 F 为 0.80；
250——定容体积，mL；
1000——换算系数。
当浓度过低时，按式(2)计算试样中还原糖的含量（以某种还原糖计）：
$$X=\frac{m_2}{m\times F\times\frac{10}{250}\times 1000}\times 100 \qquad (2)$$
式中 10——样液体积，mL</td><td>X：试样中还原糖的含量（以某种还原糖计），g/100g
m_2：标定时消耗的还原糖标准溶液体积与加入样品后消耗的还原糖标准溶液体积之差，相当于某种还原糖的质量，mg
m_2：__________
X：__________</td></tr>
<tr><td>结束工作</td><td colspan="2">结束后倒掉废液、清理台面、洗净用具并归位</td><td>1. 实验室安全操作。
2. 团队进行工作总结</td></tr>
</table>

检查与评价

学生完成本任务的学习，通过自评、小组互评以检查自己对本任务学习的掌握情况。指导教师在整个教学过程中，关注每个小组的检测过程及小组成员的动手能力，并对小组成员动手能力进行评价。将具体的检查与评价填入下表。评价表对应工作任务。

项目	评价标准	分值	学生自评	小组互评	教师评价
方案制订与任务准备	认真负责、一丝不苟进行资料查阅，确定检测依据	5			
	协同合作制订方案并合理分工	5			
	相互沟通完成方案诊改	5			
	正确清洗及检查仪器	5			
	合理领取药品	5			
	正确取样	5			
	准确进行溶液的配制	5			
标定碱性酒石酸铜溶液	准确移取碱性酒石酸铜溶液	5			
	准确控制电炉温度及滴定时间	5			
	准确判断滴定终点	5			
试样测定	规范加入样液及试剂	5			
	准确控制时间及加热温度，正确完成样液预测滴定	5			
	根据预测滴定，能准确调节样液测定时直接加入样液的体积	10			
	准确、完整、美观记录实验数据	5			
	正确计算结果，按照要求进行数据修约	5			
	规范编制检测报告	5			
结束工作	结束后倒掉废液、清理台面、洗净用具并归位	5			
	正确维护离心机等仪器，文明操作	5			
	合理分工，按规定时间完成	5			

项目拓展　高锰酸钾滴定法测定食品中的还原糖

一、方法解读

试样经除去蛋白质后，其中还原糖把铜盐还原为氧化亚铜，加硫酸铁后，氧化亚铜被氧化为铜盐，经高锰酸钾溶液滴定氧化作用后生成的亚铁盐，根据高锰酸钾消耗量，计算氧化亚铜含量，再查表得还原糖量。

二、 工作准备

1. 试剂

（1）碱性酒石酸铜甲液：称取 34.639g 硫酸铜（$CuSO_4 \cdot 5H_2O$），加适量水溶解，加入 0.5mL 硫酸，再加水稀释至 500mL，用精制石棉过滤。

（2）碱性酒石酸铜乙液：称取 173g 酒石酸钾钠（$C_4H_4O_6KNa \cdot 4H_2O$）和 50g 氢氧化钠，加适量水溶解并稀释至 500mL，用精制石棉过滤，储存于具橡胶塞玻璃瓶中。

（3）精制石棉：首先将石棉用 3mol/L 盐酸浸泡 2~3d，用水洗净；然后用 400g/L 氢氧化钠浸泡 2~3d，倾去溶液；接着用热碱性酒石酸铜乙液浸泡数小时，用水洗净；最后以 3mol/L 盐酸浸泡数小时，用水洗至不呈酸性，加水振荡，使之成为微细浆状软纤维，用水浸泡并储存于玻璃瓶中，即可填充古氏坩埚用。

（4）高锰酸钾标准溶液（0.1000mol/L）：按 GB/T 601—2016《化学试剂　标准滴定溶液的制备》配制与标定。

（5）氢氧化钠溶液（40g/L）：称取 4g 氢氧化钠，加水溶解并稀释至 100mL。

（6）盐酸（3mol/L）：量取 30mL 盐酸，加水稀释至 120mL。

（7）硫酸铁溶液（50g/L）：将 50g 硫酸铁加入 200mL 水溶解后，慢慢加入 100mL 硫酸，冷却后加水稀释至 1000mL。

2. 标准品

高锰酸钾，CAS 7722-64-7，优级纯或以上等级。

3. 仪器

（1）分析天平：感量为 0.1mg。

（2）水浴锅。

（3）可调温电炉。

（4）酸式滴定管：25mL。

（5）25mL 古氏坩埚或 G4 垂熔坩埚。

（6）真空泵或水泵。

三、 检测过程

任务	具体实施		要求
	实施步骤	实验记录	
试样处理	含淀粉的食品：称取粉碎或混匀后的试样 10~20g（精确至 0.001g），置 250mL 容量瓶中，加水 200mL，在 45℃ 水浴中加热 1h，并时时振摇，冷却后加水至刻度，混匀，静置。吸取 200.0mL 上清液置于另一 250mL 容量瓶中，加 10mL 碱性酒石酸铜甲液和 4mL 氢氧化钠溶液，加水至刻度，混匀，静置 30min，用干燥滤纸过滤，弃去初滤液，取后续滤液备用，记录 m	m：试样质量或体积，g 或 mL m：＿＿＿＿＿	1. 桌面整齐，着工作服，仪表整洁。 2. 能够根据样品性质正确选择处理方法。 3. 正确使用吸量管、容量瓶等玻璃仪器；规范使用电子天平，正确进行天平的检查与维护。

<table>
<tr><th rowspan="2">任务</th><th colspan="2">具体实施</th><th rowspan="2">要求</th></tr>
<tr><th>实施步骤</th><th>实验记录</th></tr>
<tr><td rowspan="3">试样处理</td><td>酒精饮料：称取100g试样（精确至0.01g）置于蒸发皿中，用氢氧化钠溶液中和至中性，置水浴上蒸发至原体积的1/4后，移入250mL容量瓶中，加水50mL，摇匀后加10mL碱性酒石酸铜甲液和4mL氢氧化钠溶液，加水至刻度，混匀，静置30min，用干燥滤纸过滤，弃去初滤液，取后续滤液备用，记录 m</td><td rowspan="3"></td><td rowspan="3">4. 掌握滤纸折法进行过滤操作。
5. 能够正确处理试样，有效提取检测成分</td></tr>
<tr><td>碳酸饮料：称取100g（精确至0.001g）混匀的试样于蒸发皿中，置水浴上微热搅拌除去二氧化碳后，移入250mL容量瓶中，并用水洗涤蒸发皿，洗液并入容量瓶，加水至刻度，混匀备用，记录 m</td></tr>
<tr><td>其他食品：称取粉碎后的固体试样2.5～5g（精确至0.001g）或混匀后的液体试样25～50g（精确至0.001g），置于250mL容量瓶中，加水50mL，摇匀后加10mL碱性酒石酸铜甲液和4mL氢氧化钠溶液，加水至刻度，混匀，静置30min，用干燥滤纸过滤，弃去初滤液，取后续滤液备用，记录 m</td></tr>
<tr><td rowspan="3">试样测定</td><td>吸取处理后的试样溶液50.0mL于500mL烧杯中，加碱性酒石酸铜甲、乙液各25mL，于烧杯上盖一表面皿，置可调温电炉上加热，4min内沸腾，再准确沸腾2min，趁热用铺好精制石棉的古氏坩埚（或G4垂熔坩埚）抽滤，并用60℃热水洗涤烧杯及沉淀，至洗液不呈碱性反应为止。将坩埚放回原500mL烧杯，加25mL硫酸铁溶液及25mL水，用玻棒搅拌至氧化亚铜完全溶解，以高锰酸钾标准溶液滴定至微红色为终点，记录 c、V</td><td rowspan="3">c：高锰酸钾标准溶液的实际浓度，mol/L
V；测定试样溶液消耗高锰酸钾标准溶液的体积，mL
V_0：试剂空白消耗高锰酸钾标准溶液的体积，mL
X_0：试样中还原糖的质量相当于氧化亚铜的质量，mg
X：试样中还原糖的含量，g/100g
m_1：还原糖的质量，mg
V_1：测定用试样液的体积，mL
c：__________
V：__________
V_0：__________
V_1：__________
X_0：__________
X：__________</td><td rowspan="3">1. 规范使用古氏坩埚（或G4垂熔坩埚）抽滤装置进行抽滤，减少试验误差。
2. 能够按要求准确控制加热火候和时间。
3. 能严格按照滴定速度要求进行滴定。
4. 明白试验原理，正确进行空白试验。
5. 记录正确、完整、美观。
6. 计算结果正确，按照要求进行数据修约。
7. 还原糖含量≥10g/100g时，计算结果保留3位有效数字；还原糖含量<10g/100g时，计算结果保留2位有效数字。
8. 精密度：在重复性条件下获得的两次独立测定结果的绝对差值不得超过算术平均值的10%</td></tr>
<tr><td>同时做空白试验：同时，取50mL水代替试样溶液，加入与测定试样时相同量的碱性酒石酸铜甲、乙液，硫酸铁溶液及水，按上述方法做试剂空白试验，记录 V_0</td></tr>
<tr><td>按式（1）计算样品中还原糖质量相当于氧化亚铜的量：
$$X_0=(V-V_0)\times c\times 71.54 \quad (1)$$
式中　71.54——1mL高锰酸钾标准溶液相当于氧化亚铜的质量，mg。
根据式（1）计算所得的氧化亚铜质量，得出相当于还原糖的质量，再按式（2）计算样品中还原糖的含量。
$$X=\frac{m_1}{m\times\frac{V_1}{250}\times 1000}\times 100 \quad (2)$$
式中　250——试样处理后的总体积，mL</td></tr>
<tr><td>结束工作</td><td colspan="2">结束后倒掉废液、清理台面、洗净用具并归位。
清洗古氏坩埚（或G4垂熔坩埚）抽滤装置，正确归位</td><td>1. 实验室安全操作。
2. 团队进行工作总结</td></tr>
</table>

学习思考

1. 什么是还原糖？
2. 常用的食品中还原糖测定的方法有哪些？
3. 碱性酒石酸铜溶液如何存放？
4. 测定糖果中还原糖有何意义？
5. 简述样品测定过程中滴定终点的颜色变化。

项目三

食品中淀粉的测定

项目导入

【食品营养标签上的“碳水化合物”】GB 28050—2025《食品安全国家标准　预包装食品营养标签通则》中指出，食品营养标签上的“碳水化合物”指糖、寡糖、多糖的总称，每100g或每100mL食品中碳水化合物含量可采用减法计算而得；碳水化合物=100-水分-灰分-蛋白质-脂肪，当标示膳食纤维含量时，还应减去其含量。当蛋白质和脂肪含量达到“0”界限值，且碳水化合物来源为糖或（和）淀粉时可采用加法，即碳水化合物=糖+淀粉。营养标签上的碳水化合物信息对于消费者选择低糖或无糖食品非常重要。

问题启发

如何看懂“食品营养标签”？食品营养标签上碳水化合物的碳水化合物包括淀粉吗？为什么说淀粉是复杂的碳水化合物？

知识准备

一、淀粉

淀粉广泛存在于植物的根、茎、种子等组织中，是人类食物的重要组成部分，也是人体热能的主要来源。淀粉分为直链淀粉和支链淀粉，直链淀粉溶于热水，遇碘变蓝，易于消化；支链淀粉遇热水膨胀，不易消化。

淀粉是食品的重要组成之一，是人类可取用的最丰富的资源，淀粉及其衍生物是一种多功能的天然高分子化合物，具有无毒、可生物降解等优点。

淀粉作为食品添加剂是基于其方便于食品加工的功能性价值，以及提供某些食品系统所要求的性质，如形状、口味、增稠性、胶凝性、黏合性和稳定性等。为了满足某一特殊食品的加工或产品的要求，人们通过改性技术，使淀粉具有更多的使用功能来满足各种特殊用途的需要。

淀粉是以谷类、薯类、豆类以及各种可食用植物为原料，通过物理方法提取未经改性的淀粉，或者在淀粉分子上未引入新化学基团且未改变淀粉分子中的糖苷键类型的变性淀粉，包括预糊化淀粉、湿热处理淀粉、多孔淀粉和可溶性淀粉等。

二、 食品中淀粉测定的意义

测定食品中的淀粉含量对于决定其用途具有重要意义，淀粉在食品中的作用是作为增稠剂、凝胶剂、保湿剂、乳化剂、黏合剂等。

三、 食品中淀粉测定的方法

依据 GB 5009. 9—2023《食品安全国家标准　食品中淀粉的测定》进行检测。标准中酶水解法和酸水解法适用于食品（肉制品除外）中淀粉的测定，皂化-酸水解法适用于肉制品中淀粉的测定。本标准不适用于添加经水解产生还原糖物质（麦芽糊精和可溶性糖除外）的食品中淀粉测定。

四、 食品中淀粉测定的注意事项

（1）脂肪会抑制酶对淀粉的作用及对可溶性糖类的去除，所以脂肪含量高的样品需要用乙醚脱脂。

（2）加热糊化破坏淀粉的晶格结构，有利于被淀粉酶水解。已经加热处理过的食品，测定淀粉前还需要将试样再次糊化，因为老化淀粉不易被酶水解。

（3）使用淀粉酶前，应预先确定淀粉酶的活力及水解时的加入量，具体方法是用已知浓度的淀粉溶液，加一定量的淀粉酶溶液，置于55~60℃水浴中保温1h，用碘液检验淀粉是否水解完全，从而确定酶活力和加入量。

（4）水解条件要严格控制，要保证淀粉水解完全，并避免因加热时间过长对葡萄糖产生影响。对于水解时酸的浓度、加入量，水解温度、时间要准确。因水解时间较长，应采用回流装置，以保证水解过程中盐酸的浓度不发生变化。

（5）试样水解液冷却后，应立即调至中性。

（6）澄清液的选择可用200g/L中性醋酸铅溶液，沉淀蛋白质、果胶等杂质，以澄清样品水解液。再加入100g/L硫酸钠溶液除去过多的铅。

（7）酶水解法适用于含非淀粉多糖较多的试样，利用淀粉酶的专一性，只水解淀粉而不水解其他多糖，过滤后可除去其他多糖。

（8）用淀粉酶前，应用碘液检验，确定其活力及水解时加入量。

（9）酸水解法适用于淀粉含量较高，半纤维素等其他多糖含量较少的试样。

工作任务 酶水解法测定食品中淀粉

一、 方法解读

试样经去除脂肪及可溶性糖后，淀粉依次经淀粉酶酶解和盐酸水解成葡萄糖，测定葡萄糖含量，并折算成样品中淀粉含量。

二、 任务准备

试剂	甲基红指示液(2g/L):称取甲基红 0.20g,用 95%乙醇溶解并定容至 100mL
	盐酸溶液(1+1):量取 50mL 盐酸,与 50mL 水混合
	氢氧化钠溶液(200g/L):称取 20g 氢氧化钠,加水溶解并稀释至 100mL
	碱性酒石酸铜甲液:称取 15g 硫酸铜($CuSO_4 \cdot 5H_2O$)及 0.050g 亚甲蓝,溶于水中并稀释至 1000mL
	碱性酒石酸铜乙液:称取酒石酸钾钠($C_4H_4O_6KNa \cdot 4H_2O$)50g 和氢氧化钠 75g,溶于水,再加入亚铁氰化钾[$K_4Fe(CN)_6 \cdot 3H_2O$]4g,完全溶解后,用水稀释至 1000mL,储存于橡胶塞玻璃瓶内
	淀粉酶溶液(5g/L):称取淀粉酶 0.5g,加 100mL 水溶解,临用现配;也可加入数滴甲苯或三氯甲烷防止长霉,储存于 4℃冰箱中
	碘溶液:称取 3.6g 碘化钾溶于 20mL 水中,加入 1.3g 碘,溶解后加水稀释至 100mL
	85%乙醇(体积分数):取 85mL 无水乙醇,加水稀释至 100mL 混匀。也可用 95%乙醇配制
	40%乙醇(体积分数):取 40mL 无水乙醇,加水稀释至 100mL 混匀。也可用 95%乙醇配制
	α-萘酚乙醇溶液(10g/L):称取 α-萘酚 1g,用 95%乙醇溶液并稀释至 100mL
	葡萄糖标准溶液:称取 1g(精确至 0.0001g)经过 98~100℃干燥 2h 的 D-无水葡萄糖,加水溶解后,加入 5mL 浓 HCl(防止微生物生长),并以水定容至 1000mL。此溶液每毫升相当于 1.0mL 葡萄糖。临用现配
标准品	D-无水葡萄糖($C_6H_{12}O_6$,CAS 号:50-99-7):纯度≥98%,或经国家认证并授予标准物质证书的标准品
仪器	40 目筛:孔径 0.425mm
	分析天平:感量为 1 和 0.1mg
	恒温水浴锅:可加热至 100℃
	回流装置,并附 250mL 锥形瓶
	组织捣碎机
	电炉
	滴定管:25mL

注:除非另有规定,本方法所用试剂均为优级纯,水为 GB/T 6682—2008《分析实验室用水规格和试验方法》规定的三级水。

三、 任务实施

1. 方案制订

通过相关知识学习,解读国家标准,小组完成方案制订,并依据方案完成任务准备。

任务名称			
小组成员		时间	
依据标准			

<table>
<tr><td rowspan="14">工作
方案</td><td colspan="2">一、明确方法</td></tr>
<tr><td colspan="2"></td></tr>
<tr><td colspan="2">二、工作准备</td></tr>
<tr><td>仪器设备(规格、数量)</td><td></td></tr>
<tr><td>试剂(规格、浓度、数量)</td><td></td></tr>
<tr><td>样品</td><td></td></tr>
<tr><td colspan="2">三、任务分工</td></tr>
<tr><td>姓名</td><td>分工及时间安排</td></tr>
<tr><td></td><td></td></tr>
<tr><td></td><td></td></tr>
<tr><td></td><td></td></tr>
<tr><td></td><td></td></tr>
<tr><td colspan="2">四、工作流程简图</td></tr>
<tr><td colspan="2"></td></tr>
</table>

2. 任务过程

<table>
<tr><td rowspan="2">任务</td><td colspan="2">具体实施</td><td rowspan="2">要求</td></tr>
<tr><td>实施步骤</td><td>实验记录</td></tr>
<tr><td>试样制备</td><td>取试样可食部分磨碎,过 40 目筛,称取 2~5g(精确至 0.001g),记录 m,不易磨碎试样,可准确加入适量水并记录质量,匀浆后称取相当于原质量 2~5g。置于放有折叠慢速滤纸的漏斗内,先用 50mL 石油醚或乙醚分 5 次洗除脂肪(可用玻璃棒轻轻搅动分散试样),再用 85%乙醇分次充分洗去可溶性糖类至微糖检验结果为阴性。含油麦芽糊精的试样,先用 100mL85% 乙醇洗涤,再用 40%乙醇洗涤至微糖检验结果为阴性。滤干乙醇,将残留物移入 250mL 烧杯内,并用 50mL 水洗净滤纸,洗液并入烧杯内,将烧杯置沸水浴上加热至糊化完全,一般需要 15min,放冷至 60℃以下,加 20mL 淀粉酶溶液,在 55~60℃保温 1h,并时时搅拌。然后取 1 滴此液加 1 滴碘溶液,应不显现蓝色。若显蓝色,再加热糊化并加 20mL 淀粉酶溶液,继续保温,直至加碘溶液不显蓝色为止。加热至沸,冷后移入 250mL 容量瓶中,并加水至刻度,混匀,过滤,并弃去初滤液。取 50.00mL 滤液,置于 250mL 锥形瓶中,加 5mL 盐酸(1+1),装上回流冷凝器,在沸水浴中回流 1h,冷后加 2 滴甲基红指示液,用氢氧化钠溶液(200g/L)中和至中性,溶液转入 100mL 容量瓶中,洗涤锥形瓶,洗液并入 100mL 容量瓶中,加水至刻度,混匀备用</td><td>m:试样质量,g
m:__________</td><td>1. 桌面整齐,着工作服,仪表整洁。
2. 正确使用吸量管、容量瓶等玻璃仪器;规范使用电子天平,正确进行天平的检查与维护。
3. 正确粉碎试样。
4. 规范使用乙醚、乙醇去除干扰物质。
5. 试样处理过程中准确控制温度及时间。
6. 准确判断水解完成度。
7. 能正确安装和使用回流装置</td></tr>
</table>

<table>
<tr><th rowspan="2">任务</th><th colspan="2">具体实施</th><th rowspan="2">要求</th></tr>
<tr><th>实施步骤</th><th>实验记录</th></tr>
<tr><td>微糖检验方法</td><td>取洗涤液 2mL 在小试管中，加入 α-萘酚乙醇溶液（10g/L）4 滴，沿管壁缓缓加入浓硫酸 1mL，在水与酸的界面出现紫色环，判定为阳性；在水与酸的界面出现黄绿色环，判定为阴性</td><td>记录微糖检验结果</td><td>由于洗涤液中含有水，加入浓硫酸时，需沿试管壁缓慢加入，并且保证不对着人</td></tr>
<tr><td></td><td>标定碱性酒石酸铜溶液：吸取 5.00mL 碱性酒石酸铜甲液及 5.00mL 碱性酒石酸铜乙液，置于 150mL 锥形瓶中，加水 10mL，加入 2 粒玻璃珠，从滴定管滴加 9mL 葡萄糖标准溶液，控制在 2min 内加热至沸，保持溶液呈沸腾状态，以 1 滴/2s 的速度继续滴加葡萄糖，直至溶液蓝色刚好褪去为终点，记录消耗葡萄糖标准溶液的总体积，同时做 3 份平行，取其平均值，记录 V_s，计算每 10mL（甲、乙液各 5mL）碱性酒石酸铜溶液相当于葡萄糖的质量 m_1，结果按照式（1）计算</td><td>m_1：10mL 碱性酒石酸铜溶液（甲、乙液各半）相当于葡萄糖的质量，mg
V_s：滴定消耗葡萄糖溶液，3 份平行的平均值，mL
m_1：__________
V_s：__________</td><td>1. 能选择适当的仪器量取试剂。
2. 能够在沸腾状态下，准确滴定。
3. 能够按要求控制好温度和时间。
4. 根据颜色变化准确判断滴定终点。
5. 准确记录实验数据</td></tr>
<tr><td rowspan="2">试样测定</td><td>试样溶液预测：吸取 5.00mL 碱性酒石酸铜甲液及 5.00mL 碱性酒石酸铜乙液，置 150mL 锥形瓶中，加水 10mL，加入 2 粒玻璃珠，控制在 2min 内加热至沸，保持沸腾以先快后慢的速度，从滴定管中滴加试样溶液，并保持溶液沸腾状态，待溶液颜色变浅时，以每 1 滴/2s 的速度滴定，直至溶液蓝色刚好褪去为终点，记录试样溶液的消耗体积。当样液中葡萄糖浓度过高时，应适当稀释后再进行正式测定，使每次滴定消耗试样溶液的体积控制在与标定碱性酒石酸铜溶液时所消耗的葡萄糖标准溶液的体积相近，约在 10mL</td><td rowspan="2">m_0：标定 10mL 碱性酒石酸铜溶液（甲、乙液各半）时消耗的葡萄糖标准溶液的体积与加入空白后消耗的葡萄糖标准溶液体积之差相当于葡萄糖的质量，mg
m_2：标定 10mL 碱性酒石酸铜溶液（甲、乙液各半）时消耗的葡萄糖标准溶液的体积与加入试样后消耗的葡萄糖标准溶液体积之差相当于葡萄糖的质量，mg
V_1：测定时平均消耗试样溶液的体积，mL
V_2：加入试样后消耗的葡萄糖标准溶液的体积，mL
V_0：加入空白试样后消耗的葡萄糖标准溶液的体积，mL
m_0：__________
m_2：__________
V_1：__________
V_2：__________
V_0：__________</td><td rowspan="2">1. 规范使用吸量管、滴定管等玻璃仪器。
2. 规范操作，减少试验误差。
3. 能够按要求准确控制加热火候和时间。
4. 能严格按照滴定速度要求进行滴定。
5. 能够按要求进行平行测定。
6. 掌握样品预定和精确滴定关系。
7. 掌握预滴定与精确滴定的过程。
8. 能够准确判断滴定终点。
9. 记录正确、完整、美观。
10. 计算结果正确，按照要求进行数据修约。
11. 根据情况正确选择计算公式。
12. 结果<1g/100g，保留 2 位有效数字；结果≥1g/100g，保留 3 位有效数字。
13. 精密度：在重复性条件下获得的两次独立测定结果的绝对差值不得超过算术平均值的 10%</td></tr>
<tr><td>试样溶液测定：吸取 5.00mL 碱性酒石酸铜甲液及 5.00mL 碱性酒石酸铜乙液，置于 150mL 锥形瓶中，加水 10mL，加入 2 粒玻璃珠，从滴定管滴加比预测体积少 1mL 的试样溶液至锥形瓶中，使其在 2min 内加热至沸，保持沸腾状态继续以 1 滴/2s 的速度滴定，直至蓝色刚好褪去为终点，记录样液消耗体积。同法平行操作 3 份，得出平均消耗体积 V_1，结果按式（2）计算。
浓度过低时，则采取直接加入 10.00mL 样品液，免去加水 10mL，再用葡萄糖标准溶液滴定至终点，记录消耗的体积与标定时消耗的葡萄糖标准溶液体积之差，其相当于 10mL 样液中所含葡萄糖的量（mg）。结果按式（3）、式（4）计算</td></tr>
</table>

任务	具体实施		要求
	实施步骤	实验记录	
试样测定	试剂空白测定：同时量取 20.00mL 水及与试样溶液处理时相同量的淀粉酶溶液，按反滴法做试剂空白试验。即用葡萄糖标准溶液滴定试剂空白溶液至终点，记录消耗的体积与标定时消耗的葡萄糖标准溶液体积之差，其相当于 10mL 样液中所含葡萄糖的质量（mg）。按式（5）、式（6）计算试剂空白中葡萄糖的含量		
	标定碱性酒石酸铜溶液相当于葡萄糖质量： $$m_1=\rho \cdot V_s \quad (1)$$ 根据式（2）计算试样中葡萄糖含量： $$X_1=\frac{m_1}{\frac{50}{250}\times\frac{V_1}{100}} \quad (2)$$ 式中 50——测定用试样溶液体积，mL； 250——试样定容体积，mL； 100——测定用试样的定容体积，mL	ρ：葡萄糖标准溶液质量浓度，mg/mL X_1：试样中葡萄糖的含量，mg X_1：________	
	当试样中淀粉浓度过低时按式（3）、式（4）计算葡萄糖的含量： $$X_2=\frac{m_2}{\frac{50}{250}\times\frac{10}{100}} \quad (3)$$ $$m_2=m_1\left(1-\frac{V_2}{V_s}\right) \quad (4)$$ 式中 50——测定用试样溶液的体积，mL； 250——试样定容体积，mL； 10——直接加入的试样体积，mL； 100——测定用试样的定容体积，mL	X_2：试样中淀粉浓度过低时葡萄糖的含量，mg X_2：________	
	按式（5）、式（6）计算试剂空白值： $$X_0=\frac{m_0}{\frac{50}{250}\times\frac{10}{100}} \quad (5)$$ $$m_0=m_1\left(1-\frac{V_0}{V_s}\right) \quad (6)$$ 式中 50——测定用试样溶液的体积，mL； 250——试样定容体积，mL； 10——直接加入的试样体积，mL； 100——测定用试样的定容体积，mL	X_0：试剂空白值，mg X_0：________	

<table>
<tr><th rowspan="2">任务</th><th colspan="2">具体实施</th><th rowspan="2">要求</th></tr>
<tr><th>实施步骤</th><th>实验记录</th></tr>
<tr><td>试样测定</td><td>按式(7)计算试样中淀粉的含量：
$$X=\frac{(X_1-X_0)\times0.9}{m\times1000}\times100$$
或 $$X=\frac{(X_2-X_0)\times0.9}{m\times1000}\times100 \quad (7)$$
式中 0.9——还原糖(以葡萄糖计)换算成淀粉的换算系数</td><td>X:试样中淀粉的含量,g/100g
X:________</td><td></td></tr>
<tr><td>结束工作</td><td colspan="2">结束后正确处理废液、清理台面、洗净用具并归位。
清洗粉碎机,正确归位</td><td>1. 实验室安全操作。
2. 团队进行工作总结</td></tr>
</table>

检查与评价

学生完成本任务的学习，通过自评、小组互评以检查自己对本任务学习的掌握情况。指导教师在整个教学过程中，关注每个小组的检测过程及小组成员的动手能力，并对小组成员动手能力进行评价。将具体的检查与评价填入下表。评价表对应工作任务。

项目	评价标准	分值	学生自评	小组互评	教师评价
方案制订与任务准备	认真负责、一丝不苟进行资料查阅,确定检测依据	5			
	协同合作制订方案并合理分工	5			
	相互沟通完成方案诊改	5			
	正确清洗及检查仪器	5			
	合理领取药品	5			
	准确进行溶液的配制	5			
试样制备	准确取样,按要求进行试样粉碎	5			
	规范进行试样过滤处理	5			
标定碱性酒石酸铜溶液	准确移取碱性酒石酸铜溶液	5			
	准确控制电炉温度及滴定时间	5			
	准确判断滴定终点	5			
试样测定	规范加入样液及试剂	5			
	准确控制时间及加热温度,正确完成样液预测滴定	5			
	根据预测滴定,能准确调节样液测定时直接加入样液的体积	10			
	准确、完整、美观记录实验数据	5			
	正确计算结果,按照要求进行数据修约	5			
	规范编制检测报告	5			

续表

项目	评价标准	分值	学生自评	小组互评	教师评价
结束工作	结束后倒掉废液、清理台面、洗净用具并归位，文明操作	5			
	合理分工，按规定时间完成	5			

学习思考

1. 淀粉有哪些性质？
2. 测定食品中的淀粉含量有何意义？
3. 淀粉酶在使用前如何确定其加入量？
4. 测定食品中淀粉含量时，试样制备过程中如何判断淀粉水解完成度？
5. 如何进行微糖检验？

模块五

维生素检测

学习目标

知识目标

1. 熟悉维生素与人体健康的关系，理解食品中维生素检测的意义。

2. 掌握食品中脂溶性维生素和水溶性维生素含量测定的原理、方法及注意事项。

能力目标

1. 能够正确解读食品中维生素检测相关标准，并正确选用检测方法。

2. 能够整理分析资料并制订检测方案。

3. 能够对实验结果进行记录、分析和处理，并编制报告。

4. 能够正确处理实验废弃物、建立环保意识，自觉遵守安全操作规程。

素养目标

1. 通过工作任务训练，掌握操作规范，确保数据的准确性和可操作性。

2. 通过检查与评价提高自主解决复杂实际问题的能力，培养食品营养分析与质量判断的职业能力。

3. 增强食品安全意识，树立科学膳食理念。

项目一

食品中抗坏血酸的测定

项目导入

【维生素】维生素常音译为维他命，有“维持生命的营养素”的含义，是由波兰化学家卡西米尔·冯克最先提出的。这类物质既不是构成身体组织的原料，也不是能量的来源。维生素是个庞大的家族，现阶段所知的维生素就有几十种，可分为水溶性和脂溶性两大类。水溶性维生素易溶于水而不易溶于非极性有机溶剂，吸收后体内储存很少，过量的多从尿中排出；脂溶性维生素易溶于非极性有机溶剂，而不易溶于水，可随脂肪被人体吸收并在体内储积，排泄率不高。每一种维生素通常会产生多种反应，因此大多数维生素都有多种功能。维生素 A、维生素 D、维生素 E、维生素 K 都是脂溶性维生素，B 族维生素、维生素 C 则为水溶性维生素。各种维生素的化学结构以及性质虽然不同，但它们却有着以下共同点：①维生素均以维生素原的形式存在于食物中；②维生素不是构成机体组织和细胞的组成成分，它也不会产生能量，它的作用主要是参与机体代谢的调节；③大多数维生素，机体不能合成或合成量不足，不能满足机体的需要，必须经常通过食物中获得；④人体对维生素的需要量很小，日需要量常以毫克或微克计，一旦缺乏就会引发相应的维生素缺乏症，对人体健康造成损害。

问题启发

维生素 C 属于水溶性维生素还是脂溶性维生素？哪些食品中富含维生素 C？食品生产加工和储存中利用的是它的什么性质？检测食品中维生素 C 含量的方法有哪些？检测过程中又需要注意哪些事项？

知识准备

一、抗坏血酸

抗坏血酸又称维生素 C，结构类似葡萄糖，是一种具有抗氧化性的有机化合物，是人体必需的营养素之一。抗坏血酸在水中易溶呈酸性，在乙醇中略溶，在三氯甲烷或乙醚中不溶。抗坏血酸具有很强的还原性，很容易被氧化成脱氢抗坏血酸，但是其反应过程是可逆的，并且抗坏血酸和脱氢抗坏血酸具有同样的生理功能。脱氢抗坏血酸在碱性或强酸性溶液中可进一步水解生成二酮古洛糖酸而不可逆失去抗坏血酸的生理功能。L(+)-抗坏血酸是左式右旋光抗坏血酸，具有强还原性，对人体具有生物活性。D(-)-抗坏血酸又称异抗坏血酸，具有强还原性，但对人体基本无生物活性。L(+)-抗坏血酸极易被氧化为L(+)-脱氢抗坏血酸，L(+)-脱氢抗坏血酸亦可被还原为 L(+)-抗坏血酸，通常称为脱氢抗坏血酸。L(+)-抗坏血酸总量指将试样中 L(+)-脱氢抗坏血酸还原成的 L(+)-抗坏血酸或将试样中 L(+)-抗坏血酸氧化成的 L(+)-脱氢抗坏血酸后测得的 L(+)-抗坏血酸总量。

二、抗坏血酸的测定意义

抗坏血酸广泛存在于新鲜蔬菜水果中，抗坏血酸含量是评价果蔬产品质量的重要指标之一。高等灵长类动物包括人类不能自己合成抗坏血酸，必须由食物摄入供给来维持正常的生命活动。抗坏血酸是高效抗氧化剂，用来减轻抗坏血酸过氧化物酶基底的氧化应力。人体有许多重要的生物合成过程中需要抗坏血酸参与，如抗坏血酸参与胶原蛋白的生成，对骨代谢有一定的作用。抗坏血酸还有促进铁、钙、叶酸利用的作用，尤其对贫血和钙质吸收差人群而言，更是需要抗坏血酸的特殊供给。另外抗坏血酸还可以有效地促进机体免疫功能的维持，对身体虚弱的人来说，适量摄入可提高免疫能力。

三、 抗坏血酸测定的方法

依据 GB 5009.86—2016《食品安全国家标准　食品中抗坏血酸的测定》进行检测。标准中规定高效液相色谱法、荧光法、2,6-二氯靛酚滴定法测定食品中抗坏血酸的方法。高效液相色谱法适用于乳粉、谷物、蔬菜、水果及其制品、肉制品、维生素类补充剂、果冻、胶基糖果、八宝粥、葡萄酒中的 L(+)-抗坏血酸、D(-)-抗坏血酸和 L(+)-抗坏血酸总量的测定。荧光法适用于乳粉、蔬菜、水果及其制品中 L(+)-抗坏血酸总量的测定。2,6-二氯靛酚滴定法适用于水果、蔬菜及其制品中 L(+)-抗坏血酸的测定。本项目重点学习高效液相色谱法测定食品中抗坏血酸的方法。

四、 测定过程中的注意事项

（1）大多数植物组织内含有一种能破坏抗坏血酸的氧化酶，因此抗坏血酸的测定应采用新鲜样品并尽快用偏磷酸-醋酸提取液将样品制成匀浆以保存抗坏血酸。

（2）某些果胶含量高的样品不易过滤，可采用抽滤的方法，也可先离心，再取上清液过滤。

（3）活性炭可将抗坏血酸氧化为脱氢抗坏血酸，但它也有吸附抗坏血酸的作用，故活性炭用量应适当与准确，实验结果证明，用 2g 活性炭能使测定样品中还原型抗坏血酸完全氧化为脱氢型，其吸附影响不明显。

（4）高效液相色谱法测定抗坏血酸整个检测过程应在避光条件下进行。

（5）高效液相色谱法测定时固体样品取样量为 2g 时，L(+)-抗坏血酸和 D(-)-抗坏血酸的检出限均为 0.5mg/100g，定量限均为 2.0mg/100g。液体样品取样量为 10g（或 10mL）时，L(+)-抗坏血酸和 D(-)-抗坏血酸的检出限均为 0.1mg/100g（或 0.1mg/100mL），定量限均为 0.4mg/100g（或 0.4mg/100mL）。

工作任务　高效液相色谱法测定食品中的抗坏血酸

一、 方法解读

试样中的抗坏血酸用偏磷酸溶解超声提取后，以离子对试剂为流动相，经反相色谱柱分离，其中 L(+)-抗坏血酸和 D(-)-抗坏血酸直接用配有紫外检测器的液相色谱仪（波长 245nm）测定；试样中的 L(+)-脱氢抗坏血酸经 L-半胱氨酸溶液进行还原后，用紫外检测器（波长 245nm）测定 L(+)-抗坏血酸总量，或减去原样品中测得的 L(+)-抗坏血酸含量而获得 L(+)-脱氢抗坏血酸的含量。以色谱峰的保留时间定性，外标法定量。

【视频】食品中抗坏血酸的测定

二、 任务准备

试剂	磷酸二氢钾
	磷酸:85%
	十六烷基三甲基溴化铵:色谱纯
	甲醇:色谱纯
	偏磷酸溶液(200g/L):称取200g(精确至0.1g)偏磷酸(含量≥38%),溶于水并稀释至1L,此溶液保存于4℃的环境下可保存一个月
	偏磷酸溶液(20g/L):量取50mL200g/L偏磷酸溶液,用水稀释至500mL
	磷酸三钠溶液(100g/L):称取100g(精确至0.1g)磷酸三钠,溶于水并稀释至1L
	L-半胱氨酸溶液(40g/L):称取4g L-半胱氨酸(优级纯),溶于水并稀释至100mL。临用时配制
	L(+)-抗坏血酸标准贮备溶液(1.000mg/mL):准确称取L(+)-抗坏血酸标准品0.01g(精确至0.01mg),用20g/L的偏磷酸溶液定容至10mL。该贮备液在2~8℃避光条件下可保存一周
	D(-)-抗坏血酸标准贮备溶液(1.000mg/mL):准确称取D(-)-抗坏血酸标准品0.01g(精确至0.01mg),用20g/L的偏磷酸溶液定容至10mL。该贮备液在2~8℃避光条件下可保存一周
	抗坏血酸混合标准系列工作液:分别吸取L(+)-抗坏血酸和D(-)-抗坏血酸标准贮备液0,0.05,0.50,1.0,2.5,5.0mL,用20g/L的偏磷酸溶液定容至100mL。标准系列工作液中L(+)-抗坏血酸和D(-)-抗坏血酸的浓度分别为0,0.5,5.0,10.0,25.0,50.0μg/mL。临用时配制
标准品	L(+)-抗坏血酸标准品:纯度≥99%
	D(-)-抗坏血酸(异抗坏血酸)标准品:纯度≥99%
仪器	液相色谱仪:配有二极管阵列检测器或紫外检测器
	pH计:精度为0.01
	分析天平:感量为0.1g,1,0.01mg
	超声波清洗器
	离心机:转速≥4000r/min
	均质机
	滤膜:0.45μm水相膜
	振荡器

注:除非另有规定,本方法所用试剂均为优级纯,水为GB/T 6682—2008《分析实验室用水规格和试验方法》规定的一级水。

三、 任务实施

1. 方案制订

通过相关知识学习,解读国家标准,小组完成方案制订,并依据方案完成任务准备。

<table>
<tr><td colspan="2">任务名称</td><td colspan="3"></td></tr>
<tr><td colspan="2">小组成员</td><td colspan="2"></td><td>时间</td></tr>
<tr><td colspan="2">依据标准</td><td colspan="3"></td></tr>
<tr><td rowspan="16">工作
方案</td><td colspan="4">一、明确方法</td></tr>
<tr><td colspan="4"></td></tr>
<tr><td colspan="4">二、工作准备</td></tr>
<tr><td>仪器设备(规格、数量)</td><td colspan="3"></td></tr>
<tr><td>试剂(规格、浓度、数量)</td><td colspan="3"></td></tr>
<tr><td>样品</td><td colspan="3"></td></tr>
<tr><td colspan="4">三、任务分工</td></tr>
<tr><td>姓名</td><td colspan="3">分工及时间安排</td></tr>
<tr><td></td><td colspan="3"></td></tr>
<tr><td></td><td colspan="3"></td></tr>
<tr><td></td><td colspan="3"></td></tr>
<tr><td></td><td colspan="3"></td></tr>
<tr><td colspan="4">四、工作流程简图</td></tr>
<tr><td colspan="4"></td></tr>
</table>

2. 任务过程

<table>
<tr><td rowspan="2">任务</td><td colspan="2">具体实施</td><td rowspan="2">要求</td></tr>
<tr><td>实施步骤</td><td>实验记录</td></tr>
<tr><td rowspan="2">试样制备</td><td>液体或固体粉末试样:混合均匀后,应立即用于检测</td><td rowspan="2">1. 记录原始试样名称、外观包装、形状、颜色和状态等感官指标。
2. 记录试样制备的方法、时间和制样人等信息</td><td rowspan="2">1. 规范、完整记录原始样品和试样制备的信息。
2. 正确使用均质机等试样制备仪器设备。
3. 正确规范进行试样制备操作。
4. 整个检测过程尽可能在避光条件下进行</td></tr>
<tr><td>水果、蔬菜及其制品或其他固体试样:取100g左右试样加入等质量20g/L的偏磷酸溶液,经均质机均质并混合均匀后,应立即检测</td></tr>
</table>

<table>
<tr><th rowspan="2">任务</th><th colspan="2">具体实施</th><th rowspan="2">要求</th></tr>
<tr><th>实施步骤</th><th>实验记录</th></tr>
<tr><td rowspan="2">试样处理</td><td>试样溶液的制备：称取相对于试样 0.5~2g(精确至 0.001g)混合均匀的固体试样或匀浆试样，或吸取 2~10mL 液体试样[使所取试样含 L(+)-抗坏血酸为 0.03~6mg]于50mL 烧杯中，记录 m。用 20g/L 的偏磷酸溶液将试样转移至 50mL 容量瓶中，振摇溶解并定容。摇匀，全部转移至 50mL 离心管中，超声提取 5min 后，于 4000r/min 离心5min，取上清液过 0.45μm 水相滤膜，滤液待测</td><td rowspan="2">m：试样质量，g
V：试样的最后定容体积，mL
F：稀释倍数（若使用左侧还原步骤，即为 2.5）
K：若使用甲醇沉淀，即为 1.25
m：__________
V：__________
F：__________
K：__________</td><td rowspan="2">1. 按要求做好实验记录。
2. 正确规范进行电子天平检查、使用和维护，完成样品的准确称取。
3. 正确规范进行离心机、超声波清洗器、振荡器等预处理设备的操作</td></tr>
<tr><td>试样溶液的还原：准确吸取 20mL 上述离心后的上清液于 50mL 离心管中，加入10mL40g/L 的 L-半胱氨酸溶液，用 100g/L磷酸三钠溶液调节 pH 至 7.0~7.2，以 200次/min 振荡 5min。再用磷酸调节 pH 至 2.5~2.8，用水将试液全部转移至 50mL 容量瓶中，并定容至刻度，记录 V。混匀后取此试液过 0.45μm 水相滤膜后待测，记录 F。
注：若试样含有增稠剂，可准确吸取 4mL经 L-半胱氨酸溶液还原的试液，再准确加入 1mL 甲醇，混匀后过 0.45μm 滤膜后待测，记录 K</td></tr>
<tr><td rowspan="2">试样测定</td><td>色谱参考条件
(1)色谱柱：C_{18} 柱，柱长 250mm，内径 4.6mm，粒径 5μm，或同等性能的色谱柱。
(2)检测器：二极管阵列检测器或紫外检测器。
(3)流动相：A 为 6.8g 磷酸二氢钾和 0.91g 十六烷基三甲基溴化铵，用水溶解并定容至 1L(用磷酸调 pH 至 2.5~2.8)；B 为 100%甲醇。按 A：B = 98：2 混合，过 0.45μm 滤膜，超声脱气。
(4)流速：0.7mL/min。
(5)检测波长：245nm。
(6)柱温：25℃。
(7)进样量：20μL</td><td rowspan="2">c_1：样液中 L(+)-抗坏血酸[或 D(-)-抗坏血酸]的质量浓度，μg/mL
c_0：空白液中 L(+)-抗坏血酸[或 D(-)-抗坏血酸]的质量浓度，μg/mL
c_1：__________
c_0：__________</td><td rowspan="2">1. 正确规范完成液相色谱仪开关机、进样、工作站使用等操作和仪器的维护。
2. 依据色谱参考条件能使用色谱工作站完成色谱参数设置。
3. 规范、正确、完整记录标准曲线绘制、空白实验和样液测定中相关数据。
4. 计算结果正确，按照计算公式完成结果计算。
5. 计算结果以重复性条件下获得的两次独立测定结果的算术平均值表示，结果保留三位有效数字。
6. 精密度：在重复性条件下获得的两次独立测定结果的绝对差值不得超过算术平均值的 10%</td></tr>
<tr><td>标准曲线的制作：分别对抗坏血酸混合标准系列工作溶液进行测定，以 L(+)-抗坏血酸[或 D(-)-抗坏血酸]标准溶液的质量浓度(μg/mL)为横坐标，L(+)-抗坏血酸[或 D(-)-抗坏血酸]的峰高或峰面积为纵坐标，绘制标准曲线或计算回归方程。L(+)-抗坏血酸、D(-)-抗坏血酸标准色谱图参见图 5-1</td></tr>
</table>

<table>
<tr><th rowspan="2">任务</th><th colspan="2">具体实施</th><th rowspan="2">要求</th></tr>
<tr><th>实施步骤</th><th>实验记录</th></tr>
<tr><td rowspan="2">试样测定</td><td>试样溶液的测定：对试样溶液进行测定，根据标准曲线得到测定液中 L(+)-抗坏血酸[或 D(-)-抗坏血酸]的浓度 c_1。
同时采用完全相同的分析步骤、试剂和用量，进行空白实验的平行操作，记录 c_0</td><td></td><td rowspan="2"></td></tr>
<tr><td>根据公式，计算试样中 L(+)-抗坏血酸[或 D(-)-抗坏血酸、L(+)-抗坏血酸总量]的含量：
$X=\frac{(c_1-c_0)\times V\times 0.014}{m\times 1000}\times F\times K\times 100$
式中 1000——换算系数(由 μg/mL 换算成 mg/mL 的换算因子)；
100——换算系数(由 mg/g 换算成 mg/100g 的换算因子)</td><td>X：为试样中 L(+)-抗坏血酸[或 D(-)-抗坏血酸、L(+)-抗坏血酸总量]的含量，mg/100g
X：________</td></tr>
<tr><td>结束工作</td><td colspan="2">实验结束后倒掉废液、清理台面、关闭液相色谱仪，切断电源。洗净玻璃器皿等用具并归位</td><td>1. 实验室安全操作。
2. 团队进行工作总结</td></tr>
</table>

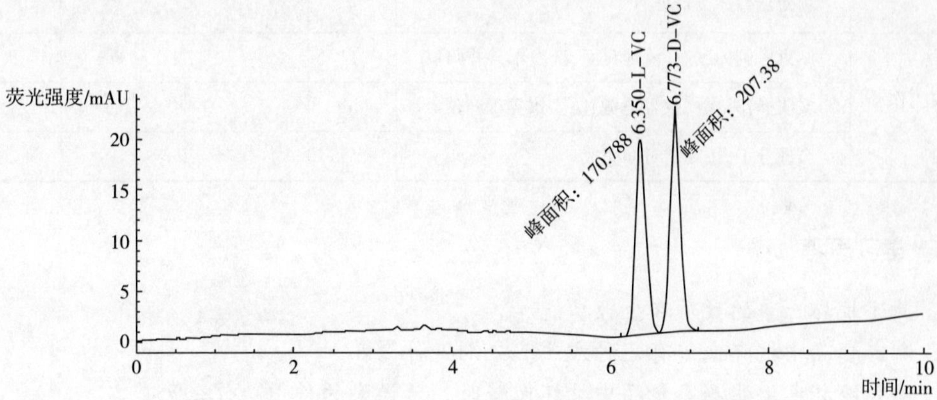

图 5-1 L(+)-抗坏血酸、D(-)-抗坏血酸液相标准色谱图

检查与评价

学生完成本任务的学习，通过自评、小组互评以检查自己对本任务学习的掌握情况。指导教师在整个教学过程中，关注每个小组的检测过程及小组成员的动手能力，并对小组成员动手能力进行评价。将具体的检查与评价填入下表。评价表对应工作任务。

项目	评价标准	分值	学生自评	小组互评	教师评价
方案制订与任务准备	认真负责、一丝不苟进行资料查阅，确定检测依据	5			
	协同合作制订方案并合理分工	5			

续表

项目	评价标准	分值	学生自评	小组互评	教师评价
方案制订与任务准备	相互沟通完成方案诊改	5			
	正确清洗及检查仪器	5			
	合理领取药品	5			
	正确取样	5			
	根据样品类型选择正确方法进行试样制备	5			
试样制备	正确进行试样制备	5			
试样处理	准确称样，规范操作进行试样溶液制备	5			
	正确进行试样溶液的还原	5			
试样测定	正确设置色谱条件	5			
	准确绘制标准曲线	10			
	规范进行试样溶液测定	5			
	正确识别图谱，数据记录正确、完整、美观	5			
	正确计算结果，按照要求进行数据修约	5			
	规范编制检测报告	5			
结束工作	结束后倒掉废液、清理台面、洗净用具并归位	5			
	文明操作（关闭仪器电源，防尘罩正确归位）	5			
	合理分工，按规定时间完成	5			

学习思考

1. 简述抗坏血酸的性质和生理功能。
2. 测定食品中抗坏血酸有几种方法？分别是什么？
3. 高效液相色谱法测定食品中抗坏血酸时，活性炭的作用是什么？
4. 高效液相色谱法测定食品中抗坏血酸时，如何根据色谱参考条件设置色谱参数？
5. 国家标准中应用高效液相色谱法测定食品中抗坏血酸，检出限与定量限如何规定？

项目二

食品中维生素 B_1 的测定

项目导入

【维生素 B_1】维生素 B_1 的化学名称为硫胺素，也称为神经炎因子，是第一个被发现的 B 族维生素。1592 年，荷兰医生记录了脚气病的病例。1897 年荷兰医生研究证实用精白米喂养小鸡可诱发类似脚气病的多发性神经炎，而用米糠可以治愈。1911 年，波兰化学家冯克（Funk）以米糠的抽屉浓缩液治好了鸽子的多发性神经炎。1932 年，从酵母中分离提纯维生素 B_1。1936 年，美国人威廉姆斯（Williams）确定了维生素 B_1 的化学结构，并完成了人工合成。

问题启发

什么是 B 族维生素？维生素 B_1 的生理作用有哪些？为了完整保留食品中维生素 B_1 在食品生产加工和营养成分检测时，我们需要注意哪些事项或采取哪些措施？如何对食品中的维生素 B_1 进行测定？

知识准备

一、维生素 B_1

维生素 B_1 广泛存在于天然食物中，含量较丰富的有动物内脏、肉类、豆类、粗粮、全谷及坚果等食物。水果、蔬菜、蛋、乳中含量较低。维生素 B_1 在酸性环境中稳定，比较耐热，不易被氧化；但在中性或碱性环境中易被氧化而失去活性，特别是在碱性环境中对热极不稳定，一般煮沸加热可使大部分被破坏，故在煮粥、蒸馒头时加碱，会造成米面中维生素 B_1 的大量损失。粮谷类是我国人民的主食，发酵食品也是维生素 B_1 的主要来源，但因维生素 B_1 多存在于麸皮及胚芽中，如米面碾磨过于精白和过分淘洗，蒸煮中加碱，均可造成维生素 B_1 的大量损失。

二、维生素 B_1 测定意义

自然界中以酵母中维生素 B_1 含量最多。维生素 B_1 具有维持正常糖代谢及神经传导的功能。缺乏维生素 B_1 会引起消化系统、心血管系统和神经系统等出现一定病症，如胃纳差、便秘、腹胀、心动过速、记忆力减退、失眠等。

三、维生素 B_1 测定的方法

依据 GB 5009. 84—2016《食品安全国家标准　食品中维生素 B_1 的测定》进行检测。标准中高效液相色谱法和荧光光度法均适用于食品中维生素 B_1 含量的测定。

四、维生素 B_1 测定过程中的注意事项

（1）水溶性维生素 B_1 广泛存在于动植物的组织中，有游离型也有结合型，结合型即在食品中与淀粉、蛋白质等结合以辅酶的多种形式存在。所以测定前需采用酸或酶水解使其游离，再采用标准方法测定。

（2）紫外线能破坏硫胺素，因此硫胺素游离后应迅速进行避光操作，完成测定。

（3）谷类物质荧光法维生素 B_1 不需要酶分解，试样粉碎后直接用酸性氯化钾提取、氧化测定。

（4）高效液相色谱法测定时，当称样量为 10. 0g 时，按照标准方法的定容体积，食品中维生素 B_1 的检出限为 0. 03mg/100g，定量限为 0. 10mg/100g。

工作任务　高效液相色谱法测定食品中的维生素 B_1

一、方法解读

试样在稀盐酸介质中恒温水解、中和，再酶解，水解液用碱性铁氰化钾溶液衍生，正丁醇萃取后，经 C_{18}反相色谱柱分离，用高效液相色谱-荧光检测器检测，外标法定量。

二、任务准备

试剂	正丁醇
	甲醇:色谱纯
	木瓜蛋白酶:应不含维生素 B_1,酶活力≥800U(活力单位)/mg
	淀粉酶:应不含维生素 B_1,酶活力≥3700U/g
	铁氰化钾溶液(20g/L):称取 2g 铁氰化钾,用水溶解并定容至 100mL,摇匀。临用前配制
	氢氧化钠溶液(100g/L):称取 25g 氢氧化钠,用水溶解并稀释至 250mL,混匀
	碱性铁氰化钾溶液:将 5mL 铁氰化钾溶液与 200mL 氢氧化钠溶液混合,摇匀,临用前配制
	盐酸溶液(0. 1mol/L):移取 8. 5mL 盐酸,加水稀释至 1000mL,摇匀
	盐酸溶液(0. 01mol/L):量取 0. 1mol/L 盐酸溶液 50mL,用水稀释并定容至 500mL,摇匀
	乙酸钠溶液(0. 05mol/L):称取 6. 80g 乙酸钠,加 900mL 水溶解,用冰乙酸调 pH 为 4. 0~5. 0,加水定容至 1000mL。经 0. 45μm 微孔滤膜过滤后使用
	乙酸钠溶液(2. 0mol/L):称取 27. 2g 乙酸钠,用水溶解并定容至 100mL,摇匀
	混合酶溶液:称取 1. 76g 木瓜蛋白酶、1. 27g 淀粉酶,加水定容至 50mL,涡旋,使呈混悬状液体,冷藏保存。临用前再次摇匀后使用
	维生素 B_1 标准储备液(500μg/mL):准确称取经五氧化二磷或者氯化钙干燥 24h 的盐酸硫胺素标准品 56. 1mg(精确至 0. 1mg),相当于 50mg 硫胺素,用 0. 01mol/L 盐酸溶液溶解并定容至 100mL,摇匀。置于 0~4℃冰箱中,保存期为 3 个月
	维生素 B_1 标准中间液(10. 0μg/mL):准确移取 2. 00mL 标准储备液,用水稀释并定容至 100mL,摇匀。临用前配制
	维生素 B_1 标准系列工作液:吸取维生素 B_1 标准中间液 0,50,100,200,400,800,1000μL,用水定容至 10mL,标准系列工作液中维生素 B_1 的浓度分别为 0,0. 0500,0. 100,0. 200,0. 400,0. 800,1. 00μg/mL。临用时配制
标准品	维生素 B_1 标准品:盐酸硫胺素,CAS:67-03-8,纯度≥99. 0%
仪器	高效液相色谱仪,配置荧光检测器
	分析天平:感量为 0. 01g 和 0. 1mg
	离心机:转速≥4000r/min
	pH 计:精度 0. 01
	组织捣碎机(最大转速不低于 10000r/min)
	电热恒温干燥箱或高压灭菌锅

注：除非另有规定，本方法所用试剂均为分析纯，水为 GB/T 6682—2008《分析实验室用水规格和试验方法》规定的一级水。

三、 任务实施

1. 方案制订

通过相关知识学习，解读国家标准，小组完成方案制订，并依据方案完成任务准备。

<table>
<tr><td colspan="2">任务名称</td><td colspan="3"></td></tr>
<tr><td colspan="2">小组成员</td><td></td><td>时间</td><td></td></tr>
<tr><td colspan="2">依据标准</td><td colspan="3"></td></tr>
<tr><td rowspan="17">工作方案</td><td colspan="4">一、明确方法</td></tr>
<tr><td colspan="4"></td></tr>
<tr><td colspan="4">二、工作准备</td></tr>
<tr><td>仪器设备(规格、数量)</td><td colspan="3"></td></tr>
<tr><td>试剂(规格、浓度、数量)</td><td colspan="3"></td></tr>
<tr><td>样品</td><td colspan="3"></td></tr>
<tr><td colspan="4">三、任务分工</td></tr>
<tr><td>姓名</td><td colspan="3">分工及时间安排</td></tr>
<tr><td></td><td colspan="3"></td></tr>
<tr><td></td><td colspan="3"></td></tr>
<tr><td></td><td colspan="3"></td></tr>
<tr><td></td><td colspan="3"></td></tr>
<tr><td colspan="4">四、工作流程简图</td></tr>
<tr><td colspan="4"></td></tr>
</table>

2. 任务过程

<table>
<tr><td rowspan="2">任务</td><td colspan="2">具体实施</td><td rowspan="2">要求</td></tr>
<tr><td>实施步骤</td><td>实验记录</td></tr>
<tr><td rowspan="3">试样制备</td><td>液体或固体粉末试样:将试样混合均匀后,立即测定或于冰箱中冷藏</td><td rowspan="3">1. 记录原始试样名称、编号以及试样包装、外观形状、颜色和状态等感官性状指标。
2. 记录试样制备的方法、时间和制样人等信息</td><td rowspan="3">1. 规范、完整记录原始试样和试样制备信息。
2. 正确使用粉碎机、匀浆机等试样制备的仪器设备。
3. 熟练掌握四分法缩分试样的操作</td></tr>
<tr><td>新鲜水果、蔬菜和肉类:取500g左右试样(肉类取250g),用匀浆机或者粉碎机将试样均质后,制得均匀性一致的匀浆,立即测定或者于冰箱中冷冻保存</td></tr>
<tr><td>其他含水量较低的固体试样:如含水量在15%左右的谷物,取100g左右试样,用粉碎机将试样粉碎后,制得均匀性一致的粉末,立即测定或者于冰箱中冷藏保存</td></tr>
</table>

任务	具体实施		要求
	实施步骤	实验记录	
试样处理	试液提取：称取3～5g（精确至0.01g）固体试样或者10～20g液体试样于100mL锥形瓶中（带有软质塞子），记录*m*。加60mL 0.1mol/L盐酸溶液，充分摇匀，塞上软质塞子，高压灭菌锅中121℃保持30min。水解结束待冷却至40℃以下取出，轻摇数次；用pH计指示，用2.0mol/L乙酸钠溶液调节pH为4.0左右，加入2.0mL（可根据酶活力不同适当调整用量）混合酶溶液，摇匀后，置于培养箱中37℃过夜（约16h）；将酶解液全部转移至100mL容量瓶中，用水定容至刻度，摇匀，离心或者过滤，取上清液备用，记录*V*	*m*：试样的质量，g *V*：试液（提取液）的定容体积，mL *f*：试液（上清液）衍生前的稀释倍数 *m*：________ *V*：________ *f*：________	1. 根据试样状态，按要求称取试样。 2. 正确规范进行天平检查、使用、维护，完成样品的称取工作。 3. 正确规范使用高压灭菌锅、培养箱。 4. 掌握试样中维生素B_1的提取和衍生化的操作
	试液衍生化：准确移取上述上清液或者滤液2.0mL于10mL试管中，加入1.0mL碱性铁氰化钾溶液，涡旋混匀后，准确加入2.0mL正丁醇，再次涡旋混匀1.5min后静置约10min或者离心，待充分分层后，吸取正丁醇相（上层）经0.45μm有机微孔滤膜过滤，取滤液于2mL棕色进样瓶中，供分析用。若试液中维生素B_1浓度超出线性范围的最高浓度值，应取上清液稀释至适宜倍数后，重新衍生后进样，记录*f*。另取2.0mL标准系列工作液，与试液同步进行衍生化		
试样测定	色谱参考条件 （1）色谱柱：C_{18}反相色谱柱（粒径5μm，250mm×4.6mm）或相当者。 （2）流动相：0.05mol/L乙酸钠溶液－甲醇（65+35）。 （3）流速：0.8mL/min。 （4）检测波长：激发波长375nm，发射波长435nm。 （5）进样量：20μL	1. 记录液相色谱仪制作标准曲线和测定试液的实际色谱条件参数。 2. 记录标准系列工作液的浓度和进样量等数据。 3. 记录标准曲线的回归方程和吸光系数	1. 正确进行液相色谱仪开关机、进样及简单维护等基本操作。 2. 依据色谱参考条件能使用色谱工作站完成色谱参数设置。 3. 规范、正确、完整记录标准曲线绘制、空白实验和样液测定中相关数据。 4. 计算结果正确，按照计算公式完成结果计算并根据要求进行数据修约。 5. 计算结果保留两位有效数字。 6. 精密度：在重复性条件下获得的两次独立测定结果的绝对差值不得超过算术平均值的10%
	标准曲线的绘制：将标准系列工作液衍生物注入高效液相色谱仪中，测定相应的维生素B_1峰面积，以标准工作液的浓度（μg/mL）为横坐标，以峰面积为纵坐标，绘制标准曲线。维生素B_1标准衍生物的HPLC谱图见图5-2		

任务	具体实施		要求
	实施步骤	实验记录	
试样测定	试样的测定：在与绘作标准曲线相同的色谱条件下，将试样衍生物溶液注入高效液相色谱仪中，得到维生素 B_1 的峰面积，根据标准曲线计算，得到 c	c：由标准曲线计算得到的试液（提取液）中维生素 B_1 的浓度，μg/mL c：________	
	根据公式，计算试样中维生素 B_1（以硫胺素计）的含量： $$X+\frac{c\times V\times f}{m\times 1000}\times 100$$ 式中 100——单位换算系数	X：试样中维生素 B_1（以硫胺素计）的含量，mg/100g X：________	
结束工作	结束后倒掉废液、清理台面、关闭液相色谱仪，关闭电源总闸。洗净玻璃器皿等用具并归位		1. 实验室安全操作 2. 团队进行工作总结

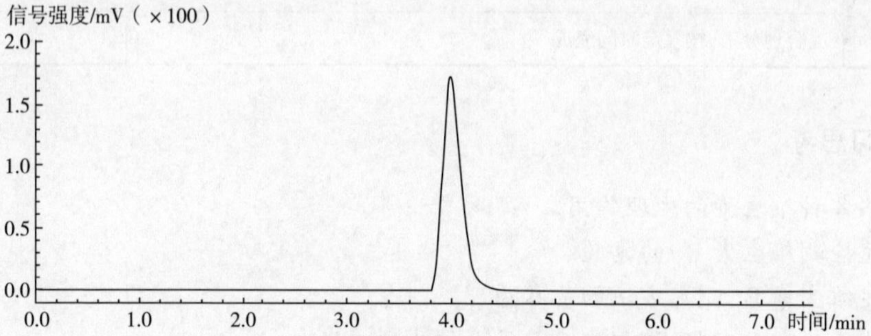

图 5-2 维生素 B_1 标准衍生物的 HPLC 谱图

检查与评价

学生完成本任务的学习，通过自评、小组互评以检查自己对本任务学习的掌握情况。指导教师在整个教学过程中，关注每个小组的检测过程及小组成员的动手能力，并对小组成员动手能力进行评价。将具体的检查与评价填入下表。评价表对应工作任务。

项目	评价标准	分值	学生自评	小组互评	教师评价
方案制订与任务准备	认真负责、一丝不苟进行资料查阅，确定检测依据	5			
	协同合作制订方案并合理分工	5			
	相互沟通完成方案诊改	5			
	正确清洗及检查仪器	5			
	合理领取药品	5			
	正确取样	5			

项目	评价标准	分值	学生自评	小组互评	教师评价
试样制备	根据试样类型选择正确方法进行试样制备	5			
	正确进行试液提取	5			
	规范操作完成试液衍生化	5			
试样测定	设置色谱参考条件	5			
	准确绘制标准曲线	10			
	规范进行试样溶液测定	10			
	正确识别图谱,数据记录正确、完整、美观	5			
	正确计算结果,按照要求进行数据修约	5			
	规范编制检测报告	5			
结束工作	关闭仪器,切断电源	5			
	结束后倒掉废液,清洗仪器设备,正确归位。文明操作	5			
	合理分工,按规定时间完成	5			

学习思考

1. 列举各种维生素的生理作用。
2. 简述检测维生素 B_1 的意义。
3. 简述维生素 B_1 测定方法的基本原理。
4. 简述维生素 B_1 测定过程中应该注意的事项。
5. 测定含水量较低的固体试样中维生素 B_1 时，如何进行试样制备？

模块六

水和矿物质检测

学习目标

知识目标

1. 熟悉测定食品中水和矿物质与人体健康的关系及检测意义。
2. 掌握水、矿物质在食品中的存在状态及测定方法。
3. 掌握蒸发、干燥、恒重的概念和相关知识。
4. 正确理解电热恒温干燥箱、真空干燥箱等仪器的操作原理。

能力目标

1. 能够正确使用电热恒温干燥箱、分析天平、干燥器、蒸馏装置、真空干燥箱、高温箱等仪器，并进行简单的维护和保养。

2. 能根据食品的性质选择合适的方法测定食品中水及矿物质含量，并对食品的品质进行判定。

3. 能够正确解读食品中水和矿物质检测相关标准，整理分析资料、选用正确检测方法并制订检测方案。

4. 能对实验结果进行记录、分析和处理，并编制实验报告。

素养目标

1. 加强对专业的认知和知识运用，具备食品质量与安全意识，具有严谨求实、精益求精、规范操作的工作态度。

2. 善于与团队成员沟通交流，具有团队合作意识。

项目一

食品中水分的测定

项目导入

【粮食储藏与水分】我国是世界产粮大国，也是粮食消费大国，做好粮食储藏工作意义重大，关系军需民食，也关系国家安全、社会稳定。经过长期的实践和研究，人们发现当粮食温度低于15℃（粮食安全储藏的温度）、水分在12%~12.5%（安全水分）时，可以有效地避免虫害的发生，抑制粮堆中生物体的生命活动，延缓储粮品质的劣变。而水分含量增高会导致酶的活性加强、呼吸旺盛、储藏物质水解和新组织的形成，使粮食储藏稳定性大为降低。特别是粮食在储藏期间生虫、发热、霉变、结块等问题的产生，都主要决定于水分的影响。1971年加拿大农业科学家辛哈（Sinha）提出，减少储粮变质的一种方法是通过冷却干燥通风把粮食降低到一个安全温度和安全水分。因此，控制粮食水分含量是粮食安全储藏的关键性问题。

问题启发

粮食水分含量的高低对其储藏的稳定性有影响吗？水分含量过高是否会导致粮食霉变或病虫害？粮食入仓前是否要测定其水分含量？

知识准备

一、 食品中的水分

1. 水分

水分是食品中最重要的成分之一。水在生物体内的分布是不均匀的，在脊椎动物中，肌肉、肝、肾、脑等含水量为70%~80%，皮肤含水量为60%~70%，骨骼含水量为12%~15%，血液含水量在80%以上。在植物中，含水量不但与部位有关，还与种类和发育状况有关。一般来说，根、茎、叶等营养器官含水量较高，为鲜重的70%~90%，甚至更高，食品的含水量、分布和存在状态对食品的外观、质量、风味、新鲜程度都产生极大的影响。

2. 水分的存在状态

食品中水的存在形式分别为游离态和结合态两种形式，即游离水和结合水。

（1）游离水　又称自由水，存在于细胞间隙，具有水的一切物理性质，即100℃时沸腾，0℃以下结冰，并且易汽化，故可用简单的热力方法除去。游离水是食品的主要分散剂，可以溶解糖、酸、无机盐等。游离水促使腐蚀食品的微生物繁殖和酶起作用，并加速非酶褐变或脂肪氧化等化学劣变。

（2）结合水　又称束缚水，它与食物材料的细胞壁或原生质或蛋白质等通过氢键结合或以配位键的形式存在，如在食品中与蛋白质活性基团（—OH、—NH、—COOH、$—CONH_2$）和碳水化合物的活性基团（—OH）以氢键相结合而不能自由运动。根据结合的方式又可分为物理结合水和化学结合水。加热时结合水难汽化，具有低温（-40℃或更低）下不易结冰和不能作为溶剂的性质。结合水与食品成分之间的结合很牢固，可以稳定食品的活性基团。迄今为止，从食品化学的角度研究食品中水的存在形式的工作仍在继续。水测定时结合水很难去除。

二、 食品中水分测定的意义

控制食品的水分含量，对于保持食品的品质、维持食品中其他组分的平衡关系、保证食品具有一定的保存期等起着重要的作用。例如，面包的水分含量若低于30%，其外观形态干瘪，失去光泽，新鲜度严重下降；乳粉要求水分含量为3.0%~5.0%，若水分含量升高，就会造成乳粉结块，则商品价值会降低，水分含量提高后乳粉易变色，储藏期也会降低。另外有些食品水分含量过高，组织状态发生软化，弹性也会降低或者消失。粉状食品水分含量控制在5%以下，可抑制微生物生长繁殖，延长保存期。食品原料或产品中水分含量的高低，对加工、运输成本核算等也具有重要意义，是工艺过程设计的重要依据之一。

水分含量还是进行其他食品化学成分比较的基础。如某种食品蛋白质含量为40g/100g，水分含量为30g/100g，另一种食品蛋白质含量为25g/100g，水分含量为60g/100g，并不能直观地认为前者蛋白质的含量高于后者，应折算成干物质后比较。水分含量还是产品品质与价格的决定因素，非加工需要而故意人为“注水”的产品应属伪劣产品范畴。食品中水分含量的测定是食品分析的重要项目之一。

三、 食品中水分测定的方法

依据GB 5009.3—2016《食品安全国家标准　食品中水分的测定》进行检测。标准中直接干燥法适用于在101~105℃，蔬菜、谷物及其制品、水产品、豆制品、乳制品、肉制品、卤菜制品、粮食（水分含量低于18%）、油料（水分含量低于13%）、淀粉及茶叶类等食品中水分的测定，不适用于水分含量小于0.5g/100g的样品。减压干燥法适用于高温易分解的样品及水分较多的样品（如糖、味精等食品）中水分的测定，不适用于添加了其他原料的糖果（如奶糖、软糖等食品）中水分的测定，不适用于水分含量小于0.5g/100g的样品（糖和味精除外）。蒸馏法适用于油脂、香辛料等水分含量的测定。卡尔·费休法适用于食品中含微量水分的测定，不适用于含有氧化剂、还原剂、碱性氧化物、氢氧化物、碳酸盐、硼酸等食品中水分的测定，适用于水分含量大于1.0mg/100g的样品。

四、 食品中水分测定的注意事项

（1）在测定水分含量时，必须要预防操作过程中所产生的水分损失误差，或尽量将其控制在最低范围内。因此，任何样品都需要尽量缩短其暴露在空气中的时间，并尽可能地减少样品在碾碎过程中产生的摩擦热，否则会影响样品的水分含量，造成不必要的误差。

（2）直接干燥法测定水分含量，称量时前后两次称得的重量之差不超过2mg即为恒重。恒重时，两次恒重值在最后的计算中，取质量较小的一次称量值。

（3）直接干燥法不能完全排除食品中的结合水，因此直接干燥法不可能测出食品中真正的水分。

（4）直接干燥法所用设备和操作简单，时间较长，不适用于胶体、高脂肪高糖食品以及含有较多在高温中易氧化和易挥发物质的食品（糖果、巧克力、油脂、乳粉和脱水蔬菜类等样品的水分测定）。

（5）干燥器内一般用硅胶作为干燥剂，硅胶吸潮后会使干燥效果降低，当干燥器中硅胶蓝色减退或变红时，说明硅胶已失去吸水作用，应及时更换。于135℃左右烘2~3h，使其再生后再使用。

（6）在干燥过程中，一些食品原料可能易形成硬皮或结块，从而造成不稳定或错误的水分测量结果。为避免这种情况，可以使用清洁、干燥的海砂和试样一起搅拌均匀，再将试样加热干燥直至恒重。加入海砂的作用是防止食品结块，同时增大受热与蒸发面积，加速水分蒸发，缩短分析时间。

工作任务　直接干燥法测定食品中的水分

一、方法解读

利用食品中水分的物理性质，在101.3kPa（1atm），温度101~105℃下采用挥发方法测定样品中干燥减失的重量，包括吸湿水、部分结晶水和该条件下能挥发的物质，再通过干燥前后的称量数值计算出水分的含量。

【视频】食品中水分的测定——直接干燥法

二、任务准备

试剂	盐酸溶液(6mol/L)：量取50mL盐酸，加水稀释至100mL
	氢氧化钠溶液(6mol/L)：称取24g氢氧化钠，加水溶解并稀释至100mL
	海砂：取用水洗去泥土的海砂、河砂、石英砂或类似物，先用盐酸溶液(6mol/L)煮沸0.5h，用水洗至中性，再用氢氧化钠溶液(6mol/L)煮沸0.5h，用水洗至中性，经105℃干燥备用
仪器	扁形铝制或玻璃制称量瓶
	电热恒温干燥箱
	干燥器：内附有效干燥剂
	分析天平：感量为0.1mg

注：除非另有规定，本方法所用试剂均为分析纯，水为GB/T 6682—2008《分析实验室用水规格和试验方法》规定的三级水。

三、任务实施

1. 方案制订

通过相关知识学习，解读国家标准，小组完成方案制订，并依据方案完成任务准备。

任务名称			
小组成员		时间	
依据标准			

<table>
<tr><td rowspan="16">工作
方案</td><td colspan="2">一、明确方法</td></tr>
<tr><td colspan="2"></td></tr>
<tr><td colspan="2">二、工作准备</td></tr>
<tr><td>仪器设备（规格、数量）</td><td></td></tr>
<tr><td>试剂（规格、浓度、数量）</td><td></td></tr>
<tr><td>样品</td><td></td></tr>
<tr><td colspan="2">三、任务分工</td></tr>
<tr><td>姓名</td><td>分工及时间安排</td></tr>
<tr><td></td><td></td></tr>
<tr><td></td><td></td></tr>
<tr><td></td><td></td></tr>
<tr><td></td><td></td></tr>
<tr><td colspan="2">四、工作流程简图</td></tr>
<tr><td colspan="2"></td></tr>
</table>

2. 检测过程

<table>
<tr><td rowspan="2">任务</td><td colspan="2">具体实施</td><td rowspan="2">要求</td></tr>
<tr><td>实施步骤</td><td>实验记录</td></tr>
<tr><td rowspan="2">试样制备</td><td>固体试样类：
（1）取洁净铝制或玻璃制的扁形称量瓶，置于101～105℃干燥箱中，瓶盖斜支于瓶边，加热1.0h，取出盖好，置干燥器内冷却0.5h，并重复干燥至前后两次质量差不超过2mg，即为恒重，记录m_3。
（2）将混合均匀的试样迅速磨细至颗粒小于2mm，不易研磨的样品应尽可能切碎，称取2～10g试样（精确至0.0001g），放入称量瓶。试样厚度不超过5mm，如为疏松试样，厚度不超过10mm，加盖，称量，记录m_1</td><td rowspan="2">m_1：称量瓶（加海砂、玻棒）和试样的质量，g
m_3：称量瓶（加海砂、玻棒）的质量，g
m_1：__________
m_3：__________</td><td rowspan="2">1. 严格执行实验室管理制度，实验台面整齐，着实验服，仪表整洁。
2. 正确使用称量瓶、天平、电热恒温干燥箱，正确进行天平检查、使用、维护和保养。
3. 正确规范进行试样处理。固体试样应迅速研磨，以防止水分损失</td></tr>
<tr><td>半固体或液体试样类：
（1）取洁净的称量瓶，内加10g海砂（实验过程中可根据需要适当增加海砂的质量）及一根小玻棒，置于101～105℃干燥箱中，干燥1.0h后取出，放入干燥器内冷却0.5h后称量，并重复干燥至恒重，记录m_3。
（2）称取5～10g试样（精确至0.0001g），置于称量瓶中，称量，记录m_1</td></tr>
</table>

任务	具体实施		要求
	实施步骤	实验记录	
试样测定	固体试样类：将精密称量后的称量瓶和试样置于101～105℃干燥箱中，瓶盖斜支于瓶边，干燥2～4h后，盖好取出，放入干燥器内冷却0.5h后称量。然后放入101～105℃干燥箱中干燥1h左右，取出，放入干燥器内冷却0.5h后再称量。并重复以上操作至前后两次质量差不超过2mg，即为恒重，记录m_2。 注：两次恒重值在最后计算中，取质量较小的一次称量值	m_2：称量瓶（加海砂、玻棒）和试样干燥后的质量，g m_2：________	1. 实验数据记录正确、完整、美观。 2. 计算结果正确，按照要求进行数据修约。 3. 水分含量≥1g/100g时，计算结果保留三位有效数字；水分含量<1g/100g时，计算结果保留两位有效数字。 4. 精密度：在重复性条件下获得的两次独立测定结果的绝对差值不得超过算术平均值的10%
	半固体或液体试样类：将精密称量后的称量瓶和试样，用小玻棒搅匀放在沸水浴上蒸干，并随时搅拌，擦去称量瓶瓶底的水滴，置于101～105℃干燥箱中干燥4h后盖好取出，放入干燥器内冷却0.5h后称量。然后再放入101～105℃干燥箱中干燥1h左右，取出，放入干燥器内冷却0.5h后再称量。并重复以上操作至前后两次质量差不超过2mg，即为恒重，记录m_2		
	根据公式，计算试样中水分的含量： $X=\frac{m_1-m_2}{m_1-m_3}\times100$ 式中　100——单位换算系数	X：试样中水分的含量，g/100g X：________	
结束工作	实验结束后废弃物及废液应分类收集后，倒入指定容器，统一处置，清理实验台面、清洁电热恒温干燥箱，洗净称量瓶等用具并全部归位		实验组成员做好工作总结，培养团队协作精神

检查与评价

学生完成本任务的学习，通过自评、小组互评以检查自己对本任务学习的掌握情况。指导教师在整个教学过程中，关注每个小组的检测过程及小组成员的动手能力，并对小组成员动手能力进行评价。将具体的检查与评价填入下表。评价表对应工作任务。

项目	考核内容	分值	学生自评	小组互评	教师评价
方案制订与任务准备	认真负责、一丝不苟进行资料查阅，确定检测依据	5			
	协同合作制订方案并合理分工	5			
	相互沟通完成方案诊改	5			

续表

项目	考核内容	分值	学生自评	小组互评	教师评价
方案制订与任务准备	正确清洗及检查仪器	5			
	合理领取药品	5			
	正确取样	5			
试样制备	规范操作清洗、烘干、恒重称量瓶	5			
	根据样品类型正确操作，准确称量	10			
试样测定	规范操作，准确进行试样干燥、冷却称量至恒重	10			
	数据记录正确、完整、美观	10			
	正确计算结果，按照要求进行数据修约	10			
	规范编制检测报告	5			
结束工作	结束后倒掉废弃物、清理台面、洗净用具并归位	5			
	拔掉分析天平、电热恒温干燥箱等仪器电源	5			
	文明操作、正确归位	5			
	合理分工，按规定时间完成	5			

项目拓展　减压干燥法测定食品中的水分

一、方法解读

利用食品中水分的物理性质，在达到 40～53kPa 压力后加热至（60±5）℃，采用减压烘干方法去除试样中的水分，再通过烘干前后的称量数值计算出水分的含量。

二、任务准备

（1）扁形铝制或玻璃制称量瓶。
（2）真空干燥箱。
（3）干燥器：内附有效干燥剂。
（4）天平：感量为 0.1mg。

三、检测过程

任务	具体实施		要求
	实施步骤	实验记录	
试样制备	取洁净铝制或玻璃制的扁形称量瓶，置于 101～105℃干燥箱中，瓶盖斜支于瓶边，加热 1.0h，取出盖好，置干燥器内冷却 0.5h，并重复干燥至前后两次质量差不超过 2mg，即为恒重，记录 m_3	m_3：称量瓶（加海砂、玻棒）的质量，g m_1：称量瓶（加海砂、玻棒）和试样的质量，g	1. 严格执行实验室管理制度，实验台面整齐，着实验服，仪表整洁。 2. 正确使用称量瓶、天平、真空干燥箱、干燥器。

任务	具体实施		要求
	实施步骤	实验记录	
试样制备	粉末和结晶试样直接称取，记录 m_1	m_1:________ m_3:________	3. 正确规范进行试样处理
	较大块硬糖经研钵粉碎，混匀备用。称取2~10g（精确至0.0001g）试样，置于称量瓶中，称量，记录 m_1		
试样测定	将精密称量后的称量瓶和试样放入真空干燥箱内，将真空干燥箱连接真空泵，抽出真空干燥箱内的空气（所需压力一般为40~53kPa），并同时加热至所需温度为（60±5）℃	记录真空干燥箱的温度和压力	1. 实验数据记录正确、完整、美观。 2. 计算结果正确，按照要求进行数据修约。 3. 减压干燥时，自烘箱内部压力降至规定真空度时起计算烘干时间。 4. 真空干燥箱内各部位温度要均匀一致，若干燥时间较短，更应严格控制。 5. 精密度：在重复性条件下获得的两次独立测定结果的绝对差值不得超过算术平均值的10%
	关闭真空泵上的活塞，停止抽气，使真空干燥箱内保持一定的温度和压力，经4h后，打开活塞，使空气经干燥装置缓缓通入至真空干燥箱内，待压力恢复正常后再打开		
	取出称量瓶，放入干燥器中0.5h后称量，并重复以上操作至前后两次质量差不超过2mg，即为恒重，记录 m_2	m_2：称量瓶（加海砂、玻棒）和试样干燥后的质量，g m_2:________	
	试样水分含量计算：同直接干燥法	同直接干燥法	
结束工作	实验结束后废弃物及废液应分类收集后，倒入指定容器，统一处置，清理实验台面、清洁真空干燥箱、干燥器，做好天平的清洁、检查、维护和保养，洗净称量瓶等用具并全部归位		安全规范操作并完成工作总结，培养团队协作精神，养成严谨的科学态度

学习思考

1. 食品中水分以什么样的形式存在？
2. 食品中水分测定的意义是什么？
3. 在干燥过程中加入干燥的海砂的目的是什么？
4. 试比较水分测定的各种方法的适用范围。
5. 直接干燥法测定食品中的水分有哪些优缺点？

项目二

食品中灰分的测定

项目导入

【面粉中的灰分与面粉分类】小麦是生产面粉的主要原料，小麦在加工成面粉的过程中，由于加工设备和工艺的不同，使得面粉的质量等级也存在一定差异。在国外，法式面粉即T（type）系列面粉按照其灰分含量将面粉分为白面粉、全麦粉和黑麦粉。它是按每100g面粉中所含灰分的质量进行划分的，如T45白面粉就是指100g面粉经高温灼烧恒重后残余灰分为0.45g。在我国也有按照面粉中灰分和蛋白质含量不同，将面粉分成特一粉、特二粉、标准粉和普通粉以及高筋粉、中筋粉和低筋粉等不同类型的做法。如特一粉灰分含量以干物质计不超过0.70%，特二粉灰分含量不超过0.85%，标准粉灰分含量不超过1.10%，普通粉灰分含量不超过1.40%。

问题启发

食品中灰分的主要成分是什么？为什么将食品灼烧后的残留物称为粗灰分？测定食品中灰分有什么现实意义？测定食品灰分的基本原理是什么？实操中我们需要注意哪些事项？

知识准备

一、食品中灰分及其分类

食品的组成非常复杂，除了C、H、O、N四种构成水分和有机物质元素以外，还有许多无机矿物质元素，当食品在高温下灼烧灰化时，食品中的有机成分经燃烧、分解而挥发逸散，无机成分则留在残灰中。所以通常将食品经灼烧后的残留物称为总灰分。从数量和组成上看，食品的灰分与食品中原有无机组分并不完全相同。一方面食品在灰化时，有些易挥发元素氯、碘、铅等会产生部分的挥发散失，硫和磷等也可能以含氧酸的形式挥发散失，使食品中无机成分减少。另一方面灰分中某些金属氧化物会吸收有机物分解产生的二氧化碳而形成碳酸盐，又使无机成分增加。因此，灰分并不能准确代表食品中原有无机成分的总量，所以又把食品经高温灼烧后的残留物称为粗灰分。

总灰分是食品中无机成分总量的标志，按照其溶解性可分为水溶性灰分、水不溶性灰分和酸不溶性灰分。其中水溶性灰分反映的是可溶性钠、钾、钙、镁等氧化物和盐类的含量；水不溶性灰分则反映的是污染食品的泥沙和铁、铝等氧化物及碱土金属的碱式磷酸盐的含量；酸不溶性灰分反映的是污染的泥沙和食品中原有的微量氧化硅的含量。因此，食品灰分的测定包括总灰分、水溶性灰分、水不溶性灰分和酸不溶性灰分等。

二、食品中灰分的测定意义

食品总灰分中的无机成分在维持人体正常生理功能、构成人体组织方面有着十分重要的作用。食品中灰分通常在一个比较稳定的范围内，如谷物和豆类为1%~4%，蔬菜为0.5%~2%，水果为0.5%~1.0%。如果灰分含量超过了正常值范围，说明食品生产可能使用了不符合卫生标准的原料或食品添加剂，又或食品在加工、储运的过程中受到了污染。对于有些食品总灰分也是衡量食品加工精度或质量等级的重要指标，如生产面粉时，加工精度越高灰分含量越低。另外，食品灰分中的主要成分无机盐是食品六大营养素之一，因此灰分含量也是评价食品营养的重要参考指标之一。

三、 食品中灰分测定的方法

依据 GB 5009.4—2016《食品安全国家标准 食品中灰分的测定》进行检测。标准第一法规定了食品中总灰分的测定方法，适用于食品中总灰分的测定（淀粉类灰分的测定方法适用于灰分质量分数不大于 2%的淀粉和变性淀粉）。第二法规定了食品中水溶性灰分和水不溶性灰分的测定方法，适用于食品中水溶性灰分和水不溶性灰分的测定。第三法规定了食品中酸不溶性灰分的测定方法，适用于食品中酸不溶性灰分的测定。

四、 测定过程中的注意事项

1. 灰化容器的选择

坩埚是测定灰分常用的灰化容器。其中最常用的是素烧瓷坩埚，它具有耐高温、耐酸、价格低廉等优点；但耐碱性差，灰化碱性食品时（如水果、蔬菜、豆类等）时，瓷坩埚内壁的釉层会被部分溶解，造成坩埚吸留现象，多次使用往往难以得到恒量，在这种情况下宜使用新的瓷坩埚或使用铂坩埚。铂坩埚具有耐高温、耐碱、导热性好、吸湿性小等优点，但价格是黄金的 9 倍，故使用时应特别注意其性能和使用规则，个别情况下可使用蒸发皿。灰化容器的大小要根据试样的性状来选用，需要前处理的液体样品，加热易膨胀的样品及灰分含量低、取样量较大的样品，须选用稍大些的坩埚，或选用蒸发皿；但灰化容器过大会使称量误差增大。

2. 取样量的确定

取样量应根据试样的种类和形状来决定。食品的灰分与其他成分相比含量较少，取样时应考虑称量误差，以灼烧后得到的灰分量为 10~100mg 来决定取样量。

3. 灰化温度的设置

灰化温度的高低对灰分测定的结果影响很大，选择合适的灰化温度在保证灰化完全的前提下尽可能减少无机成分的挥发损失和缩短灰化时间。各种食品中无机成分的组成、性质及含量各不相同，灰化温度也应有所不同，一般鱼类等水产品、酒、谷类及其制品、乳制品（奶油除外）不大于 550℃；水果、蔬菜及其制品、糖及其制品、肉及肉制品不大于 525℃；奶油不大于 500℃；个别样品（如谷类饲料）可以达到 600℃。灰化温度过高将引起钠、钾、铝等元素的挥发损失，而且磷酸盐也会熔融，将炭粒包藏起来，使炭粒无法氧化；灰化温度过低则灰化速度慢、时间长、不易灰化完全。

4. 灰化时间

以样品灼烧至灰分呈白色或浅灰色，无炭粒存在并达到恒量为止。灰化达到恒量的时间因试样不同而异，一般需 2~5h。有些样品即使灰化完全，残灰也不一定呈白色或浅灰色，如铁含量高的食品，残灰呈褐色；锰、铜含量高的食品，残灰呈蓝绿色；有时即使灰的表面呈白色，内部仍残留碳块。所以应根据样品的组成、性状注意观察残灰的颜色，正确判断灰化程度。

工作任务 食品中总灰分的测定

一、方法解读

食品中总灰分的测定原理是：食品经高温灼烧后所残留的无机物质称为灰分，灰分数经灼烧、称重后计算得出。

【视频】食品中灰分的测定

二、任务准备

试剂	乙酸镁溶液(80g/L)：称取 8.0g 乙酸镁[$(CH_3COO)_2Mg \cdot 4H_2O$]加水溶解并定容至 100mL，混匀
	乙酸镁溶液(240g/L)：称取 24.0g 乙酸镁加水溶解并定容至 100mL，混匀
	10%盐酸溶液：量取 24mL 分析纯浓盐酸用蒸馏水稀释至 100mL
仪器	高温炉：最高使用温度≥950℃
	分析天平：感量分别为 0.1mg，1mg，0.1g
	石英坩埚或瓷坩埚
	干燥器(内有干燥剂)
	电热板
	恒温水浴锅：控温精度±2℃

注：除非另有规定，本方法所用试剂均为分析纯，水为 GB/T 6682—2008《分析实验室用水规格和试验方法》规定的三级水。

三、任务实施

1. 方案制订

通过相关知识学习，解读国家标准，小组完成方案制订，并依据方案完成任务准备。

任务名称			
小组成员		时间	
依据标准			
工作方案	一、明确方法		
	二、工作准备		
	仪器设备(规格、数量)		
	试剂(规格、浓度、数量)		
	样品		

工作方案	三、任务分工	
	姓名	分工及时间安排
	四、工作流程简图	

2. 任务过程

任务	具体实施		要求
	实施步骤	实验记录	
坩埚准备与试样称取	坩埚的预处理 (1)含磷量较高的食品和其他食品:取大小适宜的石英坩埚或瓷坩埚置高温炉中,在(550±25)℃下灼烧30min,冷却至200℃左右,取出,放入干燥器中冷却30min,准确称量。重复灼烧至前后两次称量相差不超过0.5mg为恒重,记为m_2。 (2)淀粉类食品:先用沸腾的稀盐酸洗涤,再用大量自来水洗涤,最后用蒸馏水冲洗。将洗净的坩埚置于高温炉内,在(900±25)℃下灼烧30min,并在干燥器内冷却至室温,称重记为m_2,精确至0.0001g	记录原始试样名称、编号以及样品包装、外观形状、颜色和状态等感官性状指标。 m_2:恒重后空坩埚质量,g m_2:__________	1. 操作台整齐,着工作服,仪表整洁。 2. 正确使用高温炉、干燥器和电子天平等样品制备和称量仪器。 3. 明确判断称量恒重的标准
	试样的称取 (1)含磷量较高的食品和其他食品:灰分大于或等于10g/100g的试样称取2~3g(精确至0.0001g);灰分小于或等于10g/100g的试样称取3~10g(精确至0.0001g,对于灰分含量更低的样品可适当增加称样量),记为m_3。 (2)淀粉类食品:迅速称取试样2~10g(马铃薯粉、小麦淀粉以及大米淀粉至少称5g,玉米淀粉和木薯淀粉称10g),精确至0.0001g,记为m_3。将试样均匀分布在坩埚内,不要压紧	m_3:称样后坩埚和试样的质量,g m_3:__________	1. 正确根据样品性质明确试样称取量。 2. 正确规范进行天平检查、使用和维护完成样品准确的称取

<table>
<tr><th rowspan="2">任务</th><th colspan="2">具体实施</th><th rowspan="2">要求</th></tr>
<tr><th>实施步骤</th><th>实验记录</th></tr>
<tr><td rowspan="4">试样测定</td><td>含磷量较高的豆类及其制品、肉禽及其制品、蛋及其制品、水产及其制品、乳及乳制品：称取试样后，加入 1.00mL 乙酸镁溶液（240g/L）或 3.00mL 乙酸镁溶液（80g/L），使试样完全润湿。放置 10min 后，在水浴上将水分蒸干，在电热板上以小火加热使试样充分炭化至无烟，然后置于高温炉中，在（550±25）℃灼烧 4h。冷却至 200℃左右取出，放入干燥器中冷却 30min，称量前如发现灼烧残渣有炭粒时，应向试样中滴入少许水湿润，使结块松散，蒸干水分再次灼烧至无炭粒即表示灰化完全，方可称量，记录 m_1。重复灼烧至前后两次称量相差不超过 0.5mg 为恒重</td><td rowspan="4">m_1：灼烧恒重后坩埚和灰分的质量，g
m_0：氧化镁（乙酸镁灼烧后生成物）的质量，g
m_1：__________
m_0：__________</td><td rowspan="4">1. 含水量高的食品需要置于烘箱中干燥后再炭化，或者直接取样品水分测定后的干燥试样直接炭化。
2. 炭化操作：一般在电炉上进行，把坩埚置于电炉上，半盖坩埚盖，使试样在通气条件下逐渐炭化。直至无黑烟产生为止。先炭化后灰化是防止不经炭化而直接灰化，炭粒被包裹住，使得灰化不完全。
3. 在高温下易发生膨胀而溢出坩埚的含糖、淀粉和蛋白质较高的试样，可加数滴辛醇或植物油消泡，再进行炭化。
4. 把坩埚放入高温炉或从炉中取出时，要放在炉口停留片刻，使坩埚预热或冷却，防止因温度剧变而使坩埚破裂。
5. 数据记录正确、完整、美观。
6. 计算结果正确，按照要求进行数据修约。
7. 试样中灰分含量≥10g/100g 保留三位有效数字；试样中灰分含量<10g/100g 时，保留两位有效数字。
8. 精密度：在重复性条件下获得的两次独立测定结果的绝对差值不得超过算术平均值的 5%</td></tr>
<tr><td>淀粉类食品：将坩埚置于高温炉口或电热板上，半盖坩埚盖，小心加热使试样在通气情况下完全炭化至无烟，即刻将坩埚放入高温炉内，将温度升高至（900±25）℃，保持此温度直至剩余的碳全部消失为止，一般 1h 可灰化完毕，冷却至 200℃左右，取出，放入干燥器中冷却 30min，称量前如发现灼烧残渣有炭粒时，应向试样中滴入少许水湿润，使结块松散，蒸干水分再次灼烧至无炭粒即表示灰化完全，方可称量，记录 m_1。重复灼烧至前后两次称量相差不超过 0.5mg 为恒重</td></tr>
<tr><td>其他食品：液体和半固体试样应先在沸水浴上蒸干。固体或蒸干后的试样，先在电热板上以小火加热使试样充分炭化至无烟，然后置于高温炉中，在（550±25）℃灼烧 4h。冷却至 200℃左右，取出，放入干燥器中冷却 30min，称量前如发现灼烧残渣有炭粒时，应向试样中滴入少许水湿润，使结块松散，蒸干水分再次灼烧至无炭粒即表示灰化完全，方可称量，记录 m_1。重复灼烧至前后两次称量相差不超过 0.5mg 为恒重</td></tr>
<tr><td>同时做试剂空白：含磷量较高的豆类及其制品、肉禽及其制品、蛋及其制品、水产及其制品、乳及乳制品灰分测定需要吸取 3 份与试样实验相同浓度和体积的乙酸镁溶液，做 3 次试剂空白试验。当 3 次试验结果的标准偏差小于 0.003g 时，取算术平均值作为空白值，记录 m_0。若标准偏差大于或等于 0.003g 时，应重新做空白值试验</td></tr>
</table>

任务	具体实施		要求
	实施步骤	实验记录	
试样测定	(1)以试样质量计 按式(1)计算加了乙酸镁溶液的试样中灰分的含量: $$X_1=\frac{m_1-m_2-m_0}{m_3-m_2}\times 100 \quad (1)$$ 按式(2)计算未加乙酸镁溶液的试样中灰分的含量: $$X_2=\frac{m_1-m_2}{m_3-m_2}\times 100 \quad (2)$$ (2)以干物质计 按式(3)计算加了乙酸镁溶液的试样中灰分的含量: $$X_1=\frac{m_1-m_2-m_0}{(m_3-m_2)\times w}\times 100 \quad (3)$$ 按式(4)计算未加乙酸镁溶液的试样中灰分的含量: $$X_1=\frac{m_1-m_2}{(m_3-m_2)\times w}\times 100 \quad (4)$$	X_1:加了乙酸镁溶液试样中灰分的含量,g/100g X_2:未加乙酸镁溶液试样中灰分的含量,g/100g w:试样干物质含量(质量分数),% X_1:________ X_2:________ w:________	
结束工作	结束后倒掉残灰、清洗坩埚,清理台面、洗净用具并归位。 关闭高温炉,关闭电源总闸		1. 实验室安全操作。 2. 团队工作总结

检查与评价

学生完成本任务的学习，通过自评、小组互评以检查自己对本任务学习的掌握情况。指导教师在整个教学过程中，关注每个小组的检测过程及小组成员的动手能力，并对小组成员动手能力进行评价。将具体的检查与评价填入下表。评价表对应工作任务。

项目	评价标准	分值	学生自评	小组互评	教师评价
方案制订与任务准备	认真负责、一丝不苟进行资料查阅,确定检测依据	5			
	协同合作制订方案并合理分工	5			
	相互沟通完成方案诊改	5			
	正确清洗及检查仪器	5			
	合理领取药品	5			
	正确取样	5			
	根据试样类型选择正确方法进行试样制备	5			
试样处理	正确进行试样制备	5			

续表

项目	评价标准	分值	学生自评	小组互评	教师评价
试样测定	准确称样，规范操作进行试样炭化处理	10			
	规范操作进行试样灰化处理	10			
	规范使用干燥器（恒重处理）	5			
	规范进行试样测定	5			
	数据记录正确、完整、美观	5			
	正确计算结果，按照要求进行数据修约	5			
	规范编制检测报告	5			
结束工作	结束后倒掉废液、清理台面、洗净用具并归位	5			
	清洗坩埚，正确归位。文明操作	5			
	合理分工，按规定时间完成	5			

项目拓展　食品中水溶性灰分和水不溶性灰分的测定

一、方法解读

用热水提取总灰分，经无灰滤纸过滤、灼烧、称量残留物，测得水不溶性灰分，由总灰分和水不溶性灰分的质量之差计算水溶性灰分。

二、工作准备

1. 试剂

除非另有说明，本方法所用水为 GB/T 6682—2008《分析实验用水规格和试验方法》规定的三级水。

2. 仪器

（1）高温炉：最高温度≥950℃。

（2）分析天平：感量分别为 0.1mg，1mg，0.1g。

（3）石英坩埚或瓷坩埚。

（4）干燥器（内有干燥剂）。

（5）无灰滤纸。

（6）漏斗。

（7）表面皿：直径 6cm。

（8）烧杯（高型）：容量 100mL。

（9）恒温水浴锅：控温精度±2℃。

三、 任务过程

<table>
<tr><th rowspan="2">任务</th><th colspan="2">具体实施</th><th rowspan="2">要求</th></tr>
<tr><th>实施步骤</th><th>实验记录</th></tr>
<tr><td rowspan="2">坩埚准备与试样预处理</td><td>坩埚预处理：同食品中总灰分的测定</td><td>同食品中总灰分的测定</td><td>同食品中总灰分的测定</td></tr>
<tr><td>样品预处理：同食品中总灰分的测定</td><td>同食品中总灰分的测定</td><td>同食品中总灰分的测定</td></tr>
<tr><td rowspan="3">试样测定</td><td>总灰分的测定：同食品中总灰分的测定</td><td>同食品中总灰分的测定</td><td rowspan="3">1. 试样中灰分含量≥10g/100g，保留三位有效数字；试样中灰分含量<10g/100g 时，保留两位有效数字。
2. 精密度：在重复性条件下同一样品获得的测定结果的绝对差值不得超过算术平均值的5%</td></tr>
<tr><td>水溶性灰分测定：用约 25mL 热蒸馏水分次将总灰分从坩埚中洗入 100mL 烧杯中，盖上表面皿，用小火加热至微沸，防止溶液溅出。趁热用无灰滤纸过滤，并用热蒸馏水分次洗涤杯中残渣，直至滤液和洗涤体积约达 150mL 为止，将滤纸连同残渣移入原坩埚内，放在沸水浴锅上小心地蒸去水分，然后将坩埚烘干并移入高温炉内，以（550±25）℃灼烧至无炭粒（一般需 1h）。待炉温降至 200℃时，放入干燥器内，冷却至室温，称重（准确至 0.0001g）。再放入高温炉内，以（550±25）℃灼烧 30min，如前冷却并称重。如此重复操作，直至连续两次称重之差不超过 0.5mg 为止，记录最低质量为 m_1</td><td>m_1：灼烧恒重后坩埚和灰分的质量，g
m_1：________</td></tr>
<tr><td>（1）以试样质量计
按式（1）计算水不溶性灰分的含量：
$$X_1=\frac{m_1-m_2}{m_3-m_2}\times100 \quad (1)$$
按式（2）计算水溶性灰分的含量：
$$X_2=\frac{m_4-m_5}{m_0}\times100 \quad (2)$$
（2）以干物质计
按式（3）计算水不溶性灰分的含量：
$$X_1=\frac{m_1-m_2}{(m_3-m_2)\times w}\times100 \quad (3)$$
按式（4）计算水溶性灰分的含量：
$$X_2=\frac{m_4-m_5}{m_0\times w}\times100 \quad (4)$$</td><td>X_1：水不溶性灰分的含量，g/100g
X_2：水溶性灰分的含量，g/100g
m_2：坩埚的质量，g
m_3：坩埚和试样的质量，g
m_4：总灰分的质量，g
m_5：水不溶性灰分的质量，g
m_0：试样的质量，g
w：试样干物质含量（质量分数），%
X_1：________
X_2：________
m_2：________
m_3：________
m_4：________
m_5：________
m_0：________
w：________</td></tr>
<tr><td>结束工作</td><td colspan="2">结束后倒掉残灰、清洗坩埚，清理台面、洗净用具并归位。
关闭高温炉，关闭电源总闸</td><td>1. 实验室安全操作。
2. 团队工作总结</td></tr>
</table>

学习思考

1. 矿物质含量测定对于食品分析有怎样的意义？
2. 食品总灰分、水溶性灰分和酸溶性灰分的主要成分包括哪些？
3. 测定食品中灰分时，如何决定试样的取样量？
4. 测定淀粉类食品中灰分时，如何进行坩埚的预处理？
5. 如何加速灰化？

项目三

食品中钙的测定

项目导入

【钙的生理作用】钙是人体内含量最多的金属元素，也是人体生命活动的调节剂，在维持人体循环、呼吸、神经、内分泌、消化、血液、肌肉、骨骼、免疫等各系统正常生理功能中起重要调节作用。保持足够钙的摄入量可有效提高骨峰值，预防和治疗骨质疏松等疾病，中国居民营养学调查显示中国人群每日钙的摄入量在450mg左右，每日钙的膳食最低推荐供给量为800mg，人体缺钙应主要通过食物来补充，也可以适量服用一些钙制剂。牡蛎、海鱼、虾和乳制品等都是含钙量较高的食品，牛乳中含钙量就比较高，如果每天能够保证摄入500mL的纯牛乳，就能基本满足人一天钙的需求量。

问题启发

含钙量比较丰富的食品有哪些？人体缺钙会有哪些不适症状？补充钙质有哪些途径、要注意哪些事项？测定食品中钙含量方法有哪些，它们适用范围是什么？

知识准备

一、 食品中矿物质元素

食品灰分中的矿物质元素有80多种，根据其含量多少分为常量元素和微量元素两类。

常量元素是指占生物体总质量0.01%以上，每日膳食需求量在100mg以上的元素，如钙、磷、镁、钾、钠、氯和硫等。微量元素是指占生物体总质量0.01%以下的元素，其中必需的元素（8种）是碘、锌、硒、铁、铜、钼、铬和钴；可能必需的元素（5种）是锰、硅、硼、钒、镍；具有潜在毒性的有氟、铅、镉、汞、砷、铝和锡等。

许多矿物质元素是人体生理活动必需的元素，测定食品中矿物质元素一方面可以评价食品的营养价值，另一方面可根据营养学角度开发生产功能性强化食品，有助于缓解人体对某些矿物质元素的缺乏症。

二、 食品中钙的测定意义

钙是人体最重要的矿物质元素之一，也是人体必需的矿物质元素。成人钙含量为850~

1200g，占人体重的 1.5%～2.0%。钙的生理作用体现在它是构成骨骼和牙齿的重要组分，具有调节神经组织、控制心脏、调节肌肉活性和体液的功能。我国推荐钙的每日推荐膳食供给量为 800～1000mg。通过测定食品中包括钙在内的矿物质元素含量，一方面可以评价食品的营养价值，开发功能性强化食品；另一方面还可以有效防止和杜绝食品中有毒有害矿物质元素含量超标而引发的群体性中毒事件。

三、 食品中钙含量的测定方法

依据 GB 5009.92—2016《食品安全国家标准　食品中钙的测定》进行检测。标准中食品中钙含量测定方法有火焰原子吸收光谱法、EDTA 滴定法、电感耦合等离子体发射光谱法和电感耦合等离子体质谱法，本项目重点介绍火焰原子吸收光谱法和 EDTA 滴定法。

四、 测定过程中的注意事项

（1）试样制备过程中，粉碎试样不得用石磨研碎。所用容器必须使用玻璃或者聚乙烯制品。

（2）试样消化时，注意不要干烧，以免发生危险。

（3）火焰原子吸收光谱法中标准溶液系列中钙元素的具体浓度要根据仪器的灵敏度及样品中钙的实际含量灵活确定。

（4）火焰原子吸收光谱法以称样量 0.5g（或 0.5mL）定容至 25mL 计算，方法检出限为 0.5mg/kg（或 0.5mg/L），定量限为 1.5mg/kg（或 1.5mg/L）。

工作任务　火焰原子吸收光谱法测定食品中的钙

一、 方法解读

试样经消解处理后，加入镧溶液作为释放剂，经原子吸收火焰原子化，在 422.7nm 处测定的吸光度值在一定浓度范围内与钙含量成正比，与标准系列比较定量。

【视频】食品中钙的测定

二、 任务准备

试剂	高氯酸
	硝酸溶液(5+95)：量取 50mL 硝酸，加入 950mL 水，混匀
	硝酸溶液(1+1)：量取 500mL 硝酸，与 500mL 水混合均匀
	盐酸溶液(1+1)：量取 500mL 盐酸，与 500mL 水混合均匀
	镧溶液(20g/L)：称取 23.45g 氧化镧，先用少量水湿润后再加入 75mL 盐酸溶液(1+1)溶解，转入 1000mL 容量瓶中，加水定容至刻度，混匀
	钙标准储备液(1000mg/L)：准确称取 2.4963g(精确至 0.0001g)碳酸钙，加盐酸溶液(1+1)溶解，移入 1000mL 容量瓶中，加水定容至刻度，混匀

试剂	钙标准中间液(100mg/L):准确吸取钙标准储备液(1000mg/L)10mL 于 100mL 容量瓶中,加硝酸溶液(5+95)至刻度,混匀
	钙标准系列溶液:分别吸取钙标准中间液(100mg/L)0,0.500,1.00,2.00,4.00,6.00mL 于 100mL 容量瓶中,另在各容量瓶中加入 5mL 镧溶液(20g/L),最后加硝酸溶液(5+95)定容至刻度,混匀。此钙标准系列溶液中钙的质量浓度分别为 0,0.500,1.00,2.00,4.00,6.00mg/L
标准品	碳酸钙(CAS 号 471-34-1):纯度>99.99%,或经国家认证并授予标准物质证书的一定浓度的钙标准溶液
仪器	原子吸收光谱仪:配火焰原子化器,钙空心阴极灯
	分析天平:感量为 1mg 和 0.1mg
	微波消解系统:配聚四氟乙烯消解内罐
	可调式电热炉
	可调式电热板
	压力消解罐:配聚四氟乙烯消解内罐
	恒温干燥箱
	马弗炉

注:(1)除非另有规定,本方法所用试剂均为优级纯,水为 GB/T 6682—2008《分析实验室用水规格和试验方法》规定的二级水。

(2)所有玻璃器皿及聚四氟乙烯消解内罐均需用硝酸溶液(1+5)浸泡过夜,用自来水反复冲洗,最后用蒸馏水冲洗干净。

三、 任务实施

1. 方案制订

通过相关知识学习,解读国家标准,小组完成方案制订,并依据方案完成任务准备。

任务名称			
小组成员		时间	
依据标准			

工作方案	一、明确方法	
	二、工作准备	
	仪器设备(规格、数量)	
	试剂(规格、浓度、数量)	
	样品	

工作方案	三、任务分工	
	姓名	分工及时间安排
	四、工作流程简图	

2. 任务过程

任务	具体实施		要求
	实施步骤	实验记录	
试样制备	粮食、豆类试样：试样去除杂物后，粉碎，储于塑料瓶中 蔬菜、水果、鱼类、肉类等试样：试样用水洗净，晾干，取可食部分，制成匀浆储于塑料瓶中 饮料、酒、醋、酱油、食用植物油、液态乳等液体试样：将试样摇匀	1. 记录原始试样的感官指标。 2. 记录试样唯一编号。 3. 记录检测开始时间和检测环境数据	1. 正确使用粉碎机、匀浆机等仪器设备。 2. 熟练掌握从原始样品到平均试样制备和缩分的操作。 3. 在试样制备过程中应避免试样污染
试样消解	湿法消解：准确称取固体试样 0.2～3g（精确至 0.001g）或准确移取液体试样 0.500～5.00mL 于带刻度消化管中，记录 m。加入 10mL 硝酸、0.5mL 高氯酸，在可调式电热炉上消解［参考条件：120℃（0.5～1h），升至 180℃（2～4h），升至 200～220℃］。若消化液呈棕褐色，再加硝酸，消解至冒白烟，消化液呈无色透明或略带黄色。取出消化管，冷却后用水定容至 25mL，记录 V。再根据实际测定需要稀释，并在稀释液中加入一定体积的镧溶液（20g/L），使其在最终稀释液中的浓度为 1g/L，混匀备用，此为试样待测液，记录 f。同时做试剂空白试验。也可采用锥形瓶，于可调式电热板上，按上述操作方法进行湿法消解	m：试样质量或移取体积，g 或 mL V：试样消化液定容体积，mL f：试样消化液的稀释倍数 m：__________ V：__________ f：__________	1. 正确规范进行电子天平检查、使用、维护。完成准确称取试样的操作。 2. 掌握湿法消解法的基本原理，消解过程中常产生大量有害气体，操作过程应在通风橱内进行。 3. 掌握微波消解的基本原理。 4. 掌握压力罐消解的基本原理，规范使用压力消解罐。 5. 灰化温度一般控制在 500～550℃，温度不宜太高，防止部分易挥发无机元素损失，也可加入氯化镁或硝酸镁等灰化助剂

任务	具体实施		要求
	实施步骤	实验记录	
试样消解	微波消解:准确称取固体试样 0.2~0.8g(精确至 0.001g)或准确移取液体试样 0.500~3.00mL 于微波消解罐中,记录 m。加入 5mL 硝酸,按照微波消解的操作步骤消解试样,消解条件参考表 6-1。冷却后取出消解罐,在电热板上于 140~160℃ 赶酸至 1mL 左右。消解罐放冷后,将消化液转移至 25mL 容量瓶中,用少量水洗涤消解罐 2~3 次,合并洗涤液于容量瓶中并用水定容至刻度,记录 V。根据实际测定需要稀释,并在稀释液中加入一定体积镧溶液(20g/L)使其在最终稀释液中的浓度为 1g/L,混匀备用,此为试样待测液,记录 f。同时做试剂空白试验		
	压力罐消解:准确称取固体试样 0.2~1g(精确至 0.001g)或准确移取液体试样 0.500~5.00mL 于消解内罐中,记录 m。加入 5mL 硝酸,盖好内盖,旋紧不锈钢外套,放入恒温干燥箱,于 140~160℃ 下保持 4~5h。冷却后缓慢旋松外罐,取出消解内罐,放在可调式电热板上于 140~160℃ 赶酸至 1mL 左右。冷却后将消化液转移至 25mL 容量瓶中,用少量水洗涤内罐和内盖 2~3 次,合并洗涤液于容量瓶中并用水定容至刻度,混匀备用,记录 V。根据实际测定需要稀释,并在稀释液中加入一定体积的镧溶液(20g/L),使其在最终稀释液中的浓度为 1g/L,混匀备用,此为试样待测液,记录 f。同时做试剂空白试验		
	准确称取固体试样 0.5~5g(精确至 0.001g)或准确移取液体试样 0.500~10.0mL 于坩埚中,记录 m。小火加热,炭化至无烟,转移至马弗炉中,于 550℃ 灰化 3~4h。冷却,取出。对于灰化不彻底的试样,加数滴硝酸,小火加热,小心蒸干,再转入 550℃ 马弗炉中,继续灰化 1~2h,至试样呈白灰状,冷却,取出,用适量硝酸溶液(1+1)溶解转移至刻度管中,用水定容至 25mL,记录 V。根据实际测定需要稀释,并在稀释液中加入一定体积镧溶液,使其在最终稀释液中的浓度为 1g/L,混匀备用,此为试样待测液,记录 f。同时做试剂空白试验		

<table>
<tr><th rowspan="2">任务</th><th colspan="2">具体实施</th><th rowspan="2">要求</th></tr>
<tr><th>实施步骤</th><th>实验记录</th></tr>
<tr><td rowspan="4">试样测定</td><td>火焰原子吸收光谱法参考条件：
(1)波长：422.7nm。
(2)狭缝：1.3nm。
(3)灯电流：5～15mA。
(4)燃烧头高度：3mm。
(5)空气流量：9L/min。
(6)乙炔流量：2L/min</td><td rowspan="3">ρ：试样待测液中钙的质量浓度，mg/L
ρ_0：空白溶液中钙的质量浓度，mg/L
ρ：__________
ρ_0：__________</td><td rowspan="4">1. 当钙含量≥10.0mg/kg或10.0mg/L时，计算结果保留三位有效数字，当钙含量<10.0mg/kg或10.0mg/L时，计算结果保留两位有效数字。
2. 精密度：在重复性条件下获得的两次独立测定结果的绝对差值不得超过算术平均值10%</td></tr>
<tr><td>标准曲线绘制：将钙标准系列溶液按浓度由低到高的顺序分别导入火焰原子化器，测定吸光度值，以标准系列溶液中钙的质量浓度为横坐标，相应的吸光度值为纵坐标，制作标准曲线</td></tr>
<tr><td>试样溶液的测定：在与测定标准溶液相同的实验条件下，将空白溶液和试样待测液分别导入原子化器，测定相应的吸光度值，与标准系列比较定量，记录ρ、ρ_0</td></tr>
<tr><td>根据公式，计算试样中钙的含量：
$$X=\frac{(\rho-\rho_0)\times f\times V}{m}$$</td><td>X：试样中钙的含量，mg/kg或mg/L
X：__________</td></tr>
<tr><td>结束工作</td><td colspan="2">结束后倒掉废液、清理台面、洗净用具并归位。
关闭原子吸收光谱仪，关闭电源总闸</td><td>1. 实验室安全操作。
2. 团队进行总结</td></tr>
</table>

表 6-1　微波消解升温程序参考条件

步骤	设定温度/℃	升温时间/min	恒温时间/min
1	120	5	5
2	160	5	10
3	180	5	10

检查与评价

学生完成本任务的学习，通过自评、小组互评以检查自己对本任务学习的掌握情况。指导教师在整个教学过程中，关注每个小组的检测过程及小组成员的动手能力，并对小组成员动手能力进行评价。将具体的检查与评价填入下表。评价表对应工作任务。

项目	评价标准	分值	学生自评	小组互评	教师评价
方案制订与任务准备	认真负责、一丝不苟进行资料查阅，确定检测依据	5			

续表

项目	评价标准	分值	学生自评	小组互评	教师评价
方案制订与任务准备	协同合作制订方案并合理分工	5			
	相互沟通完成方案诊改	5			
	正确清洗及检查仪器	5			
	合理领取药品	5			
	正确取样	5			
	根据样品类型选择正确方法进行试样制备	5			
试样制备	正确进行样品制备	5			
	准确称样，规范操作进行试样消解操作	5			
试样测定	规范操作设置仪器条件	10			
	准确绘制标准曲线	10			
	规范操作进行试样测定	5			
	数据记录正确、完整、美观	5			
	正确计算结果，按照要求进行数据修约	5			
	规范编制检测报告	5			
结束工作	结束后倒掉废液、清理台面、洗净用具并归位	5			
	关闭仪器电源，清洗玻璃器皿并归位。文明操作	5			
	合理分工，按规定时间完成	5			

项目拓展 EDTA滴定法测定食品中的钙

一、方法解读

在适当的pH范围内，钙与EDTA（乙二胺四乙酸二钠）形成金属络合物。以EDTA滴定，在达到当量点时，溶液呈现游离指示剂的颜色。根据EDTA用量，计算钙的含量。

二、工作准备

1. 试剂

除非另有说明，本方法所用试剂均为分析纯，水为GB/T 6682—2008《分析实验室用水规格和试验方法》规定的三级水。

（1）硝酸（HNO_3）：优级纯。

（2）高氯酸（$HClO_4$）：优级纯。

（3）碳酸钙（CAS 号 471-34-1）：纯度>99.99%，或经国家认证并授予标准物质证书的一定浓度的钙标准溶液。

（4）氢氧化钾溶液（1.25mol/L）：称取 70.13g 氢氧化钾，用水稀释至 1000mL，混匀。

（5）硫化钠溶液（10g/L）：称取 1g 硫化钠，用水稀释至 100mL，混匀。

（6）柠檬酸钠溶液（0.05mol/L）：称取 14.7g 柠檬酸钠，用水稀释至 1000mL，混匀。

（7）EDTA 溶液：称取 4.5g EDTA（乙二胺四乙酸二钠），用水稀释至 1000mL，混匀，储存于聚乙烯瓶中，4℃保存。使用时稀释 10 倍即可。

（8）钙红指示剂：称取 0.1g 钙红指示剂，用水稀释至 100mL，混匀。

（9）盐酸溶液（1+1）：量取 500mL 盐酸（优级纯），与 500mL 水混合均匀。

（10）钙标准储备液（100.0mg/L）：准确称取 0.2496g（精确至 0.0001g）碳酸钙，加盐酸溶液（1+1）溶解，移入 1000mL 容量瓶中，加水定容至刻度，混匀。

2. 仪器

所有玻璃器皿均需硝酸溶液（1+5）浸泡过夜，用自来水反复冲洗，最后用水冲洗干净。

（1）分析天平：感量为 1mg 和 0.1mg。

（2）可调式电热炉。

（3）可调式电热板。

（4）马弗炉。

三、任务过程

任务	具体实施		要求
	实施步骤	实验记录	
坩埚准备与试样制备	试样的制备：同火焰原子吸收光谱法	同火焰原子吸收光谱法	同火焰原子吸收光谱法
	样品的消解：同火焰原子吸收光谱法	V_2：试样消化液的定容体积，mL V_2：________	
试样测定	滴定度（T）的测定：吸取 0.500mL 钙标准储备液（100.0mg/L）于试管中，加 1 滴硫化钠溶液（10g/L）和 0.1mL 柠檬酸钠溶液（0.05mol/L），加 1.5mL 氢氧化钾溶液（1.25mol/L），加 3 滴钙红指示剂，立即以稀释 10 倍的 EDTA 溶液滴定，至指示剂由紫红色变蓝色为止，记录消耗稀释 10 倍的 EDTA 溶液的体积。根据滴定结果计算出每毫升稀释 10 倍的 EDTA 溶液相当于钙的质量（mg），记录 T	T：EDTA 滴定度，mg/mL V_3：滴定用试样待测液的体积，mL V_1：滴定试样溶液时所消耗的稀释 10 倍的 EDTA 溶液的体积，mL	1. 加入指示剂后，不宜等太久，最好立即滴定。 2. 加硫化钠和柠檬酸钠作用是掩蔽剂，目的是消除铜、镍和铁等干扰离子对主反应的影响。 3. 加氢氧化钾的目的是控制反应体系的 pH 在 12~14。 4. 计算结果保留三位有效数字。

<table>
<tr><th rowspan="2">任务</th><th colspan="2">具体实施</th><th rowspan="2">要求</th></tr>
<tr><th>实施步骤</th><th>实验记录</th></tr>
<tr><td rowspan="2">试样测定</td><td>试样及空白滴定：分别吸取 0.100～1.00mL（根据钙的含量而定）试样消化液及空白液于试管中，记录 V_3。加 1 滴硫化钠溶液（10g/L）和 0.1mL 柠檬酸钠溶液（0.05mol/L），加 1.5mL 氢氧化钾溶液（1.25mol/L），加 3 滴钙红指示剂，立即以稀释 10 倍的 EDTA 溶液滴定，至指示剂由紫红色变蓝色为止，记录 V_1、V_0</td><td>V_0：滴定空白溶液时所消耗的稀释 10 倍的 EDTA 溶液的体积，mL
T：________
V_3：________
V_1：________
V_0：________</td><td rowspan="2">5. 精密度：在重复性条件下获得的两次独立测定结果的绝对差值不得超过算术平均值的 10%</td></tr>
<tr><td>根据公式，计算试样中钙的含量：
$X=\frac{T\times(V_1-V_0)\times V_2\times 1000}{m\times V_3}$
式中 1000——换算系数</td><td>X：试样中钙的含量，mg/kg 或 mg/L
m：试样质量或移取体积，g 或 mL
X：________</td></tr>
<tr><td>结束工作</td><td colspan="2">结束后倒掉废液、清理台面、洗净用具并归位。关闭水源和电源总闸</td><td>1. 实验室安全操作。
2. 团队工作总结</td></tr>
</table>

学习思考

1. 食品中常量矿物质元素有哪些？每日膳食需求量为多少？
2. 钙作为人体中含量最多的金属元素，有哪些生理作用？
3. 火焰原子吸收光谱法测定食品中钙含量的基本原理是什么？
4. 火焰原子吸收光谱法测定食品中钙含量时，如何对试样进行微波消解？
5. 测定食品中钙含量前，如何对所有玻璃器皿及聚四氟乙烯消解内罐进行处理？

模块七

食品中卫生指标菌检测

学习目标

知识目标

1. 熟悉食品卫生指标菌与食品安全的关系及各指标菌检测的内容及意义。
2. 正确查阅和使用 GB 4789. 2—2022《食品安全国家标准　食品微生物学检验　菌落总数测定》及 GB 4789. 3—2025《食品安全国家标准　食品微生物学检验　大肠菌群计数》。
3. 掌握菌落总数和大肠菌群测定原理及方法，并对结果进行报告。

能力目标

1. 能够正确解读食品卫生指标菌检测相关标准，并正确选用检测方法。
2. 能够整理分析资料并制订检测方案，安排合理，分工明确。
3. 能根据样品特性选择适宜的处理方法，并能够选择正确的样品接种和培养方法。
4. 能够有较强的无菌操作意识。
5. 能够对实验结果进行记录、分析和处理，并编制报告。
6. 能够正确处理实验废弃物、建立环保意识，自觉遵守安全操作规程。

素养目标

1. 树立职业自信，培养敬业的职业精神。
2. 培养自主学习、合作探究、沟通交流的能力。
3. 培养安全操作意识，养成节约环保的实验习惯。
4. 培养创新意识，提升创新能力和分析解决实际问题的能力。

项目一

菌落总数的测定

项目导入

【食品腐败变质】食品安全问题中最主要的问题就是食品腐败变质，据世界卫生组织（World Health Organization，WHO）统计，每年全球仅因食品腐败变质而造成的经济损失就多达几百亿美元。食品腐败变质是指食品受到各种内外因素的影响，造成其原有化学性质或物理性质发生变化，降低或失去其营养价值和商品价值的过程。例如，水果、蔬菜的腐烂，粮食的霉变，肉的腐臭，油脂的酸败等。食品腐败变质的原因较多，有物理因素、化学因素和生物因素，如动物、植物食品组织内酶的作用，昆虫、寄生虫及微生物的污染等。其中由微生物污染所引起的食品腐败变质是最为严重和普遍的。

问题启发

什么是菌落总数？菌落总数测定的意义有哪些？如何测定菌落总数？不同的食品对菌落总数限量指标要求是否相同？

知识准备

一、 术语和定义

（一）菌落

菌落是指细菌在固体培养基上生长繁殖而形成的能被肉眼识别的生长物，它是由数以万计相同的细菌集合而成。当样品被稀释到一定程度，与培养基混合，在一定培养条件下，每个能够生长繁殖的细菌细胞都可以在平板上形成一个可见的菌落。

（二）菌落总数

菌落总数是指食品检样经过处理，在一定条件下（如培养基、培养温度和培养时间等）培养后，所得每 1g（或 1mL）检样中形成的微生物菌落总数。按国家标准方法规定，即在需氧情况下，37℃培养 48h，能在普通营养琼脂平板上生长的细菌菌落总数，但是厌氧或微需氧菌、有特殊营养要求的以及非嗜中温的细菌，由于现有条件不能满足其生理需求，故难以繁殖生长。因此菌落总数并不表示实际中的所有细菌总数，菌落总数并不能区分其中细菌的种类，所以有时被称为杂菌数，需氧菌数等。

二、 菌落总数测定的意义

菌落总数测定用来判定食品被细菌污染的程度及卫生质量，它能反映食品在生产过程中是否符合卫生要求，以便对被检样品做出适当的卫生学评价。菌落总数的多少在一定程度上标志着食品卫生质量的优劣。也可以应用于观察细菌在食品中繁殖的动态，确定食品的保存期，以便对被检样品进行卫生学评价提供依据。食品中菌落总数越多说明食品质量越差，即病原菌污染的可能性越大，当菌落总数仅少量存在时，则病原菌污染的可能性就会降低，或者几乎不存在。如果食品中菌落总数多于 10 万个，就足以引起细菌性食物中毒，如果人的感官能察觉食品发生变质时，细菌数已达到 $10^6 \sim 10^7$ 个/g（mL）。

菌落总数严重超标，说明其产品的卫生状况达不到基本的卫生要求，将会破坏食品的营养成分，加速食品的腐败变质，使食品失去食用价值。消费者食用微生物超标严重的食品，很容易患痢疾等肠道疾病，可能引起呕吐、腹泻等症状，危害人体健康安全。

但需要强调的是，菌落总数和致病菌有本质区别，菌落总数包括致病菌和有益菌，对人体有损害的主要是其中的致病菌，这些致病菌会破坏肠道里正常的菌落环境，一部分可能在肠道被杀灭，一部分会留在身体里引起腹泻、损伤肝脏等身体器官，而有益菌包括酸乳中的乳酸菌等。但菌落总数超标也意味着致病菌超标的机会增大，增加危害人体健康的概率。

三、菌落总数测定的方法

依据 GB 4789.2—2022《食品安全国家标准　食品微生物学检验　菌落总数测定》进行检测。

四、测定过程中的注意事项

（1）整个操作过程要注意无菌操作。

（2）10 倍系列稀释时，每递增稀释一次，换用 1 次 1mL 无菌吸管或吸头。稀释样液时，注意吸管或吸头尖端不要触及稀释液面。

（3）倒平板时，需要将平板计数琼脂培养基冷却至 46~50℃再倾注培养皿。

（4）稀释度的选择要适宜，不能过高也不能过低。

工作任务　食品中菌落总数的测定

一、方法解读

平板菌落计数法是将待测样品经适当稀释之后，其中的微生物充分分散成单个细胞，取一定量的稀释样液接种到平板上，经过培养，由每个单细胞生长繁殖而形成肉眼可见的菌落，即一个单菌落应代表原样品中的一个单细胞。统计菌落数，根据其稀释倍数和取样接种量即可换算出样品中的含菌数。

【视频】菌落总数的测定

二、任务准备

试剂	平板计数琼脂培养基(PCA) (1)成分:胰蛋白胨 5.0g、酵母浸膏 2.5g、葡萄糖 1.0g、琼脂 15.0g、蒸馏水 1000mL。 (2)制法:将上述成分加于蒸馏水中,煮沸溶解,调节 pH 至 7.0±0.2。分装于适宜容器,121℃高压灭菌 15min
	无菌磷酸盐缓冲液 (1)成分:磷酸二氢钾(KH_2PO_4)34.0g、蒸馏水 500mL。 (2)制法 ① 储存液:称取 34.0g 的磷酸二氢钾溶于 500mL 蒸馏水中,用大约 175mL 的 1mol/L 氢氧化钠溶液调节 pH 至 7.2,用蒸馏水稀释至 1000mL 后储存于冰箱。 ② 稀释液:取储存液 1.25mL,用蒸馏水稀释至 1000mL,分装于适宜容器中,121℃高压灭菌 15min

试剂	无菌生理盐水 (1)成分:氯化钠 8.5g,蒸馏水 1000mL。 (2)制法:称取 8.5g 氯化钠溶于 1000mL 蒸馏水中,121℃高压灭菌 15min
仪器	恒温培养箱:(36±1)℃,(30±1)℃
	冰箱:(2~5)℃
	恒温装置:(48±2)℃
	天平:感量为 0.1g
	均质器
	振荡器
	无菌吸管:1mL(具 0.01mL 刻度)、10mL(具 0.1mL 刻度)或微量移液器及吸头
	无菌锥形瓶:容量 250mL,500mL
	无菌培养皿:直径 90mm
	pH 计、pH 比色管或精密 pH 试纸
	放大镜或/和菌落计数器

三、 任务实施

1. 方案制订

通过相关知识学习，解读国家标准，小组完成方案制订，并依据方案完成任务准备。

任务名称			
小组成员		时间	
依据标准			

工作方案	一、明确方法	
	二、工作准备	
	仪器设备(规格、数量)	
	试剂(规格、浓度、数量)	
	样品	
	三、任务分工	
	姓名	分工及时间安排
	四、工作流程简图	

2. 任务过程

任务	具体实施		要求
	实施步骤	实验记录	
样品处理	固体和半固体样品：称取 25g 样品置于盛有 225mL 无菌磷酸盐缓冲液或无菌生理盐水的无菌均质杯内，8000～10000r/min 均质 1～2min，或放入盛有 225mL 稀释液的无菌均质袋中，用拍击式均质器拍打 1～2min，制成 1∶10 的样品匀液	1. 记录样品的名称，采集时间、数量、采样人员等采样信息。 2. 记录样品状态、处理方法等。 3. 记录检测开始时间和检测环境数据	1. 正确对超净台台面、操作人员手部、试管、锥形瓶及培养皿进行消毒处理。 2. 酒精灯火焰 10cm 范围内无菌处理样品，混合均匀。 3. 正确使用无菌均质器、振荡器等对样品进行处理。 4. 正确使用超净工作台
	液体样品：以无菌吸管吸取 25mL 样品置于盛有 225mL 无菌磷酸盐缓冲液或无菌生理盐水的无菌锥形瓶（瓶内可预置适当数量的无菌玻璃珠）中充分混匀，或放入盛有 225mL 稀释液的无菌均质袋中，用拍击式均质器拍打 1～2min，制成 1∶10 的样品匀液。当结果要求为每 1g 样品中菌落总数时，按固体和半固体样品操作		
10 倍系列稀释	用 1mL 无菌吸管（或微量移液器）吸取 1∶10 样品匀液 1mL，沿管壁缓慢注于盛有 9mL 稀释液的无菌试管中（注意吸管或吸头尖端不要触及稀释液面），在振荡器上振荡混匀，制成 1∶100 的样品匀液	记录稀释倍数	1. 正确使用吸量管进行系列稀释。 2. 规范使用振荡器进行样品混合。 3. 无菌操作，避免染菌
	按上述操作程序，制备 10 倍系列稀释样品匀液。每递增稀释一次，换用 1 次 1mL 无菌吸管或吸头		
接种	根据对样品污染状况的估计，选择 1～3 个适宜稀释度的样品匀液（液体样品可包括原液），吸取 1mL 样品匀液于无菌平皿内，每个稀释度做两个平皿。同时，分别吸取 1mL 空白稀释液加入两个无菌平皿内作空白对照	1. 记录稀释倍数及接种量。 2. 记录超净工作台使用情况	1. 正确使用吸量管和培养皿进行接种。 2. 选择正确的接种方法。 3. 能够准确控制培养基的用量，及时混匀。 4. 无菌操作，避免染菌
	及时将 15～20mL 冷却至 46～50℃ 的平板计数琼脂培养基[可放置于（48±2）℃ 恒温装置中保温]倾注培养皿，并转动培养皿使其混合均匀		
培养	水平放置待琼脂凝固后，将平板翻转，（36±1）℃ 培养（48±2）h。水产品（30±1）℃ 培养（72±3）h。如果样品中可能含有在琼脂培养基表面蔓延生长的菌落时，可在凝固后的琼脂培养基表面覆盖一薄层平板计数琼脂培养基（约 4mL），凝固后翻转平板进行培养	1. 记录培养温度和培养时间。 2. 记录恒温培养箱使用情况	1. 充分冷却后凝固，倒置培养。 2. 准确使用恒温培养箱进行培养
菌落计数	可用肉眼观察，必要时用放大镜或菌落计数器，记录稀释倍数和相应的菌落数量。菌落计数以 CFU 表示	1. 记录稀释倍数。 2. 记录平板菌落数量	1. 按照菌落计数要求进行计数。 2. 可用肉眼观察，必要时用放大镜或菌落计数器。 3. 若空白对照上有菌落生长，则此次检验结果无效
	选取菌落数为 30～300CFU、无蔓延菌落生长的平板计数菌落总数。低于 30CFU 的平板记录具体菌落数，大于 300CFU 的可记录为多不可计		
	其中一个平板有较大片状菌落生长时，则不宜采用，而应以无较大片状菌落生长的平板作为该稀释度的菌落数；若片状菌落不到平板的一半，而其余一半中菌落分布又很均匀，可计算半个平板后乘以 2，代表一个平板菌落数		

<table>
<tr><th rowspan="2">任务</th><th colspan="2">具体实施</th><th rowspan="2">要求</th></tr>
<tr><th>实施步骤</th><th>实验记录</th></tr>
<tr><td>菌落计数</td><td>当平板上出现菌落间无明显界线的链状生长时，则将每条单链作为一个菌落计数</td><td></td><td></td></tr>
<tr><td rowspan="6">结果计算</td><td>若只有一个稀释度平板上的菌落数在适宜计数范围内，计算两个平板菌落数的平均值，再将平均值乘以相应稀释倍数，作为每 1g（1mL）样品中菌落总数结果</td><td rowspan="6">记录每 1g（1mL）样品中菌落总数结果。
N：样品中菌落数
ΣC：平板（含适宜范围菌落数的平板）菌落数之和
n_1：第一稀释度（低稀释倍数）平板个数
n_2：第二稀释度（高稀释倍数）平板个数
N：______
ΣC：______
n_1：______
n_2：______
d：______</td><td rowspan="6">根据不同情况，采用相应的计算方法进行菌落总数结果计算</td></tr>
<tr><td>若有两个连续稀释度的平板菌落数在适宜计数范围内时，按公式计算：
$$N = \frac{\Sigma C}{(n_1 + 0.1n_2)d}$$
式中　d——稀释因子（第一稀释度）</td></tr>
<tr><td>若所有稀释度的平板上菌落数均大于 300CFU，则对稀释度最高的平板进行计数，其他平板可记录为多不可计，结果按平均菌落数乘以最高稀释倍数计算</td></tr>
<tr><td>若所有稀释度的平板菌落数均小于 30CFU，则应按稀释度最低的平均菌落数乘以稀释倍数计算</td></tr>
<tr><td>若所有稀释度（包括液体样品原液）平板均无菌落生长，则以小于 1 乘以最低稀释倍数计算</td></tr>
<tr><td>若所有稀释度的平板菌落数均不在 30~300CFU 之间，其中一部分小于 30CFU 或大于 300CFU 时，则以最接近 30CFU 或 300CFU 的平均菌落数乘以稀释倍数计算</td></tr>
<tr><td rowspan="3">结果报告</td><td>菌落数小于 100CFU 时，按“四舍五入”原则修约，以整数报告</td><td rowspan="3">记录修约后的菌落总数，称重取样以 CFU/g 为单位报告，体积取样以 CFU/mL 为单位报告</td><td rowspan="3">根据修约原则，进行结果修约报告</td></tr>
<tr><td>菌落数大于或等于 100CFU 时，第 3 位数字采用“四舍五入”原则修约后，取前 2 位数字，后面用 0 代替位数；也可用 10 的指数形式来表示，按“四舍五入”原则修约后，采用两位有效数字</td></tr>
<tr><td>若空白对照上有菌落生长，则此次检测结果无效</td></tr>
<tr><td>结束工作</td><td colspan="2">结束后熄灭酒精灯、关闭超净台、擦拭消毒台面和工作人员手部、无菌室灭菌、倒掉废液、洗净用具并归位</td><td>1. 实验室安全操作。
2. 团队进行工作总结</td></tr>
</table>

检查与评价

学生完成本任务的学习，通过自评、小组互评以检查自己对本任务学习的掌握情况。指导教师在整个教学过程中，关注每个小组的检测过程及小组成员的动手能力，并对小组成员动手能力进行评价。将具体的检查与评价填入下表。

项目	评价标准	分值	学生自评	小组互评	教师评价
方案制订与任务准备	认真负责、一丝不苟进行资料查阅，确定检测依据	2			
	协同合作制订方案并合理分工	5			
	相互沟通完成方案诊改	3			
	正确清洗玻璃仪器与灭菌	5			
	合理领取药品	2			
	正确完成试剂的配制与灭菌	5			
	提前完成无菌室的灭菌及相关准备工作	3			
样品处理及稀释	正确使用超净工作台	2			
	准确称样，无菌进行处理样品	5			
	正确使用吸量管进行10倍系列稀释	5			
接种、培养	选择合适的稀释度	5			
	规范进行无菌操作	5			
	准确吸取样液进行接种	5			
	根据无菌操作要求倒平板，摇匀	5			
	水平放置待琼脂凝固后，将平板翻转，倒置培养	5			
	正确设置培养温度和培养时间	3			
菌落计数	计数方法正确	5			
	计数结果准确	5			
结果计算及报告	根据实际情况选择正确的菌落计算方法进行计算	5			
	按照要求进行数据修约	5			
	规范编制检测报告	5			
结束工作	熄灭酒精灯、关闭超净台、擦拭消毒台面和工作人员手部、无菌室灭菌	5			
	关闭仪器电源，清洗玻璃器皿并归位，实验废弃物及时处理，文明操作	2			
	合理分工，按规定时间完成	3			

学习思考

1. 什么是菌落？什么是菌落总数？
2. 菌落总数测定的卫生学意义是什么？
3. 食品中菌落总数测定的依据是什么？
4. 培养微生物的培养基应具备哪些条件？为什么？
5. 食品中菌落总数测定时，如何对菌落进行计数？

项目二

大肠菌群的检测

项目导入

【大食物观】习近平总书记在党的二十大报告中要求，“树立大食物观”“构建多元化食物供给体系”。大食物观是“向耕地草原森林海洋、向植物动物微生物要热量、要蛋白，全方位多途径开发食物资源”的一种观念。党的十八大以来，以习近平同志为核心的党中央把解决好十几亿人的吃饭问题作为治国理政的头等大事，提出了新粮食安全观，确立了国家粮食安全战略，走出了一条中国特色粮食安全之路。从更好满足人民美好生活需要出发，把握人民群众食物结构变化趋势，深刻认识和准确把握大食物观的实践要求，对新时代保障国家粮食安全，更好满足人民群众日益多元化的食物消费需求，具有重要意义。这预示着今后中国将采取更强有力措施确保粮食安全，使国人不仅“吃饱”，更要“吃好”。

大食物观是食物安全内涵外延的深化和拓展。我国国家标准将大肠菌群作为关键微生物指标，主要应用于即食食品、乳制品等高风险产品。通过检测大肠菌群，可以有效控制食品中的微生物污染，保障食品安全。

问题启发

什么是大肠菌群？食品中大肠菌群计数的意义是什么？大肠菌群的主要来源有哪些？

知识准备

一、 大肠菌群

大肠菌群是指在36℃条件下培养48h能发酵乳糖，并产酸产气，需氧或兼性厌氧生长的革兰氏阴性的无芽孢杆菌，包括埃希氏菌属、柠檬细菌属、肠杆菌属、克雷伯菌属等，其中以埃希氏菌属为主，称为典型大肠杆菌；其他三属习惯上称为非典型大肠杆菌。这群细菌在含有胆盐的培养基上生长，能分解乳糖而产酸产气。

二、 食品中大肠菌群测定意义

因为大肠菌群都是直接或间接来自人与温血动物的粪便，来自粪便以外的极为罕见，所以大肠菌群作为食品安全标准的意义在于它是较为理想的粪便污染的指示菌群。另外，肠道致病菌如沙门氏菌属和志贺氏菌属等，对食品安全的威胁很大，经常检验致病菌有一定困难，而食品中的大肠菌群较容易被检出来，肠道致病菌与大肠菌群的来源相同，而且在一般条件下大肠菌群在外环境中的生存时间也与主要肠道致病菌一致，所以大肠菌群的另一重要食品安全意义是作为肠道致病菌污染食品的指示菌。常用的大肠菌群测定的方法有MPN计数法、平板计数法。其中MPN法是统计学和微生物学结合的一种定量检测法，适合大肠菌群含量较低的食品中大肠菌群的计数；平板计数法适用于大肠菌群含量较高的食品中大肠菌群的计数。

三、 食品中大肠菌群的测定方法

依据GB 4789.3—2025《食品安全国家标准　食品微生物学检验　大肠菌群计数》进行检

测。标准中食品中大肠菌群测定方法包括大肠菌群 MPN 计数法、大肠菌群平板计数法。

四、 测定过程中的注意事项

（1） 稀释样液时，注意吸管或吸头尖端不要触及稀释液面。
（2） 每递增稀释一次，换用 1 次 1mL 无菌吸管或吸头。
（3） 如接种量超过 1mL，则用双料 LST 肉汤。
（4） 初发酵及复发酵接种时，样液混匀速度要慢，防止小倒管进气泡。

工作任务 MPN 计数法测定食品中大肠菌群

一、 方法解读

待测样品经系列稀释并培养后，根据其未生长的最低稀释度与生长的最高稀释度，应用统计学概率论推算出待测样品中大肠菌群的最大可能数。

【视频】大肠菌群的检测

二、 任务准备

试剂	月桂基硫酸盐胰蛋白胨(LST)肉汤 (1)成分:胰蛋白胨或胰酪胨 20.0g、氯化钠 5.0g、乳糖 5.0g、磷酸氢二钾(K_2HPO_4)2.75g、磷酸二氢钾(KH_2PO_4)2.75g、月桂基硫酸钠 0.1g、蒸馏水 1000mL。 (2)制法:将上述成分溶解于蒸馏水中,必要时调节 pH。分装到有玻璃小倒管的试管中,每管 10mL。121℃高压灭菌 15min,灭菌后培养基在 75℃时的 pH 为 6.8±0.2
	煌绿乳糖胆盐(BGLB)肉汤 (1)成分:蛋白胨 10.0g、乳糖 10.0g、牛胆粉 20.0g、煌绿 0.0133g、蒸馏水 1000mL。 (2)制法:将各成分在蒸馏水中加热溶解,必要时调节 pH。分装至有小倒管的试管中,每管 10mL。121℃高压灭菌 15min,灭菌后培养基在 25℃时的 pH 为 7.2±0.2
	磷酸盐缓冲液 (1)成分:磷酸二氢钾(KH_2PO_4)34.0g、蒸馏水 500mL。 (2)制法 ① 储存液:称取 34.0g 磷酸二氢钾溶于 500mL 蒸馏水中,用大约 175mL 1mol/L NaOH 溶液调节 pH 至 7.2±0.2,用蒸馏水稀释至 1000mL 后储存于冰箱。 ② 工作液:取储存液 1.25mL,用蒸馏水稀释至 1000mL,分装于适宜容器中,121℃高压灭菌 15min
	生理盐水 (1)成分:氯化钠 8.5g,蒸馏水 1000mL。 (2)制法:称取 8.5g 氯化钠溶于 1000mL 蒸馏水中,120℃高压灭菌 15min
	1mol/L NaOH (1)成分:氢氧化钠 40.0g、蒸馏水 1000mL。 (2)制法:称取 40g 氢氧化钠溶于 1000mL 蒸馏水中
	1mol/L HCl (1)成分:盐酸 89mL、蒸馏水 1000mL。 (2)制法:移取盐酸 89mL,用蒸馏水稀释至 1000mL

仪器	恒温培养箱:(36±1)℃
	冰箱:2~8℃
	恒温水浴箱:(48±2)℃
	天平:感量为0.1g
	均质器及无菌均质袋、均质杯、振荡器
	试管及小倒管(杜氏管)或其他合适的产气收集装置
	无菌吸管:1mL(具0.01mL刻度)、10mL(具0.1mL刻度)或微量移液器及吸头
	无菌锥形瓶:容量为500mL
	无菌培养皿:直径90mm
	pH计或精密pH试纸
	无菌接种杯
	放大镜或菌落计数器

三、任务实施

1. 方案制订

通过相关知识学习，解读国家标准，小组完成方案制订，并依据方案完成任务准备。

任务名称			
小组成员		时间	
依据标准			

工作方案	一、明确方法	
	二、工作准备	
	仪器设备(规格、数量)	
	试剂(规格、浓度、数量)	
	样品	
	三、任务分工	
	姓名	分工及时间安排
	四、工作流程简图	

2. 任务过程

<table>
<tr><th rowspan="2">任务</th><th colspan="2">具体实施</th><th rowspan="2">要求</th></tr>
<tr><th>实施步骤</th><th>实验记录</th></tr>
<tr><td rowspan="3">样品稀释</td><td>固体和半固体样品：称取 25g 样品，放入盛有 225mL 磷酸盐缓冲液或生理盐水的无菌均质杯内，8000～10000r/min 均质 1～2min，或放入盛有 225mL 磷酸盐缓冲液或生理盐水的无菌均质袋中，用拍击式均质器拍打 1～2min，制成 1：10 的样品匀液</td><td rowspan="3">1. 记录样品取样量。
2. 记录样品稀释度。
3. 记录检测开始时间和检测环境数据</td><td rowspan="3">1. 正确对超净台台面、操作人员手部、试管、三角瓶等进行消毒处理。
2. 酒精灯火焰 10cm 范围内无菌处理样品，混合均匀。
3. 正确使用无菌均质器、振荡器等对样品进行处理。
4. 正确使用超净工作台、酒精灯</td></tr>
<tr><td>液体样品：以无菌吸管吸取 25mL 样品置盛有 225mL 磷酸盐缓冲液或生理盐水的无菌锥形瓶（瓶内预置适当数量的无菌玻璃珠）中，充分混匀，或放入盛有 225mL 磷酸盐缓冲液或生理盐水的无菌均质袋中，用拍击式均质器拍打 1～2min，制成 1：10 的样品匀液。当样品不适宜进行体积取样时，按固体和半固体样品操作</td></tr>
<tr><td>必要时用 1mol/L NaOH 或 1mol/L HCl，调节样品匀液或液体样品原液的 pH 为 6.5～7.5。用无菌吸管吸取1：10样品匀液 1mL，沿管壁缓缓注入 9mL 磷酸盐缓冲液或生理盐水的无菌试管中，振摇试管，使其混合均匀，制成 1：100 的样品匀液。根据对样品污染状况的估计，按上述操作，依次制成十倍递增系列稀释样品匀液。每递增稀释 1 次，换用 1 支 1mL 无菌吸管或吸头</td></tr>
<tr><td>初发酵试验</td><td>每个样品选择 3 个适宜的连续稀释度的样品匀液（液体样品可以选择原液），每个稀释度接种 3 管月桂基硫酸盐胰蛋白胨（LST）肉汤，每管接种 1mL（如接种量超过 1mL，则用双料 LST 肉汤）样品匀液，从制备样品匀液开始至接种到 LST 肉汤完毕，全程不得超过 15min。（36±1）℃培养（24±2）h，小倒管或产气收集装置内有气泡产生，或轻轻振摇 LST 肉汤管可见试管内有细密气泡不断上升者，判断为产气，产气者进行复发酵试验（确认试验）。如未产气则继续培养至（48±2）h 再检查产气情况，产气者进行复发酵试验；培养至（48±2）h，仍未产气者判断为大肠菌群阴性。若培养至（48±2）h，所有 LST 肉汤管均未产气，按照 MPN 检索表，报告每 g（ML）样品中大肠菌群的 MPN 值，以 MPN/g（mL）表示</td><td>1. 记录培养（24±2）h，倒管内是否有气泡产生。
2. 记录培养（48±2）h，倒管内的气泡产生情况及相应的稀释度，未产气者记录为大肠菌群阴性</td><td>1. 正确使用吸量管或微量移液器进行接种。
2. 接种时动作要轻，避免小倒管内进入气泡。
3. 无菌操作，避免染菌。
4. 每管接种 1mL，如接种量超过 1mL，则用双料 LST 肉汤</td></tr>
<tr><td>复发酵试验（确认试验）</td><td>轻轻振摇各产气的 LST 肉汤管，分别用接种环取培养物 1 环，转种于 BGLB 肉汤管中，（36±1）℃培养（24±2）h，检查产气情况，产气者判断为大肠菌群阳性；未产气者则继续培养至（48±2）h 再检查产气情况，产气者判断为大肠菌群阳性，仍未产气者判断为大肠菌群阴性</td><td>1. 记录培养（48±2）h，倒管内气泡产生情况及相应的稀释度，产气者，计为大肠菌群阳性管。
2. 恒温培养箱的使用记录</td><td>1. 正确使用接种环进行接种。
2. 无菌操作，避免染菌</td></tr>
</table>

<table>
<tr><th rowspan="2">任务</th><th colspan="2">具体实施</th><th rowspan="2">要求</th></tr>
<tr><th>实施步骤</th><th>实验记录</th></tr>
<tr><td>结果与报告</td><td>根据复发酵试验中3个适宜连续稀释度中大肠菌群阳性的管数(如连续的稀释度超过3个,确定最适的3个连续稀释度),按照MPN检索表7-1,报告每g(mL)样品中大肠菌群的MPN值,以MPN/g(mL)表示</td><td>根据产气情况,查询MPN检索表并记录结果</td><td>注意MPN检索表中检样量和MPN结果的对应关系</td></tr>
<tr><td>结束工作</td><td colspan="2">结束后熄灭酒精灯、关闭超净台、擦拭消毒台面和工作人员手部、无菌室灭菌、倒掉废液、洗净用具并归位</td><td>1. 实验室安全操作。
2. 团队进行总结</td></tr>
</table>

表7-1　大肠菌群最可能数（MPN）检索表　单位：g（mL）

阳性管数/管			MPN	95%可信限		阳性管数/管			MPN	95%可信限	
0.10	0.01	0.001		下限	上限	0.10	0.01	0.001		下限	上限
0	0	0	<3.0	—	9.5	2	2	0	21	4.5	42
0	0	1	3.0	0.15	9.6	2	2	1	28	8.7	94
0	1	0	3.0	0.15	11	2	2	2	35	8.7	94
0	1	1	6.1	1.2	18	2	3	0	29	8.7	94
0	2	0	6.2	1.2	18	2	3	1	36	8.7	94
0	3	0	9.4	3.6	38	3	0	0	23	4.6	94
1	0	0	3.6	0.17	18	3	0	1	38	8.7	110
1	0	1	7.2	1.3	18	3	0	2	64	17	180
1	0	2	11	3.6	38	3	1	0	43	9	180
1	1	0	7.4	1.3	20	3	1	1	75	17	200
1	1	1	11	3.6	38	3	1	2	120	37	420
1	2	0	11	3.6	42	3	1	3	160	40	420
1	2	1	15	4.5	42	3	2	0	93	18	420
1	3	0	16	4.5	42	3	2	1	150	37	420
2	0	0	9.2	1.4	38	3	2	2	210	40	430
2	0	1	14	3.6	42	3	2	3	290	90	1000
2	0	2	20	4.5	42	3	3	0	240	42	1000
2	1	0	15	3.7	42	3	3	1	460	90	2000
2	1	1	20	4.5	42	3	3	2	1100	180	4100
2	1	2	27	8.7	94	3	3	3	>1100	420	—

注：(1) 本表采用3个稀释度［0.1g（mL），0.01 g（mL）和0.001 g（mL）］，每个稀释度接种3管。

(2) 表内所列检样量如改用1g（mL），0.1g（mL）和0.01g（mL），表内数字应相应降低10倍；如改用0.01g（mL），0.001g（mL），0.0001g（mL），则表内数字应相应增高10倍，其余类推。

检查与评价

学生完成本任务的学习，通过自评、小组互评以检查自己对本任务学习的掌握情况。指导教师在整个教学过程中，关注每个小组的检测过程及小组成员的动手能力，并对小组成员动手能力进行评价。将具体的检查与评价填入下表。评价表对应工作任务。

项目	评价标准	分值	学生自评	小组互评	教师评价
方案制订与任务准备	认真负责、一丝不苟进行资料查阅，确定检测依据	5			
	协同合作制订方案并合理分工	2			
	相互沟通完成方案诊改	3			
	正确清洗玻璃仪器与灭菌	5			
	合理领取药品	2			
	正确完成试剂的配制与灭菌	5			
	提前完成无菌室的灭菌及相关准备工作	3			
样品稀释	正确使用超净工作台	5			
	准确称样，无菌处理样品	5			
	正确使用吸量管进行10倍系列稀释	5			
初发酵试验	正确使用吸量管或微量移液器进行接种	5			
	规范进行无菌操作，避免染菌	5			
	准确控制接种量	5			
	正确设置培养温度和培养时间	5			
复发酵试验（确认试验）	正确使用接种环进行接种	5			
	初发酵产气管稀释度的标记对应复发酵管稀释度的标记	3			
	规范使用酒精灯	2			
结果与报告	正确查询和使用MPN计数表	5			
	准确报告每g(mL)样品中大肠菌群的MPN值	5			
	规范编制检测报告	5			
结束工作	熄灭酒精灯、关闭超净台，擦拭消毒台面和工作人员手部，无菌室灭菌	5			
	关闭仪器电源，清洗玻璃器皿并归位，实验废弃物及时处理，文明操作	5			
	合理分工，按规定时间完成	5			

项目拓展 平板计数法测定食品中大肠菌群

一、方法解读

大肠菌群在固体培养基中发酵乳糖产酸，在指示剂的作用下形成可计数的红色或紫色，带有或不带有沉淀环的菌落。

二、工作准备

1. 试剂

（1）结晶紫中性红胆盐琼脂（VRBA）

① 成分：蛋白胨 7.0g、酵母膏 3.0g、乳糖 10.0g、氯化钠 5.0g、胆盐或 3 号胆盐 1.5g、中性红 0.03g、结晶紫 0.002g、琼脂 15~18g、蒸馏水 1000mL。

② 制法：将上述成分溶于蒸馏水中，静置几分钟，充分搅拌，调节 pH 至 7.4±0.1。煮沸 2min，将培养基冷却至 45~50℃倾注平板。使用前临时制备，不得超过 3h。

（2）无菌磷酸盐缓冲液

① 成分：磷酸二氢钾（KH_2PO_4）34.0g、蒸馏水 500mL。

② 制法。

a. 储存液：称取 34.0g 磷酸二氢钾溶于 500mL 蒸馏水中，用大约 175mL 1mol/L 氢氧化钠溶液调节 pH 至 7.2，用蒸馏水稀释至 1000mL 后储存于冰箱。

b. 稀释液：取储存液 1.25mL，用蒸馏水稀释至 1000mL，分装于适宜容器中，121℃高压灭菌 15min。

（3）无菌生理盐水

① 成分：氯化钠 8.5g、蒸馏水 1000mL。

② 制法：称取 8.5g 氯化钠溶于 1000mL 蒸馏水中，121℃高压灭菌 15min。

（4）1mol/L NaOH

① 成分：氢氧化钠 40.0g、蒸馏水 1000mL。

② 制法：称取 40g 氢氧化钠溶于 1000mL 蒸馏水中。

（5）1mol/L HCl

① 成分：盐酸 90mL、蒸馏水 1000mL。

② 制法：移取浓盐酸 90mL，用蒸馏水稀释至 1000mL。

2. 仪器

（1）恒温培养箱：(36±1)℃。

（2）冰箱：2~5℃。

（3）恒温水浴箱：(48±2)℃。

（4）天平：感量为 0.1g。

（5）均质器。

(6) 振荡器。

(7) 无菌吸管：1mL（具 0.01mL 刻度）、10mL（具 0.1mL 刻度）或微量移液器及吸头。

(8) 无菌锥形瓶：容量为 500mL。

(9) 无菌培养皿：直径为 90mm。

(10) pH 计或 pH 比色管或精密 pH 试纸。

(11) 菌落计数器。

三、 检测过程

<table>
<tr><th rowspan="2">任务</th><th colspan="2">具体实施</th><th rowspan="2">要求</th></tr>
<tr><th>实施步骤</th><th>实验记录</th></tr>
<tr><td rowspan="3">样品稀释</td><td>固体和半固体样品：称取 25g 样品，放入盛有 225mL 磷酸盐缓冲液或生理盐水的无菌均质杯内，8000～10000r/min 均质 1～2min，或放入盛有 225mL 磷酸盐缓冲液或生理盐水的无菌均质袋中，用拍击式均质器拍打 1～2min，制成 1∶10 的样品匀液</td><td rowspan="3">1. 记录样品取样量。
2. 记录样品稀释度。
3. 记录检测开始时间和检测环境数据</td><td rowspan="3">1. 正确对超净台台面、操作人员手部、试管、锥形瓶等进行消毒处理。
2. 酒精灯火焰 10cm 范围内无菌处理样品，混合均匀。
3. 正确使用无菌均质器、振荡器等对样品进行处理。
4. 正确使用超净工作台、酒精灯</td></tr>
<tr><td>液体样品：以无菌吸管吸取 25mL 样品置盛有 225mL 磷酸盐缓冲液或生理盐水的无菌锥形瓶（瓶内预置适当数量的无菌玻璃珠）中，充分混匀，制成 1∶10 的样品匀液</td></tr>
<tr><td>样品匀液的 pH 应在 6.5～7.5，必要时分别用 1mol/L NaOH 或 1mol/L HCl 调节。用 1mL 无菌吸管（或微量移液器）吸取 1∶10 样品匀液 1mL，沿管壁缓缓注入 9mL 磷酸盐缓冲液或生理盐水的无菌试管中，振摇试管或换用 1 支 1mL 无菌吸管反复吹打，使其混合均匀，制成 1∶100 的样品匀液。根据对样品污染状况的估计，按上述操作，依次制成十倍递增系列稀释样品匀液。每递增稀释 1 次，换用 1 支 1mL 无菌吸管或吸头。从制备样品匀液至样品接种完毕，全过程不得超过 15min</td></tr>
<tr><td rowspan="2">平板计数</td><td>选取 2～3 个适宜的连续稀释度，每个稀释度接种 2 个无菌培养皿，每皿 1mL。同时取 1mL 生理盐水加入无菌培养皿做空白对照试验</td><td rowspan="2">1. 记录稀释倍数。
2. 记录培养温度及时间。
3. 记录恒温培养箱的使用情况</td><td rowspan="2">1. 正确使用吸量管和培养皿进行接种。
2. 选择正确的接种方法。
3. 能够准确控制培养基的用量，及时混匀。
4. 正确使用恒温培养箱进行培养。
5. 无菌操作，避免染菌</td></tr>
<tr><td>及时将 15～20mL 冷至 46℃ 的结晶紫中性红胆盐琼脂（VRBA）倾注于每个无菌培养皿中心。小心旋转无菌培养皿，将培养基与样液充分混匀，待琼脂凝固后，再加 3～4mL VRBA 覆盖平板表层。翻转平板，置于（36±1）℃培养 18～24h。对于乳及乳制品，应置于（30±1）℃培养 18～24h</td></tr>
<tr><td>平板菌落数的选择</td><td>选取菌落数在 15～150CFU/g（mL）范围内的平板，分别计数平板上出现的典型和可疑大肠菌群菌落（菌落直径较典型菌落小）。典型菌落为紫红色，菌落周围有红色的胆盐沉淀环，菌落直径为 0.5mm 或更大，最低稀释度平板低于 15CFU/g（mL）的记录具体菌落数</td><td>记录典型和可疑大肠菌群菌落数</td><td>1. 正确判断可疑菌落。
2. 准确记录典型大肠菌群数</td></tr>
</table>

任务	具体实施		要求
	实施步骤	实验记录	
证实试验	从 VRBA 平板上挑取 10 个不同类型的典型和可疑菌落,少于 10 个菌落的挑取全部典型和可疑菌落。分别移种于 BGLB 肉汤管内,(36±1)℃培养 24~48h,观察产气情况。凡 BGLB 肉汤管产气,即可报告为大肠菌群阳性	1. 记录 BGLB 肉汤管产气情况及对应的稀释倍数。 2. 记录培养温度及时间。 3. 记录超净工作台使用情况	准确判断最终的大肠菌群阳性管数
大肠菌群平板计数的报告	经最后证实为大肠菌群阳性的试管比例乘以平板菌落数,再乘以稀释倍数,即为每 1g(1mL)样品中大肠菌群数。例如,10^{-4}样品稀释液 1mL,在 VRBA 平板上有 100 个典型和可疑菌落,挑取其中 10 个接种 BGLB 肉汤管,证实有 6 个阳性管,则该样品的大肠菌群数为 $100\times6/10\times10^4$CFU/g(mL) = 6.0×10^5CFU/g(mL)。若所有稀释度(包括液体样品原液)平板均无菌落生长,则以小于 1 乘以最低稀释倍数计算	1. 记录稀释倍数。 2. 记录典型和可疑大肠菌群菌落数。 3. 记录大肠菌群阳性的试管数	根据实验结果,计算得出样品中大肠菌群数
结束工作	结束后熄灭酒精灯、关闭超净台,擦拭消毒台面和工作人员手部,无菌室灭菌,倒掉废液,洗净用具并归位		1. 实验室安全操作。 2. 团队进行总结

学习思考

1. 什么是大肠菌群?
2. 大肠菌群计数的卫生学意义是什么?
3. MPN 计数法的检验原理是什么?
4. 从制备样品匀液至样品接种完毕，为什么全过程不得超过 15min?
5. 如何进行复发酵试验?

项目三

食品中霉菌和酵母菌计数

项目导入

【微生物与酱油】中国是世界上最早利用微生物酿造酱油的国家，据记载中国自周朝就开始生产酱油，后来酱油酿造技术传到日本等国家。酱油已成为世界范围内受欢迎的调味品之一。在酱油酿造过程中，利用微生物产生的蛋白酶将原料中的蛋白质水解成多肽、氨基酸，成为酱油的营养成分及鲜味的来源。另外，部分氨基酸进一步反应，与酱油香气、色素的形成有直接关系。因此，蛋白质原料对酱油的色、香、味的形成有重要作用，是酱油生产的主要原料。一般选用大豆、脱脂大豆作为蛋白质原料，也可选用其他代用原料，如蚕豆、绿豆、花生饼等。

酱油酿造是半开放式的生产过程，环境和原料中的微生物都可以参与酱油的酿造。但在酿造酱油的特定工艺条件下，只有人工接种或适合酱油生态环境的微生物才能生长繁殖，并发挥其作用。这些微生物主要有米曲霉、酱油曲霉、酵母菌、乳酸菌和其他细菌。

问题启发

作为食品卫生质量指标，除了过氧化值外，还有哪些？霉菌及酵母菌作为日常生活中比较常见的微生物，你知道它们有哪些应用和危害吗？是否所有的霉菌都会产生毒素？日常食用的酱油、腐乳等食品，在酿造过程中选用的是什么菌种？糕点中霉菌指标限量值是多少？

知识准备

一、霉菌和酵母菌

霉菌是形成分枝菌丝的真菌的统称。霉菌的繁殖靠孢子，部分霉菌的孢子肉眼难辨，却很容易播散，它们可以随着大门、窗口、通风口等途径进入室内，还能附着在衣服、鞋子和宠物身上。部分霉菌适宜生长的温度稍高，其特点是菌丝体较发达，无较大的子实体，同其他真菌一样，也有细胞壁，采用寄生或腐生方式生存。霉菌有的可以使食品转变为有毒物质，有的可能在食品中产生毒素，即霉菌毒素。它对人体健康造成的危害极大，主要表现为慢性中毒、致癌、致畸、致突变作用。

酵母菌泛指能发酵糖类的各种单细胞真菌，并非系统演化分类的单元，是一种肉眼看不见的单细胞微生物。酵母菌能将糖发酵成酒精和二氧化碳，是一种典型的异养兼性厌氧微生物，经常被用于酒精酿造或者面包烘焙行业。

霉菌和酵母菌广泛分布于自然界并可作为食品中正常菌相的一部分。长期以来，人们利用某些霉菌和酵母菌加工一些食品，但在某些情况下，霉菌和酵母菌也可造成食品腐败变质。有些霉菌能够合成有毒代谢产物——霉菌毒素。霉菌和酵母菌往往使食品表面失去色、香、味。例如，酵母菌在新鲜的和加工的食品中繁殖，可使食品发生难闻的异味，它还可以使液体发生浑浊，产生气泡，形成薄膜，改变颜色及散发不正常的气味等 。

二、食品中霉菌和酵母菌的测定意义

霉菌和酵母菌作为评价食品卫生质量的指示菌，并以霉菌和酵母菌计数来判定食品被污染的程度。

三、食品中霉菌和酵母菌的测定方法

依据 GB 4789. 15—2016《食品安全国家标准　食品微生物学检验　霉菌和酵母计数》进行检测。标准中食品中霉菌和酵母菌的测定方法有霉菌和酵母菌平板计数法、霉菌直接镜检计数法，本任务重点介绍霉菌和酵母菌平板计数法。

四、测定过程中的注意事项

（1）保证被检样品在检测前包装完好。

（2）保证整个操作过程为无菌操作。

（3）样品稀释时要充分混合均匀。

（4）马铃薯-葡萄糖-琼脂或孟加拉红培养基必须冷却至46℃后才能倒平板。

（5）应选取菌落数在10~150CFU/g（mL）的平板，根据菌落形态分别计数霉菌和酵母菌数。

工作任务 平板计数法测定食品中霉菌和酵母菌总数

一、方法解读

霉菌和酵母菌平板计数法适用于各类霉菌和酵母菌的计数。

【视频】食品中霉菌和酵母菌计数

二、任务准备

试剂	无菌生理盐水 (1)成分:氯化钠8.5g、蒸馏水1000mL。 (2)制法:将氯化钠加入1000mL蒸馏水中,搅拌至完全溶解,分装后,121℃高压灭菌15min
	马铃薯葡萄糖琼脂培养基 (1)成分:马铃薯(去皮切块)300g、葡萄糖20.0g、琼脂20.0g、氯霉素0.1g、蒸馏水1000mL。 (2)制法:将马铃薯去皮切块,加1000mL蒸馏水,煮沸10~20min。用纱布过滤,补加蒸馏水至1000mL。加入葡萄糖和琼脂,加热溶解,分装后,121℃灭菌15min,备用
	孟加拉红培养基 (1)成分:蛋白胨5.0g、葡萄糖10.0g、磷酸二氢钾1.0g、硫酸镁(无水)0.5g、琼脂20.0g、孟加拉红0.033g、氯霉素0.1g、蒸馏水1000mL。 (2)制法:上述各成分加入蒸馏水中,加热溶解,补足蒸馏水至1000mL,分装后,121℃灭菌15min,避光保存备用
	磷酸盐缓冲液 (1)成分:磷酸二氢钾(KH_2PO_4)34.0g、蒸馏水500mL。 (2)制法 ① 储存液:称取34.0g的磷酸二氢钾溶于500mL蒸馏水中,用大约175mL 1mol/L氢氧化钠溶液调节pH至7.2±0.1,用蒸馏水稀释至1000mL后储存于冰箱。 ② 稀释液:取储存液1.25mL,用蒸馏水稀释至1000mL,分装于适宜容器中,121℃高压灭菌15min
仪器	恒温培养箱:(28±1)℃
	拍击式均质器或均质袋
	涡旋混合器
	电子天平:感量为0.1g
	无菌锥形瓶:容量为500mL
	无菌吸管:1mL(具0.01mL刻度)、10mL(具0.1mL刻度)
	无菌培养皿:直径为90mm
	无菌试管:18mm×180mm
	恒温水浴箱:(46±1)℃
	微量移液器及吸头:1.0mL

三、任务实施

1. 方案制订

通过相关知识学习，解读国家标准，小组完成方案制订，并依据方案完成任务准备。

<table>
<tr><td colspan="2">任务名称</td><td colspan="3"></td></tr>
<tr><td colspan="2">小组成员</td><td></td><td>时间</td><td></td></tr>
<tr><td colspan="2">依据标准</td><td colspan="3"></td></tr>
<tr><td rowspan="17">工作方案</td><td colspan="4">一、明确方法</td></tr>
<tr><td colspan="4"></td></tr>
<tr><td colspan="4">二、工作准备</td></tr>
<tr><td>仪器设备(规格、数量)</td><td colspan="3"></td></tr>
<tr><td>试剂(规格、浓度、数量)</td><td colspan="3"></td></tr>
<tr><td>样品</td><td colspan="3"></td></tr>
<tr><td colspan="4">三、任务分工</td></tr>
<tr><td>姓名</td><td colspan="3">分工及时间安排</td></tr>
<tr><td></td><td colspan="3"></td></tr>
<tr><td></td><td colspan="3"></td></tr>
<tr><td></td><td colspan="3"></td></tr>
<tr><td></td><td colspan="3"></td></tr>
<tr><td colspan="4">四、工作流程简图</td></tr>
<tr><td colspan="4"></td></tr>
</table>

2. 任务过程

<table>
<tr><td rowspan="2">任务</td><td colspan="2">具体实施</td><td rowspan="2">要求</td></tr>
<tr><td>实施步骤</td><td>实验记录</td></tr>
<tr><td rowspan="2">样品稀释</td><td>固体和半固体样品：称取25g样品，加入225mL无菌稀释液（蒸馏水或生理盐水或磷酸盐缓冲液），充分振摇，或用拍击式均质器拍打1～2min，制成1∶10的样品匀液</td><td rowspan="2">1. 记录样品的名称，采集时间、数量、采样人员等采样信息。
2. 样品状态、处理方法等。
3. 记录检测开始时间和检测环境数据</td><td rowspan="2">1. 正确对超净台台面、操作人员手部、试管、锥形瓶及培养皿进行消毒处理。
2. 酒精灯火焰10cm范围内无菌处理样品，混合均匀。
3. 正确使用无菌均质器、振荡器等对样品进行处理。
4. 正确使用超净工作台、酒精灯</td></tr>
<tr><td>液体样品：以无菌吸管吸取25mL样品至盛有225mL无菌稀释液（蒸馏水或生理盐水或磷酸盐缓冲液）的适宜容器内（可在瓶内预置适当数量的无菌玻璃珠）或无菌均质袋中，充分振摇或用拍击式均质器拍打1～2min，制成1∶10的样品匀液</td></tr>
</table>

任务	具体实施		要求
	实施步骤	实验记录	
10倍系列稀释	取1mL 1∶10样品匀液注入含有9mL无菌稀释液的试管中,另换一支1mL无菌吸管反复吹吸,或在涡旋混合器上混匀,此液为1∶100的样品匀液	记录稀释倍数	1. 正确使用吸量管进行系列稀释。 2. 规范使用涡旋混合器进行样品混合。 3. 无菌操作,避免染菌
	按上述操作,制备10倍递增系列稀释样品匀液。每递增稀释一次,换用1支1mL无菌吸管		
接种	根据对样品污染状况的估计,选择2~3个适宜稀释度的样品匀液(液体样品可包括原液),在进行10倍递增稀释的同时,每个稀释度分别吸取1mL样品匀液于2个无菌平皿内。同时分别取1mL无菌稀释液加入2个无菌平皿作空白对照	1. 记录稀释倍数及接种量。 2. 记录超净工作台使用情况	1. 正确使用吸量管和培养皿进行接种。 2. 选择正确的接种方法。 3. 能够准确控制培养基的用量,及时混匀。 4. 无菌操作,避免染菌
	及时将20~25mL冷却至46℃的马铃薯葡萄糖琼脂或孟加拉红琼脂[可放置于(46±1)℃恒温水浴箱中保温]倾注平皿,并转动平皿使其混合均匀。置水平台面待培养基完全凝固		
培养	琼脂凝固后,正置平板,置(28±1)℃培养,观察并记录培养至第五天的结果	1. 记录培养温度。 2. 记录培养时间。 3. 记录恒温培养箱使用情况	1. 充分冷却后凝固,倒置培养。 2. 准确使用恒温培养箱进行培养
菌落计数	肉眼观察,必要时可用放大镜,记录各稀释倍数和相应的霉菌和酵母菌数。以菌落形成单位CFU/g(mL)表示	记录各稀释倍数和相应的霉菌和酵母菌数	1. 按照菌落计数要求进行计数。 2. 若空白对照上有菌落生长,则此次检验结果无效
	选取菌落数在10~150CFU内的平板,根据菌落形态分别计数霉菌和酵母菌数。霉菌蔓延生长覆盖整个平板的可记录为菌落蔓延		
结果计算	计算同一稀释度的两个平板菌落数的平均值,再将平均值乘以相应稀释倍数	记录每g(mL)样品中酵母菌和/或霉菌菌落总数结果	根据不同情况,采用相应的计算方法进行菌落总数结果计算
	若有两个稀释度平板上菌落数均在10~150CFU,则按照GB 4789.2—2022《食品安全国家标准　食品微生物学检验　菌落总数测定》的相应规定进行计算		
	若所有平板上菌落数均大于150CFU,则对稀释度最高的平板进行计数,其他平板可记录为多不可计,结果按平均菌落数乘以最高稀释倍数计算		
	若所有平板上菌落数均小于10CFU,则应按稀释度最低的平均菌落数乘以稀释倍数计算		
	若所有稀释度(包括液体样品原液)平板均无菌落生长,则以小于1乘以最低稀释倍数计算		
	若所有稀释度的平板菌落数均不在10~150CFU,即其中一部分小于10CFU或大于150CFU时,则以最接近10CFU或150CFU的平均菌落数乘以稀释倍数计算		

任务	具体实施		要求
	实施步骤	实验记录	
结果报告	菌落数按“四舍五入”原则修约。菌落数在 10 以内时,采用一位有效数字报告;菌落数在 10~100 时,采用两位有效数字报告	1. 分别记录修约后的酵母菌和/或霉菌的菌落总数。 2. 称重取样以 CFU/g 为单位报告,体积取样以 CFU/mL 为单位报告	根据修约原则,进行结果修约报告
	菌落数大于或等于 100 时,第 3 位数字采用“四舍五入”原则修约后,取前 2 位数字,后面用 0 代替位数来表示结果;也可用 10 的指数形式来表示,此时也按“四舍五入”原则修约,采用两位有效数字		
	若空白对照平板上有菌落出现,则此次检测结果无效		
结束工作	结束后熄灭酒精灯、关闭超净台、擦拭消毒台面和工作人员手部、无菌室灭菌、倒掉废液、洗净用具并归位		1. 实验室安全操作。 2. 团队进行总结

检查与评价

学生完成本任务的学习，通过自评、小组互评以检查自己对本任务学习的掌握情况。指导教师在整个教学过程中，关注每个小组的检测过程及小组成员的动手能力，并对小组成员动手能力进行评价。将具体的检查与评价填入下表。评价表对应工作任务。

项目	评价标准	分值	学生自评	小组互评	教师评价
方案制订与任务准备	认真负责、一丝不苟进行资料查阅,确定检测依据	2			
	协同合作制订方案并合理分工	5			
	相互沟通完成方案诊改	3			
	正确清洗玻璃仪器与灭菌	5			
	合理领取药品	2			
	正确完成试剂的配制与灭菌	5			
	提前完成无菌室的灭菌及相关准备工作	3			
样品稀释	正确使用超净工作台	2			
	准确称样,无菌处理样品	5			
	正确使用吸量管进行 10 倍系列稀释	5			
接种培养	选择合适的稀释度	5			
	规范进行无菌操作	5			
	准确吸取样液进行接种	5			
	根据无菌操作要求倒平板,摇匀	5			
	水平放置待琼脂凝固后,正置培养	5			
	正确设置培养温度和培养时间	3			
菌落计数	计数方法正确	5			
	计数结果准确	5			

续表

项目	评价标准	分值	学生自评	小组互评	教师评价
结果计算及报告	根据实际情况选择正确的菌落计算方法进行计算	5			
	按照要求进行数据修约	5			
	规范编制检测报告	5			
结束工作	熄灭酒精灯,关闭超净台,擦拭消毒台面和工作人员手部,无菌室灭菌	5			
	关闭仪器电源,清洗玻璃器皿并归位,实验废弃物及时处理,文明操作	2			
	合理分工,按规定时间完成	3			

学习思考

1. 霉菌和酵母菌计数的检测依据是什么?
2. 简述霉菌的典型菌落特征。
3. 简述酵母菌的典型菌落特征。
4. 食品中霉菌和酵母菌计数时,固体和半固体样品如何稀释?
5. 食品中霉菌和酵母菌计数有哪些要求?

模块八

食品添加剂检测

学习目标

知识目标

1. 熟悉食品添加剂与食品安全的关系。
2. 正确查阅和使用 GB 2760—2024《食品安全国家标准　食品添加剂使用标准》。
3. 掌握食品各类添加剂检测的意义、方法、原理及注意事项。
4. 能正确理解高效液相色谱仪的基本原理及标准曲线相关系数，明晰影响曲线相关系数的主要因素。

能力目标

1. 能够正确解读食品添加剂检测相关标准，并正确选用检测方法。
2. 能够整理分析资料并制订检测方案。
3. 能准确配制混合标准溶液，绘制工作曲线。
4. 能够识别高效液相色谱仪的基本结构，并对其进行简单的日常维护。
5. 能够对实验结果进行记录、分析和处理，并编制报告。

素养目标

1. 通过完成工作任务培养统筹能力，强调操作的规范性，养成严谨的科学态度。
2. 培养安全操作意识，养成节约环保的实验习惯。
3. 培养创新意识，提升创新能力。

项目一

食品中苯甲酸和山梨酸的测定

项目导入

【《中国工程院院士孙宝国：我国居民对食品添加剂的误解仍未消除》报道】了解食品添加剂是经济发展、科学进步的产物，“如果没有食品添加剂，人们的生活质量将大打折扣”。对于一些网红品牌、新生品牌以“零添加”为主要宣传点的做法，按照我国现行标准和规定，企业不允许声称“零添加”“无添加”，不能以此作为吸引消费者的噱头。此外，一些商家或消费者追求配料表简洁化，但食品品质的好坏跟配料表中所列的成分多少没有必然联系。孙宝国院士指出，“零添加”并不等同于更安全或更健康。某些食品若不添加防腐剂，可能会因微生物污染而导致更大的安全隐患（如肉制品、酱料等）。食品防腐剂是食品添加剂的重要类别，其主要作用是抑制微生物生长，延长食品保质期，从而减少食品腐败变质带来的浪费和安全风险。对防腐剂进行科学检测具有重要意义。

问题启发

什么是防腐剂？生活中常见的防腐剂有哪些？防腐剂的功能有哪些？国家标准中对防腐剂的添加量有要求吗？防腐剂的检测方法是什么？

知识准备

一、食品防腐剂

食品防腐剂是通过抑制微生物繁殖，从而减少食品腐败及延长食品保存期的一种添加剂。它还有防止食物中毒和杀菌的作用。广泛应用于饮料、面包、糕点、果汁、酱油、果糖、蜜饯、葡萄酒和酱菜等诸多食品中。

1. 防腐剂的分类

防腐剂一般可分为四类：酸性防腐剂、酯性防腐剂、无机防腐剂和生物防腐剂。

（1）常用的酸性防腐剂有苯甲酸、山梨酸和丙酸（及其盐类），其抑菌效果主要取决于它们未解离的酸分子，其效力随 pH 而定，酸性越大效果越好，而在碱性中则几乎无效。

（2）酯性防腐剂指对羟基苯甲酸酯类（甲、乙、丙、异丙、丁、异丁、庚等酯）化合物，其特点是在 pH 在 4~8 时均有较好效果，不像酸性防腐剂其效果随 pH 变化而变化，故被用于代替酸性防腐剂，且毒性低于苯甲酸（但高于山梨酸）。

（3）无机防腐剂主要有亚硫酸盐、焦亚硫酸盐和二氧化硫，由于使用亚硫酸盐后残存的二氧化硫能引起严重的过敏反应，尤其是对哮喘患者，故美国食品与药物管理局（FDA）于 1986 年禁止其在新鲜果蔬中作为防腐剂使用。

（4）生物防腐剂主要是指乳酸链球菌素。最早由英国人马蒂克（Mattick）等于 1947 年制得，1951 年成功地用于由肉毒梭状芽孢杆菌所引起的干酪膨胀腐败。联合国粮农组织和世界卫生组织（FAO/WHO）于 1969 年确认其为食品防腐剂。此外，复合型防腐剂的开发也越来越多，这样可以克服单一防腐剂在防腐效力上的局限性，扩大抑菌范围和效力，改善物理性能。

2. 常见的防腐剂

（1）苯甲酸及其盐类　苯甲酸又名安息香酸，纯品为无色无定形结晶性粉末，熔点为121~123℃，微溶于水，易溶于乙醇等有机溶剂。

苯甲酸在酸性环境中对多种微生物有明显的抑制作用，防腐效果较好，对人体也较安全无害。因此，它广泛应用于酱油、食醋、罐头、汽水、葡萄酒、果酒、蜜饯类、面酱类和低盐酱菜等偏酸性食品的防腐。由于苯甲酸在水中的溶解度较低，故多使用其钠盐即苯甲酸钠。苯甲酸钠为白色结晶性粉末，易溶于水和乙醇中，在空气中稳定，其抗菌作用是苯甲酸钠转化为苯甲酸后起作用的，但在酸性饮料中使用时应先溶解再加入柠檬酸，否则会出现絮状沉淀。由于苯甲酸主要与人体内氨基乙酸结合生成马尿酸，少量与葡萄糖醛酸化合都可经尿排出，故无毒性蓄积作用。但上述两种作用都是在肝脏内进行的，所以肝功能衰弱者不宜食用含有苯甲酸的食品。

苯甲酸抗菌效果受 pH 影响较大，一般最适 pH 为 2~4，此时对所有微生物有效。苯甲酸可干扰细菌细胞中酶的结构，尤其可阻碍乙酰辅酶 A 的缩合反应，还可阻碍细胞膜的作用。常用于酸性食物和饮料。

（2）山梨酸及其盐类　山梨酸是一种不饱和脂肪酸，有钾盐、钠盐和钙盐。山梨酸为无色针状结晶或白色结晶性粉末，有特殊酸味。熔点为 132~135℃，在空气中易被氧化变色。难溶于水，易溶于乙醇。其水溶液被加热时，易与水蒸气一起挥发。山梨酸防腐能力随 pH 升高而降低，宜在 pH 为 5~6 使用，对霉菌、好气性菌、酵母菌有抑制作用，但对嫌气性芽孢形成菌与嗜酸乳杆菌几乎无效。

山梨酸钾是罐头中常用的防腐剂之一，为白色鳞片状结晶，稍有臭味，在空气中放置会吸湿，也会氧化着色，易溶于水。山梨酸钠为白色结晶或结晶性粉末，易溶于水，可用于冷冻比萨、人造奶油、干酪、杏干。山梨酸钙为粉末状，像滑石粉，难溶于水。山梨酸及其盐类毒性很低或无毒，与食盐相似，可在机体内被同化产生二氧化碳和水，是目前安全性最好的防腐剂。

二、食品中苯甲酸和山梨酸测定的意义

在食品工业中，苯甲酸、山梨酸作为常用的防腐剂，已证实对人体不会产生任何急性、亚急性或慢性的危害，食品生产厂商应依据 GB 2760—2024《食品安全国家标准　食品添加剂使用标准》严格控制其使用量在规定的范围之内。对食品中苯甲酸和山梨酸进行有效检测可以判定其添加量是否超出规定范围、超出限量要求，对其进行监测控制。同时也是食品质量安全部门监管食品防腐剂使用情况的重要手段。

三、食品中苯甲酸和山梨酸测定的方法

依据 GB 5009.28—2016《食品安全国家标准　食品中苯甲酸、山梨酸和糖精钠的测定》进行检测。标准中规定了食品中苯甲酸、山梨酸和糖精钠的测定，液相色谱法适用于食品中苯甲酸、山梨酸和糖精钠的测定，气相色谱法适用于酱油、水果汁、果酱中苯甲酸、山梨酸和糖精钠的测定。

四、测定过程中的注意事项

（1）称量山梨酸标准品时应快速，避免受潮、受热分解。

（2）测定食品中苯甲酸、山梨酸时，配成的标准溶液在不使用时应置于4℃冰箱保存。

（3）进行样液提取时，为提高滤液通过 0.45μm 微孔滤膜的过滤速度，可将样品处理液先经滤纸初滤。

（4）使用液相色谱仪测定，进样针进样时确保进样针中没有残留气泡，每次检测完毕，必须冲洗管路及色谱柱。

（5）为了提高标准曲线的拟合度，可以重复进样多次，并且由同一人进样，以免因个体习惯不同引起实验误差。

（6）液相色谱法测定食品中苯甲酸、山梨酸，按取样量 2g、定容 50mL 时，苯甲酸、山梨酸的检出限为 0.005g/kg，定量限均为 0.01g/kg。气相色谱法测定食品中苯甲酸、山梨酸，取样量 2.5g，按试样前处理方法操作，最后定容到 2mL 时，苯甲酸、山梨酸的检出限为 0.005g/kg，定量限均为 0.01g/kg。

工作任务　液相色谱法测定食品中的苯甲酸和山梨酸

一、方法解读

样品经水提取，高脂肪样品经正己烷脱脂、高蛋白样品经蛋白沉淀剂沉淀蛋白，采用液相色谱分离、紫外检测器检测，外标法定量。

二、任务准备

试剂	甲醇：色谱纯
	乙酸铵：色谱纯
	甲酸：色谱纯
	氨水溶液（1+99）：取氨水（$NH_3 \cdot H_2O$）1mL，加到 99mL 水中，混匀
	亚铁氰化钾溶液（92g/L）：称取 106g 亚铁氰化钾［$K_4Fe(CN)_6 \cdot 3H_2O$］，加入适量水溶解，用水定容至 1000mL
	乙酸锌溶液（183g/L）：称取 220g 乙酸锌［$Zn(CH_3COO)_2 \cdot 2H_2O$］溶于少量水中，加入 30mL 冰乙酸，用水定容至 1000mL
	乙酸铵溶液（20mmol/L）：称取 1.54g 乙酸铵，加入适量水溶解，用水定容至 1000mL，经 0.22μm 水相微孔滤膜过滤后备用
	甲酸-乙酸铵溶液（2mmol/L 甲酸+20mmol/L 乙酸铵）：称取 1.54g 乙酸铵，加入适量水溶解，再加入 75.2μL 甲酸，用水定容至 1000mL，经 0.22μm 水相微孔滤膜过滤后备用
	苯甲酸、山梨酸标准储备溶液（1000mg/L）：分别准确称取苯甲酸钠、山梨酸钾 0.118g、0.134g（精确到 0.0001g），用水溶解并分别定容至 100mL。于 4℃储存，保存期为 6 个月。当使用苯甲酸和山梨酸标准品时，需要用甲醇溶解并定容
	苯甲酸、山梨酸混合标准中间溶液（200mg/L）：分别准确吸取苯甲酸、山梨酸标准储备溶液各 10.0mL 于 50mL 容量瓶中，用水定容。于 4℃储存，保存期为 3 个月
	苯甲酸、山梨酸混合标准系列工作溶液：分别准确吸取苯甲酸、山梨酸混合标准中间溶液 0，0.05，0.25，0.50，1.00，2.50，5.00，10.0mL，用水定容至 10mL，配制成质量浓度分别为 0，1.00，5.00，10.0，20.0，50.0，100，200mg/L 的混合标准系列工作溶液。临用现配

标准品	苯甲酸钠(CAS号:532-32-1),纯度≥99.0%;或苯甲酸(CAS号:65-85-0),纯度≥99.0%,或经国家认证并授予标准物质证书的标准物质
	山梨酸钾(CAS号:590-00-1),纯度≥99.0%;或山梨酸(CAS号:110-44-1),纯度≥99.0%,或经国家认证并授予标准物质证书的标准物质
仪器	高效液相色谱仪:配紫外检测器
	分析天平:感量为0.001g和0.0001g
	涡旋振荡器
	离心机:转速>8000r/min
	匀浆机
	恒温水浴锅
	超声波发生器
	水相微孔滤膜:0.22μm
	具塞离心管:50mL

注：除非另有规定，本方法所用试剂均为分析纯，水为GB/T 6682—2008《分析实验室用水规格和试验方法》规定的一级水。

三、 任务实施

1. 方案制订

通过相关知识学习，解读国家标准，小组完成方案制订，并依据方案完成任务准备。

任务名称				
小组成员			时间	
依据标准				
工作方案	一、明确方法			
	二、工作准备			
	仪器设备(规格、数量)			
	试剂(规格、浓度、数量)			
	样品			
	三、任务分工			
	姓名	分工及时间安排		
	四、工作流程简图			

2. 任务过程

<table>
<tr><th rowspan="2">任务</th><th colspan="2">具体实施</th><th rowspan="2">要求</th></tr>
<tr><th>实施步骤</th><th>实验记录</th></tr>
<tr><td>试样制备</td><td>取多个预包装的饮料、液态乳等均匀试样直接混合;非均匀的液态、半固态试样用组织匀浆机匀浆;固体试样用研磨机充分粉碎并搅拌均匀;乳酪、黄油、巧克力等采用50~60℃加热熔融,并趁热充分搅拌均匀。取其中的200g装入玻璃容器中,密封,液体试样于4℃保存,其他试样于-18℃保存</td><td>试样的名称,采集时间、数量、采样人员等采样信息</td><td>1. 桌面整齐,着工作服,仪表整洁。
2. 试样混合均匀,保存方法得当。
3. 正确使用组织匀浆机、研磨机对需要粉碎的试样进行处理</td></tr>
<tr><td rowspan="3">试样提取</td><td>一般性试样:准确称取约2g(精确到0.001g)试样于50mL具塞离心管中,记录m。加水约25mL,涡旋混匀,于50℃水浴超声20min,冷却至室温后加亚铁氰化钾溶液2mL和乙酸锌溶液2mL,混匀,于8000r/min离心5min,将水相转移至50mL容量瓶中,于残渣中加水20mL,涡旋混匀后超声5min,于8000r/min离心5min,将水相转移到同一50mL容量瓶中,并用水定容至刻度,混匀,记录V。取适量上清液过0.22μm滤膜,待液相色谱测定</td><td rowspan="3">m:试样质量,g;
V:试样定容体积,mL
m:______
V:______</td><td rowspan="3">1. 正确使用具塞离心管等仪器;规范使用电子天平,正确进行天平检查及维护。
2. 规范使用涡旋振荡器进行试样混合。
3. 规范使用超声波发生器。
4. 规范使用离心机,正确设置转速进行试样离心。
5. 按正确顺序进行试样处理</td></tr>
<tr><td>含胶基的果冻、糖果等试样:准确称取约2g(精确到0.001g)试样于50mL具塞离心管中,记录m。加水约25mL,涡旋混匀,于70℃水浴加热溶解试样,于50℃水浴超声20min,之后的操作同"一般性试样"</td></tr>
<tr><td>油脂、巧克力、奶油、油炸食品等高油脂试样:准确称取约2g(精确到0.001g)试样于50mL具塞离心管中,记录m。加正己烷10mL,于60℃水浴加热约5min,并不时轻摇以溶解脂肪,然后加氨水溶液(1+99)25mL,乙醇1mL,涡旋混匀,于50℃ 水浴超声20min,冷却至室温后,加亚铁氰化钾溶液2mL和乙酸锌溶液2mL,混匀,于8000r/min离心5min,弃去有机相,水相转移至50mL容量瓶中,残渣同"一般性试样"再提取一次后测定</td></tr>
<tr><td rowspan="4">试样测定</td><td>设置色谱条件
(1)色谱柱:C_{18}柱,柱长250mm,内径4.6mm,粒径5μm,或等效色谱柱。
(2)流动相:甲醇+乙酸铵溶液=5+95。
(3)流速:1mL/min。
(4)检测波长:230nm。
(5)进样量:10μL</td><td rowspan="3">1. 观察记录色谱图上显示的保留时间。
2. 通过保留时间,确定苯甲酸、山梨酸峰。
3. 观察记录色谱图上的峰面积。
ρ:由标准曲线得出的试样液中待测物的质量浓度,mg/L
ρ:______</td><td rowspan="4">1. 正确使用液相色谱仪,掌握仪器操作及维护的方法。
2. 正确配制标准溶液,绘制标准曲线。
3. 能准确识别山梨酸、苯甲酸的色谱峰。
4. 能根据标准曲线对样品溶液进行定量分析。
5. 计算结果正确,按照要求进行数据修约。
6. 计算结果保留三位有效数字。
7. 精密度:在重复性条件下获得的两次独立测定结果的绝对值不得超过算术平均值的10%</td></tr>
<tr><td>标准曲线的制作:将混合标准系列工作溶液分别注入液相色谱仪中,测定相应的峰面积,以混合标准系列工作溶液的质量浓度为横坐标,以峰面积为纵坐标,绘制标准曲线</td></tr>
<tr><td>试样溶液的测定:将试样溶液注入液相色谱仪中,得到峰面积,根据标准曲线得到待测液中苯甲酸、山梨酸的质量浓度,记录ρ</td></tr>
<tr><td>根据公式,计算试样中苯甲酸、山梨酸的含量:
$$X=\frac{\rho\times V}{m\times 1000}$$
式中 1000——由mg/kg转换为g/kg的换算因子</td><td>X:试样中待测组分含量,g/kg
X:______</td></tr>
</table>

<table>
<tr><th rowspan="2">任务</th><th colspan="2">具体实施</th><th rowspan="2">要求</th></tr>
<tr><th>实施步骤</th><th>实验记录</th></tr>
<tr><td>结束工作</td><td colspan="2">结束后倒掉废液、清理台面、洗净用具并归位。
冲洗管路及色谱柱，使液相色谱仪保持最佳运行状态</td><td>1. 实验室安全操作。
2. 团队进行工作总结</td></tr>
</table>

检查与评价

学生完成本任务的学习，通过自评、小组互评以检查自己对本任务学习的掌握情况。指导教师在整个教学过程中，关注每个小组的检测过程及小组成员的动手能力，并对小组成员动手能力进行评价。将具体的检查与评价填入下表。评价表对应工作任务。

项目	评价标准	分值	学生自评	小组互评	教师评价
方案制订与任务准备	认真负责、一丝不苟进行资料查阅，确定检测依据	2			
	协同合作制订方案并合理分工	5			
	相互沟通完成方案诊改	3			
	正确清洗及检查仪器	5			
	合理领取药品	5			
	正确取样	5			
试样制备	正确对试样进行处理	5			
试样提取	正确使用具塞离心管	5			
	规范使用涡旋振荡器进行试样混合	5			
	规范使用离心机，正确设置转速进行试样离心	5			
试样测定	正确配制混合标准系列工作溶液	5			
	设置仪器参考条件	5			
	准确绘制标准曲线	10			
	规范进行试样溶液测定	5			
	正确识别图谱，数据记录正确、完整、美观	5			
	正确计算结果，按照要求进行数据修约	5			
	规范编制检测报告	5			
结束工作	结束后倒掉废液、清理台面、洗净用具并归位	5			
	冲洗管路及色谱柱，文明操作	5			
	合理分工，按规定时间完成	5			

项目拓展 气相色谱法测定食品中的苯甲酸和山梨酸

一、方法解读

试样经盐酸酸化后，用乙醚提取苯甲酸、山梨酸，采用气相色谱-氢火焰离子化检测器进行分离测定，外标法定量。

二、工作准备

1. 试剂

除非另有说明，本方法所用试剂均为分析纯，水为 GB/T 6682—2008《分析实验室用水规格和试验方法》规定的一级水。

（1）乙醚。

（2）乙醇。

（3）乙酸乙酯（$CH_3CO_2C_2H_5$）：色谱纯。

（4）盐酸溶液（1+1）：取 50mL 盐酸，边搅拌边慢慢加入到 50mL 水中，混匀。

（5）氯化钠溶液（40g/L）：称取 40g 氯化钠，用适量水溶解，加盐酸溶液 2mL，加水稀释到 1L。

（6）无水硫酸钠（Na_2SO_4）：500℃烘 8h，于干燥器中冷却至室温后备用。

（7）正己烷-乙酸乙酯混合溶液（1+1）：取 100mL 正己烷和 100mL 乙酸乙酯，混匀。

（8）苯甲酸、山梨酸标准储备溶液（1000 mg/L）：分别准确称取苯甲酸、山梨酸各 0.1g（精确到 0.0001g），用甲醇溶解并分别定容至 100mL。转移至密闭容器中，于-18℃储存，保存期为 6 个月。

（9）苯甲酸、山梨酸混合标准中间溶液（200mg/L）：分别准确吸取苯甲酸、山梨酸标准储备溶液各 10.0mL 于 50mL 容量瓶中，用乙酸乙酯定容。转移至密闭容器中，于-18℃储存，保存期为 3 个月。

（10）苯甲酸、山梨酸混合标准系列工作溶液：分别准确吸取苯甲酸、山梨酸混合标准中间溶液 0，0.05，0.25，0.50，1.00，2.50，5.00，10.0mL，用正己烷-乙酸乙酯混合溶液（1+1）定容至 10mL，配制成质量浓度分别为 0，1.00，5.00，10.0，20.0，50.0，100，200mg/L 的混合标准系列工作溶液。临用现配。

2. 标准品

（1）苯甲酸（CAS 号：65-85-0），纯度≥99.0%，或经国家认证并授予标准物质证书的标准物质。

（2）山梨酸（CAS 号：110-44-1），纯度≥99.0%，或经国家认证并授予标准物质证书的标准物质。

3. 仪器

（1）气相色谱仪：带氢火焰离子化检测器（FID）。

（2）分析天平：感量为 0.001g 和 0.0001g。

（3）涡旋振荡器。

（4）离心机：转速>8000r/min。

（5）匀浆机。

（6）氮吹仪。

（7）具塞离心管：50mL。

三、 任务过程

任务	具体实施		要求
	实施步骤	实验记录	
试样制备	取多个预包装的试样，其中均匀试样直接混合，非均匀试样用组织匀浆机充分搅拌均匀，取其中的 200g 装入洁净的玻璃容器中，密封，水溶液于 4℃ 保存，其他试样于-18℃保存	试样的名称，采集时间、数量、采样人员等采样信息	1. 桌面整齐，着工作服，仪表整洁。 2. 试样混合均匀，保存方法得当。 3. 正确使用组织匀浆机对需要粉碎的试样进行处理
试样提取	准确称取约 2.5g（精确至 0.001g）试样于 50mL 离心管中，记录 m。加 0.5g 氯化钠、0.5mL 盐酸溶液（1+1）和 0.5mL 乙醇，用 15mL 和 10mL 乙醚提取两次，每次振摇 1min，于 8000r/min 离心 3min。每次均将上层乙醚提取液通过无水硫酸钠滤入 25mL 容量瓶中。加乙醚清洗无水硫酸钠层并收集至约 25mL 刻度，最后用乙醚定容，混匀。准确吸取 5mL 乙醚提取液于 5mL 具塞刻度试管中，于 35℃ 氮吹至干，加入 2mL 正己烷-乙酸乙酯（1+1）混合溶液溶解残渣，待气相色谱测定，记录 V	m：试样质量，g V：加入正己烷-乙酸乙酯（1+1）混合溶液体积，mL m：______ V：______	1. 正确使用具塞离心管等仪器；规范使用电子天平，正确进行天平检查及维护。 2. 规范使用离心机，正确设置转速进行试样离心。 3. 正确进行提取液的过滤。 4. 按照正确顺序进行试样处理
试样测定	设置仪器条件 （1）色谱柱：聚乙二醇毛细管气相色谱柱，内径 320μm，长 30m，膜厚度 0.25μm，或等效色谱柱。 （2）载气：氮气，流速 3mL/min。 （3）空气：400L/min。 （4）氢气：40L/min。 （5）进样口温度：250℃。 （6）检测器温度：250℃。 （7）柱温程序：初始温度 80℃，保持 2min，以 15℃/min 的速率升温至 250℃，保持 5min。 （8）进样量：2μL。 （9）分流比：10∶1	1. 观察记录色谱图上显示的保留时间。 2. 通过保留时间，确定苯甲酸、山梨酸峰。 3. 观察记录色谱图上的峰面积	1. 认识气相色谱仪基本结构，正确使用气相色谱仪，并进行日常维护。 2. 正确配制标准溶液，绘制标准曲线。 3. 能准确识别山梨酸、苯甲酸的色谱峰。 4. 能根据标准曲线对样品溶液进行定量。 5. 计算结果正确，按照要求进行数据修约。 6. 计算结果保留三位有效数字
	标准曲线的制作：将混合标准系列工作溶液分别注入气相色谱仪中，以质量浓度为横坐标，以峰面积为纵坐标，绘制标准曲线	ρ：由标准曲线得出的样液中待测物的质量浓度，mg/L ρ：______	
	试样溶液的测定：将试样溶液注入气相色谱仪中，得到峰面积，根据标准曲线得到待测液中苯甲酸、山梨酸的质量浓度，记录 ρ		
	根据公式，计算试样中苯甲酸、山梨酸的含量： $X=\dfrac{\rho\times V\times 25}{m\times 5\times 100}$ 式中　25——试样乙醚提取液的总体积，mL； 5——测定时吸取乙醚提取液的体积，mL； 1000——由 mg/kg 转换为 g/kg 的换算因子	X：试样中待测组分含量，g/kg X：______	
结束工作	结束后倒掉废液、清理台面、洗净用具并归位。 检查气相色谱仪各项参数，使其保持最佳运行状态		1. 实验室安全操作。 2. 团队进行工作总结

学习思考

1. 测定食品中防腐剂含量的意义是什么？
2. 采用液相色谱法测定食品中山梨酸和苯甲酸含量时，如何设置色谱条件？
3. 苯甲酸在什么条件下对多种微生物有明显的杀菌、抑菌作用？
4. 测定巧克力中山梨酸和苯甲酸含量时，如何对试样进行制备？
5. 液相色谱法测定食品中的苯甲酸和山梨酸，测定结果精密度如何要求？

项目二

食品中抗氧化剂的测定

项目导入

【油脂酸败】食品中的脂肪在长期储存中其质量会逐渐变坏，这种变坏即为油脂的酸败。油脂酸败的主要原因是油脂自身的氧化。为了防止油脂自身的氧化作用，常在油脂或含脂肪较高的食品中加入一些抗氧化剂。丁基羟基茴香醚（BHA）、2,6-二叔丁基对甲基苯酚（BHT）、叔丁基对苯二酚（TBHQ）是三种最常用的人工合成抗氧化剂。GB 2760—2024《食品安全国家标准　食品添加剂使用标准》规定，BHA、BHT 和 TBHQ 在油脂、油炸食品、膨化食品等中，允许的最大使用量为 0.2g/kg，BHA、BHT、TBHQ 混合使用时，总量不能超过 0.2g/kg。

问题启发

你认为现代食品工业得到迅猛发展的主要影响因素有哪些？日常生活中常见的食品抗氧化剂有哪些？其功能是什么？食品安全国家标准中对食品抗氧化剂有没有限量要求？如何检测？

知识准备

一、 食品抗氧化剂

食品抗氧化剂是能阻止或延缓食品氧化变质、提高食品稳定性和延长储存期的食品添加剂。氧化不仅会使食品中的油脂变质，而且还会使食品褪色、变色和破坏其中的维生素等，从而降低食品的感官质量和营养价值，甚至产生有害物质，引起食物中毒。

一般抗氧化剂都是还原性物质，如抗坏血酸是一种抗氧化剂，用于抑制水果和蔬菜切割表面的酶促褐变，同时还能与氧气反应，除去食品包装中的氧气，防止食品氧化变质；亚硫酸和亚硫酸盐是常用的抗氧化剂，通常用于干果类食品中。

最常用的食品抗氧化剂是酚类物质。抗氧化剂中的丁基羟基茴香醚（BHA）、2,6-二叔丁基对甲基苯酚（BHT）、没食子酸丙酯（PG）、叔丁基对苯二酚（TBHQ）和生育酚五种是国际上广泛使用的抗氧化剂，它们可以单独使用或与柠檬酸、抗坏血酸等酸性增效剂复合使用，可满足大部分食品制品的需要。抗氧化剂一般都是直接添加到油脂及脂肪类食品中，也可以使用喷雾的方法来添加抗氧化剂，比如把抗氧化剂溶解后喷在食品上。TBHQ 和 BHT 属于人工合成抗氧化剂，在国家规定的使用范围和剂量内使用时是安全可靠的。

由于抗氧化剂种类较多，抗氧化的作用机制也不尽相同，比较复杂，存在着多种可能性。归纳起来，主要有以下几种。

（1）通过抗氧化剂的还原作用，降低食品体系中的氧含量。

（2）中断氧化过程中的链式反应，阻止氧化过程进一步进行。

（3）破坏、减弱氧化酶的活性，使其不能催化氧化反应的进行。

（4）将能催化及引起氧化反应的物质封闭，如络合能催化氧化反应的金属离子等。

二、 食品中抗氧化剂测定的意义

目前，GB 2760—2024《食品安全国家标准　食品添加剂使用标准》中对 BHA、BHT 和 TBHQ 限量使用，其含量均不得高于 0.2g/kg（以油脂中含量计算）。过多使用对人体肝、脾、肺等均有不利影响，长期服用，有可能导致肝癌等癌症的产生。对食品中抗氧化剂进行有效检测可以判定其添加量是否超出限量要求，对其进行监测控制，能够确保消费者身心健康。

三、 食品中抗氧化剂测定的方法

依据 GB 5009.32—2016《食品安全国家标准　食品中 9 种抗氧化剂的测定》进行检测。标准规定了食品中没食子酸丙酯（PG）、2,4,5-三羟基苯丁酮（THBP）、叔丁基对苯二酚（TBHQ）、去甲二氢愈创木酸（NDGA）、叔丁基对羟基茴香醚（BHA）、2,6-二叔丁基-4-羟甲基苯酚（Ionox-100）、没食子酸辛酯（OG）、2,6-二叔丁基对甲基苯酚（BHT）、没食子酸十二酯（DG）9 种抗氧化剂的 5 种测定方法：高效液相色谱法、液相色谱串联质谱法、气相色谱-质谱法、气相色谱法以及比色法。高效液相色谱法适用于食品中 PG、THBP、TBHQ、NDGA、BHA、BHT、Ionox-100、OG、DG 的测定；液相色谱串联质谱法适用于食品中 THBP、PG、OG、NDGA、DG 的测定；气相色谱-质谱法适用于食品中 BHA、BHT、TBHQ、Ionox-100 的测定；气相色谱法适用于食品中 BHA、BHT、TBHQ 的测定；比色法适用于油脂中 PG 的测定。

四、 测定过程中的注意事项

（1）气相色谱-质谱法测定食品中 BHA、BHT、TBHQ 时，配成的 BHA、BHT、TBHQ 标准储备液于 4℃冰箱中避光保存。BHA、BHT、TBHQ 标准使用液，现用现配。

（2）将试样溶液注入气相色谱质谱联用仪前，应检查进样隔垫，视情况及时更换。

（3）使用气相色谱-质谱联用仪进行试样测定时应随时注意系统真空度，检查传输管接头是否漏气。

（4）气相色谱-质谱法检出限为 BHA 1mg/kg，TBHQ 0.5mg/kg，BHT 0.5mg/kg；定量限均为 1mg/kg。

工作任务 气相色谱-质谱法测定食品中的抗氧化剂 BHA、BHT 与 TBHQ

一、方法解读

油脂样品经有机溶剂溶解后，使用凝胶渗透色谱（GPC）净化；固体类食品样品用正己烷溶解，用乙腈提取，固相萃取柱净化，气相色谱-质谱法测定，外标法定量。

二、任务准备

试剂	正己烷：分析纯，重蒸
	氯化钠：分析纯
	无水硫酸钠：分析纯，650℃灼烧 4h，储存于干燥器中，冷却后备用
	乙腈饱和的正己烷溶液：正己烷中加入乙腈至饱和
	正己烷饱和的乙腈溶液：乙腈中加入正己烷至饱和
	乙酸乙酯和环己烷混合溶液(1+1)：取 50mL 乙酸乙酯和 50mL 环己烷混匀
	乙腈和甲醇混合溶液(2+1)：取 100mL 乙腈和 50mL 甲醇混合
	饱和氯化钠溶液：水中加入氯化钠至饱和
	甲酸溶液(0.1+99.9)：取 0.1mL 甲酸移入 100mL 容量瓶，定容至刻度
	标准物质储备液：准确称取 0.1g(精确至 0.1mg)固体抗氧化剂标准物质，用乙腈溶于 100mL 棕色容量瓶中，定容至刻度，配制成浓度为 1000mg/L 的标准储备液，0~4℃避光保存
	标准混合使用液：移取适量体积的浓度为 1000mg/L 的抗氧化剂标准储备液混合后，分别稀释至浓度为 1，2，5，10，20，50，100，200mg/L 的混合标准使用液
标准品	叔丁基对羟基茴香醚：纯度≥98%
	叔丁基对苯二酚：纯度≥98%
	2，6-二叔丁基对甲基苯酚：纯度≥98%
	2，6-二叔丁基-4-羟甲基苯酚：纯度≥98%
仪器	离心机：转速≥3000r/min
	旋转蒸发仪
	气相色谱-质谱联用仪
	凝胶渗透色谱仪
	分析天平：感量为 0.01g 和 0.1mg
	涡旋振荡器
	C_{18}固相萃取柱：2000mg/12mL
	有机系滤膜：孔径 0.22μm

注： 除非另有规定，本方法所用试剂均为色谱纯，水为 GB/T 6682—2008《分析实验室用水规格和试验方法》规定的一级水。

三、 任务实施

1. 方案制订

通过相关知识学习，解读国家标准，小组完成方案制订，并依据方案完成任务准备。

任务名称			
小组成员		时间	
依据标准			
工作方案	一、明确方法		
	二、工作准备		
	仪器设备(规格、数量)		
	试剂(规格、浓度、数量)		
	样品		
	三、任务分工		
	姓名	分工及时间安排	
	四、工作流程简图		

2. 任务过程

任务	具体实施		要求
	实施步骤	实验记录	
试样制备	固体或半固体试样粉碎混匀，然后用对角线法取四分之二或六分之二，或根据试样情况取有代表性试样，密封保存；液体试样混合均匀，取有代表性试样，密封保存	试样的名称，采集时间、数量、采样人员等采样信息	1. 桌面整齐，着工作服，仪表整洁。 2. 试样混合均匀，保存方法得当。 3. 正确进行四分法取样
试样提取	固体类试样：称取1g(精确至0.01g)试样于50mL离心管中，加入5mL乙腈饱和的正己烷溶液，涡旋1min充分混匀，浸泡10min，记录m。加5mL饱和氯化钠溶液，用5mL正己烷饱和的乙腈溶液涡旋2min，3000r/min离心5min，收集乙腈层于试管中，再重复使用5mL正己烷饱和的乙腈溶液提取2次，合并3次提取液，加0.1%甲酸溶液调节pH=4，待净化。同时做空白试验	m：试样质量，g m：______	1. 正确使用吸量管、涡旋振荡器、电子天平、离心机等仪器，并对其进行维护。 2. 正确规范进行试样提取。 3. 同样实验条件进行空白试验

任务	具体实施		要求
	实施步骤	实验记录	
试样提取	油类：称取 1g(精确至 0.01g)试样于 50mL 离心管中，加入 5mL 乙腈饱和的正己烷溶液溶解试样，涡旋 1min，静置 10min，记录 *m*。用 5mL 正己烷饱和的乙腈溶液涡旋提取 2min，3000r/min 离心 5min，收集乙腈层于试管中，再重复使用 5mL 正己烷饱和的乙腈溶液提取 2 次，合并 3 次提取液，待净化。同时做空白试验	*m*：试样质量，g *m*：______	1. 正确使用吸量管、涡旋振荡器、电子天平、离心机等仪器，并对其进行维护。 2. 正确规范进行试样提取。 3. 同样实验条件进行空白试验
试样净化	在 C_{18} 固相萃取柱中装入约 2g 的无水硫酸钠，用 5mL 甲醇活化萃取柱，再以 5mL 乙腈平衡萃取柱，弃去流出液。将所有提取液倾入柱中，弃去流出液，再以 5mL 乙腈和甲醇的混合溶液洗脱，收集所有洗脱液于试管中，40℃下旋转蒸发至干，加 2mL 乙腈定容，记录 *V*，过 0.22μm 有机系滤膜，供气相色谱-质谱测定 凝胶渗透色谱法(纯油类样品可选)：称取试样 10g(精确至 0.01g)于 100mL 容量瓶中，以乙酸乙酯和环己烷混合溶液定容至刻度，作为母液；取 5mL 母液于 10mL 容量瓶中以乙酸乙酯和环己烷混合溶液定容至刻度，待净化。取 10mL 待测液加入凝胶渗透色谱(GPC)进样管中，使用 GPC 净化，收集流出液，40℃下旋转蒸发至干，加 2mL 乙腈定容，记录 *V*，过 0.22μm 有机系滤膜，供气相色谱-质谱测定。同时做空白试验	*V*：样液最终定容体积，mL *V*：______	1. 正确使用 C_{18} 固相萃取柱进行萃取、洗脱。 2. 正确使用旋转蒸发仪，熟练规范使用吸量管。 3. 根据试样特性选择适宜的净化方法
试样测定	设置气相色谱-质谱仪条件 (1)色谱柱：5%苯基-甲基聚硅氧烷毛细管柱，柱长 30m，内径 0.25mm，膜厚 0.25μm，或等效色谱柱。 (2)色谱柱升温程序：70℃保持 1min，然后以 10℃/min 程序升温至 200℃保持 4min，再以 10℃/min 升温至 280℃保持 4min。 (3)载气：氦气，纯度≥99.999%，流速 1mL/min。 (4)进样口温度：230℃。 (5)进样量：1μL。 (6)进样方式：无分流进样，1min 后打开阀。 (7)电子轰击源：70eV。 (8)离子源温度：230℃。 (9)GC-MS 接口温度：280℃。 (10)溶剂延迟 8min。 (11)选择离子监测：每种化合物分别选择一个定量离子，2~3 个定性离子。每组所有需要检测离子按照出峰顺序，分时段分别检测。每种化合物的保留时间、定量离子、定性离子、驻留时间见表 8-1	1. 观察记录色谱图上显示的保留时间。 2. 观察记录色谱图，记录内标峰面积和目标物峰面积。 3. 以定量离子峰面积对应标准溶液浓度绘制标准曲线	1. 正确使用气相色谱-质谱仪，掌握仪器操作及日常维护的方法。 2. 正确配制标准溶液，绘制标准曲线。 3. 能对抗氧化剂准确进行定性测定。 4. 能根据标准曲线对试样溶液进行定量分析。 5. 计算结果正确，按照要求进行数据修约。 6. 计算结果保留三位有效数字或小数点后两位。 7. 精密度：在重复性条件下获得的两次独立测定结果的绝对差值不得超过算术平均值的 10%

<table>
<tr><th rowspan="2">任务</th><th colspan="2">具体实施</th><th rowspan="2">要求</th></tr>
<tr><th>实施步骤</th><th>实验记录</th></tr>
<tr><td rowspan="4">试样测定</td><td>定性测定：在相同试验条件下进行试样测定时，如果检出的色谱峰的保留时间与标准样品相一致，并且在扣除背景后的质谱图中，所选择的离子均出现，而且所选择的离子丰度比与标准样品相一致（相对丰度>50%，允许±20%偏差；20%<相对丰度≤50%，允许±25%偏差；10%<相对丰度≤20%，允许±30%偏差；相对丰度≤10%，允许±50%偏差），则可判断试样中存在这种抗氧化剂</td><td rowspan="3">ρ_i：从标准曲线上得到的抗氧化剂溶液浓度，μg/mL
ρ_i：______</td><td rowspan="4"></td></tr>
<tr><td>标准曲线绘制：将标准系列工作液进行气相色谱-质谱联用仪测定，以定量离子峰面积对应标准溶液浓度绘制标准曲线。食品中4种抗氧化剂选择离子监测GC-MS图见图8-1</td></tr>
<tr><td>试样溶液的测定：将试样溶液注入气相色谱-质谱联用仪中，得到相应色谱峰响应值，根据标准曲线得到待测液中抗氧化剂的浓度，记录ρ_i</td></tr>
<tr><td>根据公式，计算试样中抗氧化剂的含量：
$$X_i=\rho_i\times\frac{V}{m}$$</td><td>X_i：试样中抗氧化剂含量，mg/kg
X_i：______</td></tr>
<tr><td>结束工作</td><td colspan="2">结束后倒掉废液、清理台面、洗净用具并归位。检查仪器各项参数，使其保持最佳运行状态</td><td>1. 实验室安全操作。
2. 团队进行工作总结</td></tr>
</table>

表8-1 食品中抗氧化剂的保留时间、定量离子、定性离子及丰度比值和驻留时间

抗氧化剂名称	保留时间/min	定量离子	定性离子1	定性离子2	驻留时间/ms
BHA	11.981	165(100)	137(76)	180(50)	20
BHT	12.251	205(100)	145(13)	220(25)	20
TBHQ	12.805	151(100)	123(100)	166(47)	20
Ionox-100	15.598	221(100)	131(8)	236(23)	20

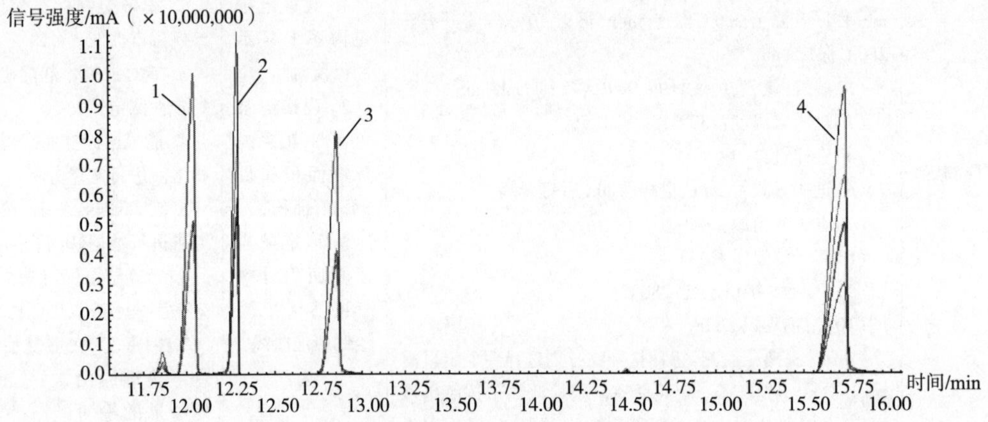

1—BHA 2—BHT 3—TBHQ 4—Ionox-100

图8-1 食品中4种抗氧化剂选择离子监测GC-MS图

检查与评价

学生完成本任务的学习，通过自评、小组互评以检查自己对本任务学习的掌握情况。指导教师在整个教学过程中，关注每个小组的检测过程及小组成员的动手能力，并对小组成员动手能力进行评价。将具体的检查与评价填入下表。

项目	评价标准	分值	学生自评	小组互评	教师评价
方案制订与任务准备	认真负责、一丝不苟进行资料查阅，确定检测依据	2			
	协同合作制订方案并合理分工	5			
	相互沟通完成方案诊改	3			
	正确清洗及检查仪器	5			
	合理领取药品	5			
	正确取样	5			
试样制备	正确进行试样处理	5			
试样测定	正确进行试样提取	5			
	规范装柱，正确进行试样净化	5			
	正确配制混合标准系列工作溶液	5			
	设置气相色谱-质谱仪条件	5			
	准确绘制标准曲线	10			
	规范进行试样溶液测定	10			
	正确识别图谱，数据记录正确、完整、美观	5			
	正确计算结果，按照要求进行数据修约	5			
	规范编制检测报告	5			
结束工作	结束后倒掉废液、清理台面、洗净用具并归位	5			
	冲洗管路及色谱柱，文明操作	5			
	合理分工，按规定时间完成	5			

学习思考

1. GB 2760—2024《食品安全国家标准　食品添加剂使用标准》中规定，膨化食品中BHA、BHT、TBHQ的使用限量分别为多少？

2. 食品抗氧化剂的作用是什么？

3. BHA、BHT、TBHQ检测时，实验用水应符合什么要求？

4. 测定食品中抗氧化剂时，如何对固体试样进行提取？

5. 测定食品中抗氧化剂时，如何设置气相色谱-质谱仪条件？

项目三

食品中合成着色剂的测定

项目导入

【食品着色剂】食品着色剂又称食用色素，使食品着色，从而改善食品色调和色泽。食用色素能改变食品感官色彩，刺激人们的食欲，是食品生产中不可缺少的重要组成部分。人工合成的色素，色泽鲜艳，着色力强，色调多样，在食品加工过程中稳定性好且价格低廉，但作为化学合成物常具有一定毒性，GB 2760—2024《食品安全国家标准　食品添加剂使用标准》中规定了食用合成色素的使用范围及最大使用量。对于各种食品添加剂，它们都需经过严格的安全风险评价，证明对人体无害，才能在比安全剂量更小的保守范围内使用。

问题启发

食品中常见的着色剂有哪些？来源于哪里？这些着色剂在GB2760—2024《食品安全国家标准　食品添加剂使用标准》中的使用范围和剂量如何？如何进行检测呢？

知识准备

一、食品着色剂

食品着色剂是以给食品着色为主要目的的添加剂，也称食用色素。食品着色剂使食品具有悦目的色泽，对增加食品的嗜好性及刺激食欲有重要意义。

目前，世界上常用的食品着色剂有60余种，按其来源和性质可分为食品天然着色剂和食品合成着色剂两大类。食品天然着色剂主要来自天然色素，按其来源不同，主要有三类：一是植物色素，如甜菜红、姜黄、β-胡萝卜素、叶绿素等；二是动物色素，如紫胶红、胭脂虫红等；三是微生物色素，如红曲红等。食品合成着色剂主要是依据某些特殊的化学基团或生色基团进行合成的，按其化学结构可分为两类：一是偶氮色素类，如苋菜红、胭脂红、日落黄、柠檬黄、新红、诱惑红、酸性红等；二是非偶氮色素类，如赤藓红、亮蓝等。

天然着色剂色彩易受金属离子、水质、pH、氧化、光照、温度的影响，一般较难分散，染着性、着色剂间的相溶性较差，且价格较高。与天然色素相比，合成色素颜色更加鲜艳，不易褪色，且价格较低。

二、食品合成着色剂测定的意义

对于每一个批准使用的人工色素，在允许采用之前都必须经过一系列严格的毒理学试验和安全性评价，确实证明在一定范围内使用是安全之后，才能向政府申报，并且还要再经过一定的程序进行严格审核，最后确定其毒性，以及在各种食品中最大使用量和使用范围，最终写入国家标准。现行的GB 2760—2024《食品安全国家标准　食品添加剂使用标准》就是根据我国对色素的安全管理要求，经过专家们的毒理实验验证，并且参考了国际、发达国家的标准法规等编写而成的添加剂使用准则。其中明确规定了食品色素的使用原则、允许使用的色素种类、各种类的使用范围、最大使用量或残留量等事项。并且 GB 2760—2024 是强制性实施的国家标准，受法律保护，合格食品中色素的使用要流出到市场必须得符合该国家标准的相关要求，添加到食品中的着色剂受到严格的监控，能够很好地保证食品的安全。

三、 食品合成着色剂测定的方法

依据 GB/T 5009. 35—2023《食品安全国家标准　食品中合成着色剂的测定》进行检测。标准中规定了食品中 11 种合成着色剂（柠檬黄、新红、苋菜红、靛蓝、胭脂红、日落黄、诱惑红、亮蓝、酸性红、喹啉黄和赤藓红）的测定方法。

四、 测定过程中的注意事项

（1）液相色谱法测定合成着色剂时，合成着色剂标准使用液需要临用时现配；聚酰胺粉吸附要求预先活化，并要求在一定的温度、pH 和一定的作用时间下进行，操作时要注意。

（2）样品的前处理和提纯工作中，一定要充分去除杂质（油脂、蛋白质、淀粉、糖），以免影响吸附及层析效果。

（3）提取色素过程中，吸取的上清液在 50℃下用氮气浓缩至 3mL 左右，防止烧干。

（4）液相色谱法检出限与定量限：当样品取样量为 2g、定容体积为 2mL 时，柠檬黄、新红、胭脂红、日落黄、喹啉黄、赤藓红的检出限均为 0. 5mg/kg，定量限均为 1. 5mg/kg；苋菜红、诱惑红、亮蓝、酸性红、靛蓝的检出限均为 0. 3mg/kg，定量限均为 1. 0mg/kg。

工作任务 液相色谱法测定食品中的合成着色剂

一、 方法解读

试样中的合成着色剂用乙醇氨水溶液提取，经固相萃取净化后，用配有二极管阵列检测器的高效液相色谱仪测定，外标法定量。

二、 任务准备

试剂	甲醇：分析纯、色谱纯
	乙酸铵溶液（0. 02mol/L）：称取 1. 54g 乙酸铵（色谱纯），加水至 1000mL，溶解，经 0. 45μm 微孔滤膜过滤
	石油醚：沸程 30～60℃
	氨水：含量 20%～25%
	甲酸：含量 98%

试剂	乙醇氨水溶液:量取无水乙醇 700mL,加入 4mL 氨水,用水稀释至 1L,混匀
	5%甲醇水溶液:移取甲醇 5mL,用水稀释并定容至 100mL,混匀
	2%氨水甲醇溶液:移取 2mL 氨水,用甲醇稀释至 100mL
	乙酸铵缓冲溶液,pH=9.0:乙酸铵溶液(0.02mol/L)加氨水调 pH 至 9.0
	2%甲酸水溶液:移取甲酸 2mL,用水稀释至 100mL
	标准储备液(1.0mg/mL):准确称取按其纯度折算为 100%质量的柠檬黄、新红、苋菜红、胭脂红、日落黄、诱惑红、亮蓝、酸性红、喹啉黄和赤藓红各 100mg(精确至 0.1mg),加水溶解并分别置于 100mL 容量瓶中,定容至刻度,摇匀,得到质量浓度为 1.0mg/mL 的标准储备液。标准储备液可于 4℃下避光保存 6 个月,靛蓝标准溶液临用现配
	混合标准中间液(50.0μg/mL):吸取上述标准储备液和靛蓝标准溶液(1.0mg/mL)各 5.00mL 于 100mL 容量瓶中,用水稀释至刻度,摇匀,得到混合标准中间液(各合成着色剂浓度均为 50.0μg/mL),临用现配
	标准系列工作液:吸取混合标准中间液 0.2,0.5,1.0,2.0,5.0,10.0mL 于 50mL 容量瓶中,用水稀释至刻度,摇匀,得到标准系列工作液。浓度分别为 0.2,0.5,1.0,2.0,5.0,10.0μg/mL
标准品	柠檬黄(CAS 号:1934-21-0):纯度≥95.0%,或经国家认证并授予标准物质证书的标准品
	新红(CAS 号:220658-76-4):纯度≥95.0%,或经国家认证并授予标准物质证书的标准品
	苋菜红(CAS 号:915-67-3):纯度≥95.0%,或经国家认证并授予标准物质证书的标准品
	靛蓝(CAS 号:860-22-0):纯度≥90.0%,或经国家认证并授予标准物质证书的标准品
	胭脂红(CAS 号:2611-82-7):纯度≥95.0%,或经国家认证并授予标准物质证书的标准品
	日落黄(CAS 号:2783-94-0):纯度≥90.0%,或经国家认证并授予标准物质证书的标准品
	诱惑红(CAS 号:25956-17-6):纯度≥95.0%,或经国家认证并授予标准物质证书的标准品
	亮蓝(CAS 号:3844-45-9):纯度≥95.0%,或经国家认证并授予标准物质证书的标准品
	酸性红(CAS 号:3567-69-9):纯度≥90.0%,或经国家认证并授予标准物质证书的标准品
	喹啉黄(CAS 号:8004-92-0):纯度≥95.0%,或经国家认证并授予标准物质证书的标准品
	赤藓红(CAS 号:16423-68-0):纯度≥90.0%,或经国家认证并授予标准物质证书的标准品
仪器	高效液相色谱仪,带二极管阵列检测器
	分析天平:感量为 1mg 和 0.1mg
	pH 计:精度为 0.01
	电动搅拌器:转速为 30~2000r/min
	涡旋混合器
	超声波发生器或恒温摇床:超声功率不小于 700W,控温为 20~80℃;摇床转速为 10~500r/min
	高速离心机:转速≥15000r/min
	固相萃取装置
	氮气浓缩装置

仪器	WAX 混合型弱阴离子交换反相吸附或等效固相萃取柱,150mg/6mL
	针筒过滤器,PVDF(聚偏氟乙烯)或 PTFE(聚四氟乙烯)滤膜,孔径为 0.45μm

注：除非另有规定，本方法所用试剂均为分析纯，水为 GB/T 6682—2008《分析实验室用水规格和试验方法》规定的一级水。

三、 任务实施

1. 方案制订

通过相关知识学习，解读国家标准，小组完成方案制订，并依据方案完成任务准备。

<table>
<tr><td colspan="2">任务名称</td><td colspan="3"></td></tr>
<tr><td colspan="2">小组成员</td><td></td><td>时间</td><td></td></tr>
<tr><td colspan="2">依据标准</td><td colspan="3"></td></tr>
<tr><td rowspan="14">工作方案</td><td colspan="4">一、明确方法</td></tr>
<tr><td colspan="4"></td></tr>
<tr><td colspan="4">二、工作准备</td></tr>
<tr><td>仪器设备(规格、数量)</td><td colspan="3"></td></tr>
<tr><td>试剂(规格、浓度、数量)</td><td colspan="3"></td></tr>
<tr><td>样品</td><td colspan="3"></td></tr>
<tr><td colspan="4">三、任务分工</td></tr>
<tr><td>姓名</td><td colspan="3">分工及时间安排</td></tr>
<tr><td></td><td colspan="3"></td></tr>
<tr><td></td><td colspan="3"></td></tr>
<tr><td></td><td colspan="3"></td></tr>
<tr><td></td><td colspan="3"></td></tr>
<tr><td colspan="4">四、工作流程简图</td></tr>
<tr><td colspan="4"></td></tr>
</table>

2. 任务过程

<table>
<tr><td rowspan="2">任务</td><td colspan="2">具体实施</td><td rowspan="2">要求</td></tr>
<tr><td>实施步骤</td><td>实验记录</td></tr>
<tr><td>试样制备</td><td>液体试样和粉状固体试样应分别混合均匀,半固体试样取固液共存物进行匀浆混合,固体试样(带核蜜饯凉果需先去核,取可食部分)经电动搅拌器粉碎等方式混合均匀,密封,制备好的试样在-18℃以下避光保存,备用</td><td>记录试样保存温度</td><td>1. 桌面整齐,着工作服,仪表整洁。
2. 试样混合均匀,制备方法得当</td></tr>
</table>

任务	具体实施		要求
	实施步骤	实验记录	
试样提取	液体类试样(饮料、配制酒、调制乳、调味糖浆、风味发酵乳等)、冷冻饮品(风味冰、冰棍类):准确称取试样2g(精确至0.001g),记录m。冷冻饮品可先温水浴加热熔化再称样,置于50mL具塞离心管中,加入适量乙醇氨水溶液,涡旋1min,5000r/min离心5min,并用乙醇氨水溶液定容至50mL,即得提取液记录V_2;准确吸取上清液10mL,记录V_3,50℃下氮气浓缩至3mL左右,分2~3次共加入10mL 5%甲醇水溶液溶解,作为待净化液		1. 正确使用电子天平,并对其进行检查、维护。 2. 选择合适的色素提取方法。 3. 规范使用离心机和涡旋混合器
试样提取	固体类试样(加工水果、腌渍的蔬菜、糖果、酱及酱制品、香辛料、果冻、杂粮粉及其制品、面糊、淀粉及淀粉类制品、胶原蛋白肠衣、即食谷物、谷类和淀粉类甜品、糕点上彩装、蛋卷、焙烤食品馅料及表面用挂浆等):准确称取试样2g(精确至0.001g),记录m。置于50mL具塞离心管中,先加入适量水(2~5mL),50℃水浴加热混匀试样,加入25mL乙醇氨水溶液,涡旋1min,50℃超声或振摇(速率≥250r/min)提取20min,8000r/min离心5min,取上清液置于50mL容量瓶中,每次加入5~10mL乙醇氨水溶液重复提取操作至上清液无明显颜色,离心后合并上清液,用乙醇氨水溶液定容至50mL,即得提取液记录V_2。准确吸取提取液10mL,记录V_3,50℃氮气浓缩至3mL左右,分2~3次共加入10mL 5%甲醇水溶液溶解,作为待净化液	m:试样质量,g V_2:试样提取液体积,mL V_3:用于净化分取的试样提取液体积,mL m:______ V_2:______ V_3:______	1. 正确使用电子天平,并对其进行检查、维护。 2. 选择合适的色素提取方法。 3. 规范使用离心机和涡旋混合器
	含油量较大的试样(可可制品、巧克力和巧克力制品、调制乳粉、调制奶油粉、调制炼乳、膨化食品、加工坚果与籽类、熟制豆类、糕点、熟肉制品、复合调味料和冰淇淋、雪糕等):准确称取试样2g(精确至0.001g),记录m。置于50mL具塞离心管中,加入20mL石油醚,涡旋1min,超声或振摇(速率≥250r/min)提取10min,8000r/min离心5min,弃去上清液,油脂含量较高的可重复提取一次,弃去上清液,加入25mL乙醇氨水溶液,涡旋1min,50℃超声或振摇(速率≥250r/min)提取20min,8000r/min离心5min(若离心后提取液仍然浑浊,可转入高速离心机专用管,15000r/min离心5min),取上清液置于50mL容量瓶中,同固体类试样中"每次加入5~10mL乙醇氨水溶液……作为待净化液"操作		
试样净化	活化:依次用6mL甲醇(色谱纯)和6mL水活化固相萃取柱,保持柱体湿润	V_1:试样经净化洗脱后的最终定容体积,mL V_1:______	1. 活化过程保持柱体湿润。 2. 洗脱时分两次加入2%氨水甲醇溶液,流速低于2~3s/滴,以保证目标物充分洗脱
	上样:活化后立即将待净化液以2~3s/滴的流速加载到固相萃取柱上		
	淋洗:依次用6mL 2%甲酸水溶液和6mL甲醇(色谱纯)淋洗固相萃取柱,弃去淋洗液,真空抽2min至柱体近干		

<table>
<tr><th rowspan="2">任务</th><th colspan="2">具体实施</th><th rowspan="2">要求</th></tr>
<tr><th>实施步骤</th><th>实验记录</th></tr>
<tr><td>试样净化</td><td>洗脱：用6mL 2%氨水甲醇溶液洗脱，分两次加入，每次3mL，流速低于2~3s/滴，收集洗脱液，于50℃氮气浓缩至近干，准确加入2mL pH为9.0的乙酸铵缓冲溶液溶解，记录V_1。溶液用针筒过滤器，孔径0.45μm的滤膜过滤，弃去2~5滴初滤液，取续滤液作为待测液</td><td></td><td></td></tr>
<tr><td rowspan="4">试样测定</td><td>设置色谱条件
（1）色谱柱：C_{18}柱，4.6mm×250mm，5μm。
（2）进样量：10μL。
（3）柱温：30℃。
（4）二极管阵列检测器波长范围：400~800nm，检测波长：415nm（柠檬黄、喹啉黄），520nm（新红、苋菜红、胭脂红、日落黄、诱惑红、酸性红和赤藓红），610nm（靛蓝、亮蓝）
（5）梯度洗脱表见表8-2</td><td>1. 观察记录色谱图上显示的保留时间。
2. 观察色谱图，能准确识别各种着色剂的峰。
3. 观察记录色谱图上的峰面积</td><td rowspan="4">1. 正确使用液相色谱仪，掌握仪器操作及维护的方法。
2. 正确配制标准溶液。
3. 能准确识别各种着色剂标准色谱图。
4. 能根据保留时间定性，外标峰面积法定量。
5. 计算结果正确，按照要求进行数据修约。
6. 计算结果保留三位有效数字。
7. 精密度：在重复性条件下获得的两次独立测定结果的绝对差值不得超过算术平均值的10%</td></tr>
<tr><td>制作标准曲线</td><td></td></tr>
<tr><td>测定：将试样提取液和合成着色剂标准使用液分别注入高效液相色谱仪，记录c。根据保留时间定性，外标峰面积法定量。着色剂标准色谱图见图8-2</td><td>c：进样液中合成着色剂的浓度，μg/mL
c：______</td></tr>
<tr><td>根据公式，计算试样中合成着色剂的含量：
$$X=\frac{c\times V_1\times V_2}{V_3\times m\times 1000}$$
式中　1000——换算系数</td><td>X：试样中合成着色剂的含量，g/kg
X：______</td></tr>
<tr><td>结束工作</td><td colspan="2">结束后倒掉废液、清理台面、洗净用具并归位。冲洗管路及色谱柱，使液相色谱仪保持最佳运行状态</td><td>1. 实验室安全操作。
2. 团队进行工作总结</td></tr>
</table>

表8-2　　梯度洗脱表

时间/min	流速/(mL/min)	0.02mol/L乙酸铵溶液体积分数/%	甲醇体积分数/%
0.00	1.0	90	10
12.0	1.0	60	40
19.0	1.0	50	50
22.5	1.0	45	55
24.0	1.0	5	95
33.0	1.0	5	95
34.0	1.0	90	10
42.0	1.0	90	10

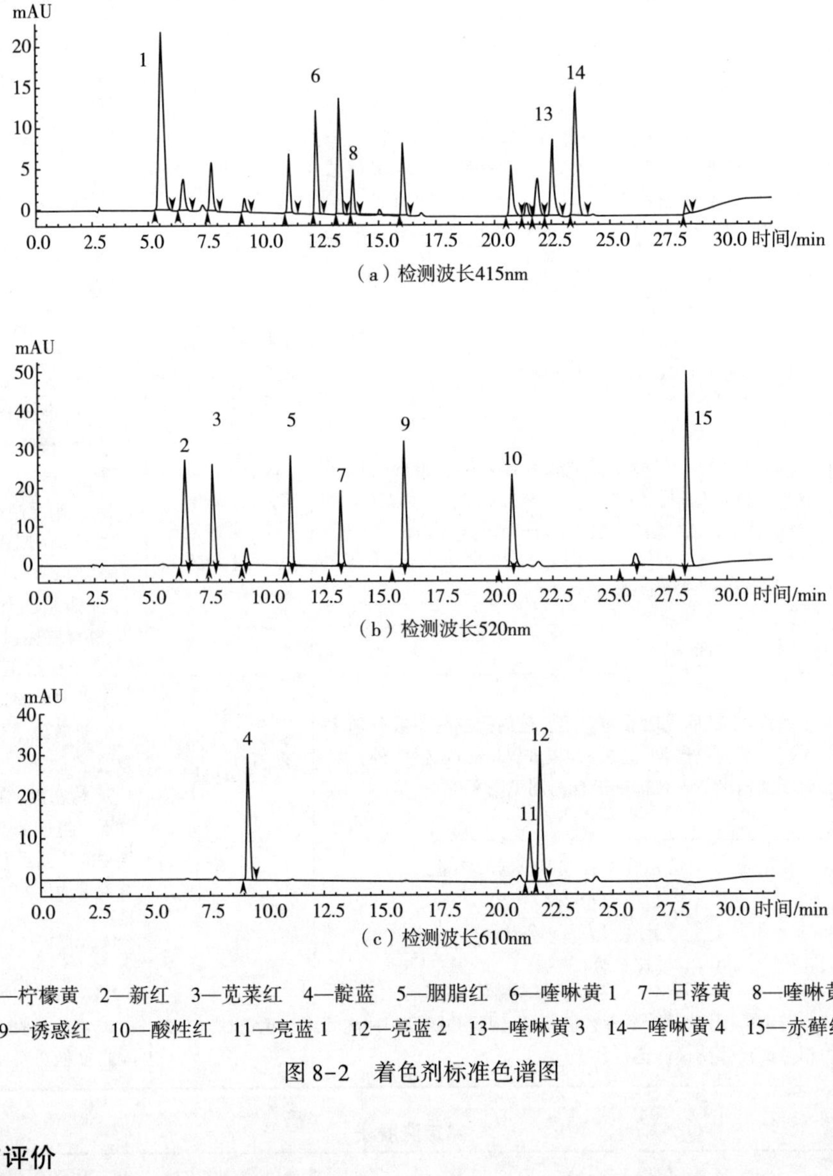

（a）检测波长415nm

（b）检测波长520nm

（c）检测波长610nm

1—柠檬黄 2—新红 3—苋菜红 4—靛蓝 5—胭脂红 6—喹啉黄 1 7—日落黄 8—喹啉黄 2
9—诱惑红 10—酸性红 11—亮蓝 1 12—亮蓝 2 13—喹啉黄 3 14—喹啉黄 4 15—赤藓红

图 8-2 着色剂标准色谱图

检查与评价

学生完成本任务的学习，通过自评、小组互评以检查自己对本任务学习的掌握情况。指导教师在整个教学过程中，关注每个小组的检测过程及小组成员的动手能力，并对小组成员动手能力进行评价。将具体的检查与评价填入下表。

项目	考核内容	分值	学生自评	小组互评	教师评价
方案制订与任务准备	认真负责、一丝不苟进行资料查阅，确定检测依据	2			
	协同合作制订方案合理分工	5			
	相互沟通完成方案诊改	3			
	正确清洗及检查仪器	5			
	合理领取药品	5			

续表

项目	考核内容	分值	学生自评	小组互评	教师评价
方案制订与任务准备	正确取样	5			
	准确配制溶液	5			
试样制备、提取	试样处理	5			
试样净化	活化固相萃取柱	5			
	正确上样、淋洗	5			
	正确洗脱、浓缩、溶解、过滤	5			
试样测定	准确设置色谱条件	5			
	规范操作进行试样测定	5			
	准确识别谱图，数据记录正确、完整、美观	10			
	准确进行定性及定量测定	5			
	正确计算结果，按照要求进行数据修约	5			
	完成检测报告	5			
结束工作	结束后倒掉废液，清理台面，洗净用具并归位	5			
	冲洗管路及色谱柱，文明操作	5			
	合理分工，按规定时间完成	5			

学习思考

1. 食品着色剂如何分类？
2. 为什么要测定食品中合成着色剂的含量？
3. 检测配制酒类样品中合成着色剂的含量，样品应如何进行制备？
4. GB 2760—2024《食品安全国家标准　食品添加剂使用标准》中规定，果冻中柠檬黄的使用限量是多少？
5. 测定食品中合成着色剂时，如何对液体试样进行提取？

项目四

食品中亚硝酸盐与硝酸盐的测定

项目导入

【每日辟谣丨隔夜菜到底能不能吃？】亚硝酸盐本身并不致癌，有致癌作用的是亚硝胺。亚硝酸盐广泛存在于自然界环境中，尤其是在食物中，比如：蔬菜中亚硝酸盐的平均含量大约为4mg/kg，肉类约为3mg/kg，蛋类约为5mg/kg。而蔬菜水果在被采摘收割之后，还会不断地产生亚硝酸盐。另外，亚硝酸盐也是可以合法使用的食品防腐剂和护色剂，只要在国家食品安全标准范围内，是没有健康风险的。比如我们生活中常吃的火腿、腊肉等腌制食品中，就可能添加了亚硝酸盐。

据国内相关研究报道，成人口服亚硝酸盐的最低中毒剂量为300~500mg，摄入1~3g可导致死亡。一般在冰箱冷藏室里存放24h的隔夜菜（不算腌制蔬菜、加工肉类），亚硝酸盐含量不会超过10mg/kg。所以，隔夜菜中亚硝酸盐含量离中毒剂量还相差很远，偶尔吃一点问题不大，大家没必要“谈隔夜菜色变”，重点是吃的频率和量。

问题启发

亚硝酸盐属于哪种食品添加剂？在食品中的作用有哪些？亚硝酸盐超标对人体有哪些危害？如何进行测定？

知识准备

一、食品发色剂

食品发色剂是能与食品中的某些成分发生作用，而使制品呈现良好色泽的食品添加剂，也称为护色剂、呈色剂或助色剂。它还有防止食物中毒和杀菌的作用。

亚硝酸盐作为肉制品中的发色剂，能与肉及肉制品中的呈色物质作用，使之在食品加工、保藏等过程中不致分解、破坏，呈现良好的色泽，也能抑制微生物的生长。亚硝酸盐作为重要的食品添加剂，在我国使用历史悠久，从古代开始就使用“硝盐”来对肉制品进行护色，至今仍然在肉制品加工中发挥着多方面的作用。硝酸盐在亚硝酸菌的作用下还原成亚硝酸盐，并在酸性条件下生成亚硝酸，亚硝酸分解生成亚硝基，并与肌红蛋白反应生成亮红色的亚硝基肌红蛋白，保持肉制品的良好色泽。一些还原性物质如抗坏血酸和烟酰胺等与发色剂并用，可防止亚硝基氧化，促进发色。这类物质又称发色助剂。

亚硝酸盐作为一种常用的食品添加剂，广泛应用于乳制品、肉类、泡菜等腌制食品中。另外，种植期间，如果硝酸氮肥没有被蔬菜吸收，它将直接残留在蔬菜上。在随后的运输、加工和消费环节，在细菌的作用下，很容易转化为亚硝酸盐，其中甜菜、莴苣、芹菜和菠菜最为突出。

亚硝酸盐可与食物或胃中的仲胺类物质结合生成具有强致癌作用的亚硝胺。但由于亚硝酸盐除发色作用外，还有抑菌和增强风味的作用，特别是可防止肉毒中毒，且目前尚无适当的替代物，权衡利弊，各国仍都许可使用，但都严格控制其使用范围、使用量和残留量。用亚硝酸盐进行肉类加工的同时，加入适量维生素C和维生素E可阻止亚硝胺的形成。

二、食品中亚硝酸盐与硝酸盐的测定意义

亚硝酸盐与硝酸盐作为防腐与保鲜剂，可延长食品的保质期，但也对人体带来了一定的危害。硝酸盐在体内可通过肠道微生物及唾液等作用转变为亚硝酸盐，亚硝酸盐可以与体内蛋白质分解产生亚硝胺，同时使血液中的二价铁氧化为三价铁，进而使正常的血红蛋白失去载氧能力，引起高铁血红蛋白症。由于亚硝酸盐具有较强的毒性，食入0.3~0.5g的亚硝酸盐即可引起急性中毒，长期食用含有超量亚硝酸盐量过高的井水、污水以及长期食用含有超量亚硝酸盐的肉制品和被亚硝酸盐污染了的食品即可引起慢性中毒，中毒严重可致死亡。因此，各个国家对食品加工中的硝酸盐和亚硝酸盐使用量都制定了严格的限量

标准，测定亚硝酸盐的含量是食品安全检测中非常重要的项目之一。

三、食品中亚硝酸盐与硝酸盐的测定方法

依据 GB/T 5009.33—2016《食品安全国家标准　食品中亚硝酸盐与硝酸盐的测定》进行检测。标准中规定了食品中亚硝酸盐和硝酸盐的测定方法。

四、测定过程中的注意事项

（1）离子色谱法测定亚硝酸盐和硝酸盐时，使用前仔细阅读离子色谱柱附带的说明书，注意适用范围，如 pH 范围、流动相类型等。脱气后的流动相要小心振动，尽量不起气泡。

（2）使用离子色谱仪时，需对抽滤后的流动相进行超声脱气 10~20min。

（3）分析完毕后，先关离子色谱仪的检测器，再用经过滤和脱气的适当溶剂清洗色谱系统，正相柱一般用正己烷，反相柱如使用过含盐流动相，则先用水（5%甲醇），然后用甲醇-水冲洗，各种冲洗剂一般冲洗 15~30min，最后用甲醇保存色谱柱，特殊情况应延长冲洗时间。

（4）关闭离子色谱仪时，先关闭泵、检测器等，再关闭工作站，然后关机，最后自下而上关闭色谱仪各组件，关闭洗泵溶液的开关。

（5）离子色谱法测定亚硝酸盐和硝酸盐检出限分别为 0.2mg/kg 和 0.4mg/kg。

工作任务　离子色谱法测定食品中的亚硝酸盐与硝酸盐

一、方法解读

试样经沉淀蛋白质、除去脂肪后，采用相应的方法提取和净化，以氢氧化钾溶液为淋洗液，阴离子交换柱分离，电导检测器或紫外检测器检测。以保留时间定性，外标法定量。

二、任务准备

试剂	3%乙酸溶液：量取乙酸 3mL 于 100mL 容量瓶中，以水稀释至刻度，混匀
	1mol/L 氢氧化钾溶液：称取 6g 氢氧化钾，加入新煮沸过的冷水溶解，并稀释至 100mL，混匀
	亚硝酸盐标准储备液（100mg/L，以 NO_2^- 计，下同）：准确称取 0.1500g 于 110~120℃干燥至恒重的亚硝酸钠，用水溶解并转移至 1000mL 容量瓶中，加水稀释至刻度，混匀
	硝酸盐标准储备液（1000mg/L，以 NO_3^- 计，下同）：准确称 1.3710g 于 110~120℃干燥至恒重的硝酸钠，用水溶解并转移至 1000mL 容量瓶中，加水稀释至刻度，混匀
	亚硝酸盐和硝酸盐混合标准中间液：准确移取亚硝酸根离子（NO_2^-）和硝酸根离子（NO_3^-）的标准储备液各 1.0mL 于 100mL 容量瓶中，用水稀释至刻度，此溶液每升含亚硝酸根离子 1.0mg 和硝酸根离子 10.0mg
	亚硝酸盐和硝酸盐混合标准使用液：移取亚硝酸盐和硝酸盐混合标准中间液，加水逐级稀释，制成系列混合标准使用液，亚硝酸根离子浓度分别为 0.02，0.04，0.06，0.08，0.10，0.15，0.20mg/L；硝酸根离子浓度分别为 0.2，0.4，0.6，0.8，1.0，1.5，2.0mg/L

标准品	亚硝酸钠(CAS 号:7632-00-0):基准试剂,或采用具有标准物质证书的亚硝酸盐标准溶液
	硝酸钠(CAS 号:7631-99-4):基准试剂,或采用具有标准物质证书的硝酸盐标准溶液
仪器	离子色谱仪:包括电导检测器,配有抑制器,高容量阴离子交换柱,50μL 定量环
	食物粉碎机
	超声波清洗器
	分析天平:感量为 0.1mg 和 1mg
	离心机:转速≥10000 r/min,配 50mL 离心管
	0.22μm 水性滤膜针头滤器
	净化柱:包括 C_{18} 柱、Ag 柱和 Na 柱或等效柱
	注射器:1.0mL 和 2.5mL

注:(1) 除非另有规定,本方法所用试剂均为优级纯,水为 GB/T 6682—2008《分析实验室用水规格和试验方法》规定的一级水。

(2) 所有玻璃器皿使用前均需依次用 2mol/L 氢氧化钾和水分别浸泡 4h,然后用水冲洗 3~5 次,晾干备用。

三、 任务实施

1. 方案制订

通过相关知识学习,解读国家标准,小组完成方案制订,并依据方案完成任务准备。

任务名称			
小组成员		时间	
依据标准			
工作方案	一、明确方法		
	二、工作准备		
	仪器设备(规格、数量)		
	试剂(规格、浓度、数量)		
	样品		
	三、任务分工		
	姓名	分工及时间安排	
	四、工作流程简图		

2. 任务过程

<table>
<tr><th rowspan="2">任务</th><th colspan="2">具体实施</th><th rowspan="2">要求</th></tr>
<tr><th>实施步骤</th><th>实验记录</th></tr>
<tr><td rowspan="6">试样处理</td><td>新鲜蔬菜、水果：将新鲜蔬菜、水果用自来水洗净后，用水冲洗，晾干后，取可食部切碎混匀。将切碎的试样用四分法取适量，用食物粉碎机制成匀浆备用。如需加水应记录加水量</td><td rowspan="6">试样的名称，采集时间、数量、采样人员等采样信息</td><td rowspan="6">1. 桌面整齐，着工作服，仪表整洁。
2. 正确选择试样的处理方法。
3. 按要求完成试样粉碎，规范取样。
4. 试样混合均匀</td></tr>
<tr><td>粮食及其他植物试样：除去可见杂质后，取有代表性试样 50~100g，粉碎后，过 0.30mm 孔筛，混匀，备用</td></tr>
<tr><td>肉类、蛋、水产及其制品：用四分法取适量或取全部，用食物粉碎机制成匀浆，备用</td></tr>
<tr><td>乳粉、豆乳粉、婴儿配方粉等固态乳制品（不包括干酪）：将试样装入能够容纳 2 倍试样体积的带盖容器中，通过反复摇晃和颠倒容器使试样充分混匀直到试样均一</td></tr>
<tr><td>发酵乳、乳、炼乳及其他液体乳制品：通过搅拌或反复摇晃和颠倒容器使试样充分混匀</td></tr>
<tr><td>干酪：取适量的试样研磨成均匀的泥浆状。为避免水分损失，研磨过程中应避免产生过多的热量</td></tr>
<tr><td rowspan="3">试样提取</td><td>蔬菜、水果等植物性试样：称取试样匀浆 5g（精确至 0.001g，可适当调整试样的取样量，以下同），记录 m。置于 150mL 具塞锥形瓶中，加入 80mL 水，1mL 1mol/L 氢氧化钾溶液，超声提取 30min，每隔 5min 振摇一次，保持固相完全分散。于 75℃ 水浴中放置 5min，取出放置至室温，定量转移至 100mL 容量瓶中，加水稀释至刻度，混匀，记录 V。溶液经滤纸过滤后，取部分溶液于 10000r/min 离心 15min，上清液备用</td><td rowspan="3">m：试样质量，g；
V：试样溶液体积，mL
f：试样溶液稀释倍数
m：______
V：______
f：______</td><td rowspan="3">1. 正确使用容量瓶、具塞锥形瓶等玻璃仪器；规范使用电子天平，正确进行天平检查及维护。
2. 正确规范进行试样提取。
3. 提取充分，避免污染</td></tr>
<tr><td>肉类、蛋类、鱼类及其制品等：称取试样匀浆 5g（精确至 0.001g），记录 m。置于 150mL 具塞锥形瓶中，加入 80mL 水，超声提取 30min，每隔 5min 振摇一次，保持固相完全分散。于 75℃ 水浴中放置 5min，取出放置至室温，定量转移至 100mL 容量瓶中，加水稀释至刻度，混匀，记录 V。溶液经滤纸过滤后，取部分溶液于 10000r/min 离心 15min，上清液备用</td></tr>
<tr><td>腌鱼类、腌肉类及其他腌制品：称取试样匀浆 2g（精确至 0.001g），记录 m。置于 150mL 具塞锥形瓶中，加入 80mL 水，超声提取 30min，每隔 5min 振摇一次，保持固相完全分散。于 75℃ 水浴中放置 5min，取出放置至室温，定量转移至 100mL 容量瓶中，加水稀释至刻度，混匀，记录 V。溶液经滤纸过滤后，取部分溶液于 10000r/min 离心 15min，上清液备用</td></tr>
</table>

任务	具体实施		要求
	实施步骤	实验记录	
试样提取	乳：称取试样10g（精确至0.01g），置于100mL具塞锥形瓶中，记录m。加入80mL水摇匀，超声提取30min，加入3%乙酸溶液2mL，于4℃放置20min，取出放置至室温，加水稀释至刻度，记录V。溶液经滤纸过滤，滤液备用		
	乳粉及干酪：称取试样2.5g（精确至0.01g），置于100mL具塞锥形瓶中，记录m。加水80mL，摇匀，超声30min，取出放置至室温，定量转移至100mL容量瓶中，加入3%乙酸溶液2mL，加水稀释至刻度，记录V。于4℃放置20min，取出放置至室温，溶液经滤纸过滤，滤液备用		
	取上述备用的上清液约15mL，记录f。通过0.22μm水性滤膜针头滤器、C_{18}柱，弃去前面3mL（如果氯离子质量浓度大于100mg/L，则需要依次通过针头滤器、C_{18}柱、Ag柱和Na柱，弃去前面7mL），收集后面洗脱液待测。 固相萃取柱使用前需进行活化，C_{18}柱（1.0mL）、Ag柱（1.0mL）和Na柱（1.0mL），其活化过程为：C_{18}柱（1.0mL）使用前依次用10mL甲醇、15mL水通过，静置活化30min。Ag柱（1.0mL）和Na柱（1.0mL）用10mL水通过，静置活化30min		
试样测定	设置色谱参考条件 （1）色谱柱：氢氧化物选择性，可兼容梯度洗脱的二乙烯基苯-乙基苯乙烯共聚物基质，烷醇基季铵盐功能团的高容量阴离子交换柱，4mm×250mm（带保护柱4mm×50mm），或性能相当的离子色谱柱。 （2）淋洗液 ① 除粉状婴儿配方食品：氢氧化钾溶液，浓度为6~70mmol/L；洗脱梯度为6mmol/L 30min，70mmol/L 5min，6mmol/L 5min；流速1.0mL/min。 ② 粉状婴幼儿配方食品：氢氧化钾溶液，浓度为5~50mmol/L；洗脱梯度为5mmol/L 33min，50mmol/L 5min，5mmol/L 5min；流速1.3mL/min。 （3）抑制器。 （4）检测器：电导检测器，检测池温度为35℃；或紫外检测器，检测波长为226nm。 （5）进样体积：50μL（可根据试样中被测离子含量进行调整）	ρ：测定用试样溶液中的亚硝酸根离子或硝酸根离子浓度，mg/L ρ_0：试剂空白液中亚硝酸根离子或硝酸根离子的浓度，mg/L ρ：______ ρ_0：______	1. 正确使用离子色谱仪，掌握仪器操作及维护的方法。 2. 正确配制标准溶液，绘制标准曲线。 3. 能准确识别亚硝酸盐和硝酸盐标准色谱图。 4. 能根据标准曲线对试样溶液进行定量。 5. 计算结果正确，按照要求进行数据修约。 6. 计算结果保留两位有效数字。 7. 在重复性条件下获得的两次独立测定结果的绝对值差不得超过算术平均值的10%
	标准曲线的制作：将标准系列工作液分别注入离子色谱仪中，得到各浓度标准工作液色谱图，测定相应的峰高或峰面积，以标准工作液的浓度为横坐标，以峰高或峰面积为纵坐标，绘制标准曲线（亚硝酸盐和硝酸盐标准色谱图见图8-3）		
	试样溶液测定：将空白和试样溶液注入离子色谱仪中，得到空白和试样溶液的峰高或峰面积，根据标准曲线得到待测溶液中亚硝酸根离子或硝酸根离子的浓度，记录ρ、ρ_0		

任务	具体实施		要求
	实施步骤	实验记录	
	根据公式,计算试样中亚硝酸根离子或硝酸根离子的含量: $$X=\frac{(\rho-\rho_0)\times V\times f\times 1000}{m\times 1000}$$ 式中 1000——换算系数。 注:试样中测得的亚硝酸根离子含量乘以换算系数1.5,即得亚硝酸盐(按亚硝酸钠计)含量;试样中测得的硝酸根离子含量乘以换算系数1.37,即得硝酸盐(按硝酸钠计)含量	X:试样中亚硝酸根离子或硝酸根离子的含量,mg/kg X:______	
结束工作	结束后倒掉废液、清理台面、洗净用具并归位。冲洗管路及色谱柱,使离子色谱仪保持最佳运行状态		1. 实验室安全操作。 2. 团队进行工作总结

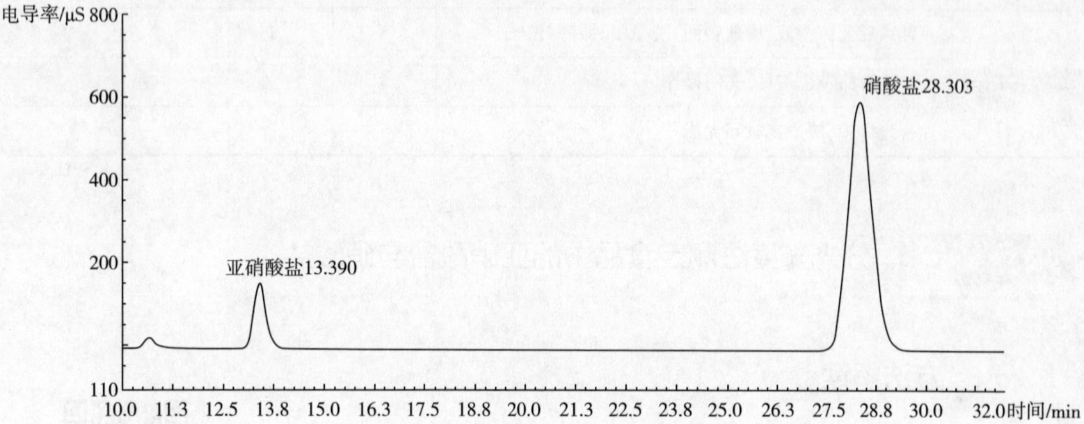

图 8-3 亚硝酸盐和硝酸盐标准色谱图

检查与评价

学生完成本任务的学习，通过自评、小组互评以检查自己对本任务学习的掌握情况。指导教师在整个教学过程中，关注每个小组的检测过程及小组成员的动手能力，并对小组成员动手能力进行评价。将具体的检查与评价填入下表。

项目	考核标准	分值	学生自评	小组互评	教师评价
方案制订与工作准备	认真负责、一丝不苟进行资料查阅,确定检测依据	2			
	协同合作制订方案并合理分工	5			
	相互沟通完成方案诊改	3			
	正确清洗及检查仪器	5			
	合理领取药品	5			
	准确进行溶液的配制	5			

续表

项目	考核标准	分值	学生自评	小组互评	教师评价
试样处理	正确取样	5			
	根据试样类型,正确选择试样制备方法,完成试样处理	5			
试样提取	根据试样类型,正确完成试样提取	10			
试样测定	正确设置仪器参考条件	5			
	绘制标准曲线	10			
	测定试样溶液及空白,数据记录正确、完整、美观	10			
	正确识别标准图谱	5			
	计算结果正确,按照要求进行数据修约	5			
	规范编制检测报告	5			
结束工作	结束后倒掉废液、清理台面、洗净用具并归位	5			
	冲洗管路及色谱柱,文明操作	5			
	合理分工,按规定时间完成	5			

项目拓展　分光光度法测定食品中的亚硝酸盐与硝酸盐

一、方法解读

亚硝酸盐采用盐酸萘乙二胺法测定，硝酸盐采用镉柱还原法测定。试样经沉淀蛋白质、除去脂肪后，在弱酸条件下，亚硝酸盐与对氨基苯磺酸重氮化后，再与盐酸萘乙二胺偶合形成紫红色染料，外标法测得亚硝酸盐含量。采用镉柱将硝酸盐还原成亚硝酸盐，测得亚硝酸盐总量，由测得的亚硝酸盐总量减去试样中亚硝酸盐含量，即得试样中硝酸盐含量。

【视频】食品中亚硝酸盐与硝酸盐的测定

二、任务准备

1. 试剂

除非另有说明，本方法所用实际均为分析纯，为 GB/T 6682—2008《分析实验室用水规格和试验方法》规定的一级水。

（1）氨水（$NH_3 \cdot H_2O$，25%）。

（2）锌皮或锌棒。

（3）亚铁氰化钾溶液（106g/L）：称取 106.0g 亚铁氰化钾，用水溶解，并稀释至 1000mL。

（4）乙酸锌溶液（220g/L）：称取220.0g乙酸锌，先加30mL冰乙酸溶解，再用水稀释至1000mL。

（5）饱和硼砂溶液（50g/L）：称取5.0g硼酸钠，溶于100mL热水中，冷却后备用。

（6）氨缓冲溶液（pH9.6~9.7）：量取30mL盐酸，加100mL水，混匀后加65mL氨水，再加水稀释至1000mL，混匀。调节pH至9.6~9.7。

（7）氨缓冲液的稀释液：量取50mL pH9.6~9.7氨缓冲溶液，加水稀释至500mL，混匀。

（8）0.1mol/L盐酸：量取8.3mL盐酸，用水稀释至1000mL。

（9）2mol/L盐酸：量取167mL盐酸，用水稀释至1000mL。

（10）20%盐酸：量取20mL盐酸，用水稀释至100mL。

（11）对氨基苯磺酸溶液（4g/L）：称取0.4g对氨基苯磺酸，溶于100mL 20%盐酸中，混匀，置棕色瓶中，避光保存。

（12）盐酸萘乙二胺溶液（2g/L）：称取0.2g盐酸萘乙二胺，溶于100mL水中，混匀，置棕色瓶中，避光保存。

（13）硫酸铜溶液（20g/L）：称取20g硫酸铜，加水溶解，并稀释至1000mL。

（14）硫酸镉溶液（40g/L）：称取40g硫酸镉，加水溶解，并稀释至1000mL。

（15）3%乙酸溶液：量取冰乙酸3mL于100mL容量瓶中，以水稀释至刻度，混匀。

（16）亚硝酸钠标准溶液（200μg/mL，以亚硝酸钠计）：准确称取0.1000g于110~120℃干燥恒重的亚硝酸钠，加水溶解，移入500mL容量瓶中，加水稀释至刻度，混匀。

（17）硝酸钠标准溶液（200μg/mL，以亚硝酸钠计）：准确称取0.1232g于110~120℃干燥恒重的硝酸钠，加水溶解，移入500mL容量瓶中，并稀释至刻度。

（18）亚硝酸钠标准使用液（5.0μg/mL）：临用前，吸取2.50mL亚硝酸钠标准溶液，置于100mL容瓶中，加水稀释至刻度。

（19）硝酸钠标准使用液（5.0μg/mL）：临用前，吸取2.50mL硝酸钠标准溶液，置于100mL容量瓶中，加水稀释至刻度。

2. 标准品

（1）亚硝酸钠（CAS号：7632-00-0）：基准试剂，或采用具有标准物质证书的亚硝酸盐标准溶液。

（2）硝酸钠（CAS号：7631-99-4）：基准试剂，或采用具有标准物质证书的硝酸盐标准溶液。

3. 仪器

（1）分析天平：感量为0.1mg和1mg。

（2）组织捣碎机。

（3）超声波清洗器。

（4）恒温干燥箱。

（5）分光光度计。

（6）镉柱或镀铜镉柱。

① 海绵状镉的制备：镉粒直径为0.3~0.8mm。将适量的锌棒放入烧杯中，用40g/L

硫酸镉溶液浸没锌棒。在24h之内，不断将锌棒上的海绵状镉轻轻刮下。取出残余锌棒，使镉沉底，倾去上层溶液。用水冲洗海绵状镉2~3次后，将镉转移至搅拌器中，加400mL 0.1mol/L盐酸，搅拌数秒，以得到所需粒径的镉颗粒。将制得的海绵状镉倒回烧杯中，静置3~4h，其间搅拌数次，以除去气泡。倾去海绵状镉中的溶液，并可按下述方法进行镉粒镀铜。

② 镉粒镀铜：将制得的镉粒置锥形瓶中（所用镉粒的量以达到要求的镉柱高度为准），加足量的2mol/L盐酸浸没镉粒，振荡5min，静置分层，倾去上层溶液，用水多次冲洗镉粒。在镉粒中加入20g/L硫酸铜溶液（每克镉粒约需2.5mL），振荡1min，静置分层，倾去上层溶液后，立即用水冲洗镀铜镉粒（注意镉粒要始终用水浸没），直至冲洗的水中不再有铜沉淀。

③ 镉柱的装填：如图8-4所示，用水装满镉柱玻璃柱，并装入约2cm高的玻璃棉做垫，将玻璃棉压向柱底时，应将其中所包含的空气全部排出，在轻轻敲击下，加入海绵状镉至8~10cm（图8-4装置a）或15~20cm（图8-4装置b），上面用1cm高的玻

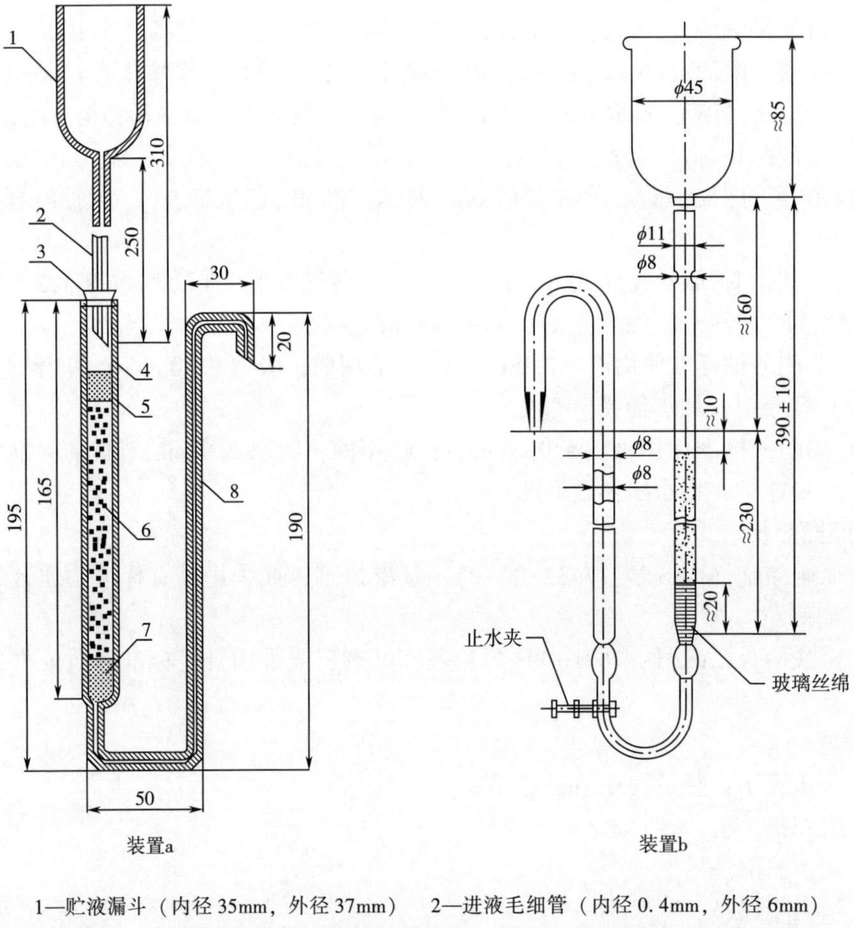

1—贮液漏斗（内径35mm，外径37mm）　2—进液毛细管（内径0.4mm，外径6mm）
3—橡皮塞　4—镉柱玻璃管（内径12mm，外径16mm）　5，7—玻璃棉　6—海面状镉
8—出液毛细管（内径2mm，外径8mm）

图8-4　镉柱示意图

璃棉覆盖。若使用装置 b，则上置一贮液漏斗，末端要穿过橡皮塞与镉柱玻璃管紧密连接。

如无上述镉柱玻璃管时，可以 25mL 酸式滴定管代用，但过柱时要注意始终保持液面在镉层之上。

当镉柱填装好后，先用 25mL 0.1mol/L 盐酸洗涤，再以水洗 2 次，每次 25mL，镉柱不用时用水封盖，随时都要保持水平面在镉层之上，不得使镉层夹有气泡。

三、 任务过程

<table>
<tr><th rowspan="2">任务</th><th colspan="2">具体实施</th><th rowspan="2">要求</th></tr>
<tr><th>实施步骤</th><th>实验记录</th></tr>
<tr><td>试样处理</td><td>同离子色谱法</td><td>同离子色谱法</td><td>同离子色谱法</td></tr>
<tr><td rowspan="4">试样提取</td><td>干酪：称取试样 2.5g（精确至 0.001g），记录 m_0。置于 150mL 具塞锥形瓶中，加水 80mL，摇匀，超声 30min，取出放置至室温，定量转移至 100mL 容量瓶中，加入 3% 乙酸溶液 2mL，加水稀释至刻度，混匀，记录 V_0。于 4℃ 放置 20min，取出放置至室温，溶液经滤纸过滤，滤液备用</td><td rowspan="4">m_0：试样质量，g
V_0：试样处理液总体积，mL
V_2：试样处理液总体积，mL
m_0：______
V_0：______
V_2：______</td><td rowspan="4">1. 正确使用具塞锥形瓶、容量瓶等玻璃仪器；规范使用电子天平，正确进行天平检查及维护。
2. 正确规范进行试样提取。
3. 提取充分，避免污染</td></tr>
<tr><td>液体乳：称取试样 90g（精确至 0.001g），记录 m_0。置于 250mL 具塞锥形瓶中，加 12.5mL 50g/L 饱和硼砂溶液，加入 70℃ 左右的水约 60mL，混匀，于沸水浴中加热 15min，取出置冷水浴中冷却，并放置至室温。定量转移上述提取液至 200mL 容量瓶中，加入 5mL 106g/L 亚铁氰化钾溶液，摇匀，再加入 5mL 220g/L 乙酸锌溶液，以沉淀蛋白质。加水至刻度，摇匀，记录 V_0。放置 30min，除去上层脂肪，上层溶液用滤纸过滤，滤液备用</td></tr>
<tr><td>乳粉：称取试样 10g（精确至 0.001g），记录 m_0。置于 150mL 具塞锥形瓶中，加 12.5mL 50g/L 饱和硼砂溶液，加入 70℃ 左右的水约 150mL，混匀，于沸水浴中加热 15min，取出置冷水浴中冷却，并放置至室温。定量转移上述提取液至 200mL 容量瓶中，加入 5mL 106g/L 亚铁氰化钾溶液，摇匀，再加入 5mL 220g/L 乙酸锌溶液，以沉淀蛋白质。加水至刻度，摇匀，记录 V_0。放置 30min，除去上层脂肪，上层溶液用滤纸过滤，弃去初滤液 30mL，滤液备用</td></tr>
<tr><td>其他试样：称取 5g（精确至 0.001g）匀浆试样（如制备过程中加水，应按加水量折算），记录 m_0。置于 250mL 具塞锥形瓶中，加 12.5mL 50g/L 饱和硼砂溶液，加入 70℃ 左右的水约 150mL 混匀，于沸水浴中加热 15min，取出置冷水浴中冷却，并放置至室温。定量转移上述提取液至 200mL 容量瓶中，加入 5mL 106g/L 亚铁氰化钾溶液，摇匀，再加入 5mL 220g/L 乙酸锌溶液，以沉淀蛋白质。加水至刻度，摇匀，记录 V_0。放置 30min，除去上层脂肪，上层溶液用滤纸过滤，弃去初滤液 30mL，滤液备用</td></tr>
</table>

任务	具体实施		要求
	实施步骤	实验记录	
亚硝酸盐的测定	吸取40.0mL上述滤液于50mL带塞比色管中，记录V_1。另吸取0.00，0.20，0.40，0.60，0.80，1.00，1.50，2.00，2.50mL亚硝酸钠标准使用液（相当于0.0，1.0，2.0，3.0，4.0，5.0，7.5，10.0，12.5μg亚硝酸钠），分别置于50mL带塞比色管中。于标准管与试样管中分别加入2mL 4g/L对氨基苯磺酸溶液，混匀，静置3~5min后各加入1mL 2g/L盐酸萘乙二胺溶液，加水至刻度，混匀，静置15min，用1cm比色杯，以零管调节零点，于波长538nm处测吸光度，绘制标准曲线比较，记录m_1。同时做试剂空白试验	V_1：测定用样液体积，mL m_1：测定用样液中亚硝酸钠的质量，μg V_1：______ m_1：______	1. 认识分光光度计的基本结构，正确使用分光光度计，并进行日常维护。 2. 正确配制标准溶液，绘制标准曲线。 3. 能正确使用镉柱，对试样溶液进行还原。 4. 能根据标准曲线测定样液中亚硝酸钠的质量。 5. 计算结果正确，按照要求进行数据修约。 6. 计算结果保留两位有效数字
硝酸盐的测定	镉柱还原 （1）先以25mL氨缓冲液的稀释液冲洗镉柱，流速控制3~5mL/min（以滴定管代替的可控制在2~3mL/min）。 （2）吸取20mL滤液于50mL烧杯中，记录V_5。加5mL的pH9.6~9.7氨缓冲溶液，混合后注入贮液漏斗，使流经镉柱还原，当贮液杯中的样液流尽后，加15mL水冲洗烧杯，再倒入贮液杯中。冲洗水流完后再用15mL水重复1次。当第2次冲洗水快流尽时，将贮液杯装满水，以最大流速过柱。当容量瓶中的洗提液接近100mL时，取出容量瓶，用水定容刻度，混匀，记录V_4	V_4：经镉柱还原后样液总体积，mL V_5：经镉柱还原后样液的测定用体积，mL V_4：______ V_5：______	
	亚硝酸钠总量的测定：吸取10~20mL还原后的样液于50mL比色管中，记录V_3。吸取0.00，0.20，0.40，0.60，0.80，1.00，1.50，2.00，2.50mL亚硝酸钠标准使用液（相当于0.0，1.0，2.0，3.0，4.0，5.0，7.5，10.0，12.5μg亚硝酸钠），分别置于50mL带塞比色管中。于标准管与试样管中分别加入2mL 4g/L对氨基苯磺酸溶液，混匀，静置3~5min后各加入1mL 2g/L盐酸萘乙二胺溶液，加水至刻度，混匀，静置15min，用1cm比色杯，以零管调节零点，于波长538nm处测吸光度，绘制标准曲线比较，记录m_2。同时做试剂空白试验	V_3：测总亚硝酸钠的测定用样液体积，mL m_2：经镉粉还原后测得总亚硝酸钠的质量，μg V_3：______ m_2：______	
	根据公式，计算试样中亚硝酸盐含量： $X_1=\dfrac{m_1\times1000}{m_0\times\dfrac{V_1}{V_0}\times1000}$ 式中　1000——转换系数	X_1：试样中亚硝酸钠的含量，mg/kg X_1：______	
	根据公式，计算试样中硝酸盐（以硝酸钠计）含量： $X_2=\left(\dfrac{m_2\times1000}{m_0\times\dfrac{V_3}{V_2}\times\dfrac{V_5}{V_4}\times1000}-X_1\right)\times1.232$ 式中　1000——转换系数； 1.232——亚硝酸钠换算成硝酸钠的系数	X_2：试样中硝酸钠的含量，mg/kg X_2：______	

任务	具体实施		要求
	实施步骤	实验记录	
结束工作	结束后倒掉废液、清理台面、洗净用具并归位。清洗比色皿，正确安放分光光度计		1. 实验室安全操作。 2. 团队进行工作总结

学习思考

1. 我国批准使用的食品发色剂有哪些？
2. 测定食品中亚硝酸盐与硝酸盐的依据是什么？
3. 如何配制亚硝酸盐和硝酸盐混合标准使用液？
4. 一般试样的洗脱梯度是多少？
5. 试样中测得的硝酸根离子含量怎样换算成硝酸盐（按硝酸钠计）含量？

项目五

食品中甜蜜素的测定

项目导入

【甜蜜素】甜蜜素化学名为环己基氨基磺酸钠，是一种人工合成的无营养甜味剂。在白酒中，甜蜜素的作用主要体现在以下几个方面：①改善口感：白酒在发酵酿造过程中，会产生苦味，特别是新酿造的酒，苦味更重。加入甜蜜素可以掩盖苦味，提升白酒的整体口感，使酒更加顺滑和易于饮用。②提升品质：一些注重品质的酒厂，会将发酵后的酒盛放一段时间，让酒中的各类物质充分反应，以改善酒的口感。加入甜蜜素，既可以提升口感，又能节省时间提高效率，这或许导致了部分小酒厂铤而走险，非法添加甜蜜素以改善白酒的品质。甜蜜素在白酒中的作用是多方面的，既可以合法使用以改善口感和提升品质，也可能被非法添加以追求经济利益，但后者对人体健康有害，应予以严格监管和打击。

问题启发

你知道关于白酒中检出甜蜜素的事件吗？甜蜜素是什么？在食品中有什么作用？在白酒中是否允许添加？如何进行检测？

知识准备

一、 食品甜味剂

1. 甜味剂的定义

甜味剂是指赋予食品以甜味，提高食品品质，满足人们对食品需求的食物添加剂。

2. 甜味剂的分类

甜味剂按来源可分为天然甜味剂和人工合成甜味剂；按营养价值分为营养性甜味剂和

非营养性甜味剂；按化学结构和性质分为糖类甜味剂和非糖类甜味剂；按甜度可分为低甜度甜味剂和高甜度甜味剂。

糖类甜味剂主要包括蔗糖、果糖、淀粉糖、糖醇、寡果糖、异麦芽酮糖等。蔗糖、果糖和淀粉糖通常被视为食品原料，在我国不作为食品添加剂。糖醇类的甜度与蔗糖差不多，因其热值较低，或因其和葡萄糖有不同的代谢过程，而有某些特殊的用途，一般被列为食品添加剂，主要品种有山梨糖醇、甘露糖醇、麦芽糖醇、木糖醇等。非糖类甜味剂包括天然甜味剂和人工合成甜味剂，一般甜度很高，用量极少，热值很小，有些又不参与代谢过程，常称为非营养性或低热值甜味剂，是甜味剂的重要品种。

常见的天然甜味剂有甜菊糖、甘草、甘草酸二钠、甘草酸三钠（钾）、竹芋甜素等。人工合成甜味剂有糖精、糖精钠、环己基氨基磺酸钠（甜蜜素）、天冬氨酰苯丙氨酸甲酯（甜味素或阿斯巴甜）、乙酰磺胺酸钾（安赛蜜）、三氯蔗糖等。

营养甜味剂是指某甜味剂与蔗糖甜度相同时，其热值在蔗糖热值的 2%以上。非营养型甜味剂是指热值低于蔗糖热值的 2%。天然非营养型甜味剂日益受到重视，是甜味剂的发展趋势。

二、 食品中甜蜜素测定的意义

甜蜜素的甜度是蔗糖的 30~40 倍，而价格仅为白砂糖的 1/3，而且它不像人工合成甜味剂那样用量稍多时有涩味，因而作为国际通用的食品添加剂可在清凉饮料、果汁、冰淇淋、糕点食品及蜜饯等中使用。甜蜜素在一定剂量下是安全的，但过量使用会对人体有害。GB 2760—2024《食品安全国家标准　食品添加剂使用标准》中对甜蜜素的添加量有严格的限量要求，为了避免食品生产中出现甜蜜素的超范围或超量使用和保障人民身体健康，甜蜜素的检测是十分重要和具有现实意义的。

三、 食品中甜蜜素测定的方法

依据 GB 5009. 97—2023《食品安全国家标准　食品中环己基氨基磺酸盐的测定》进行检测。标准中规定了食品中环己基氨基磺酸盐的测定方法。标准中气相色谱法适用于食品（蒸馏酒、发酵酒、配制酒、料酒及其他含乙醇的食品除外）中环己基氨基磺酸盐的测定；液相色谱法适用于食品中环己基氨基磺酸盐的测定；液相色谱-质谱/质谱法适用于食品中环己基氨基磺酸盐的测定。

四、 测定过程中的注意事项

（1）气相色谱法测定甜蜜素时，试样处理中先将装有试样提取液的离心管放在冰浴中，再加入其他溶液，其间振摇 3~5 次。

（2）衍生化时先加亚硝酸钠溶液，再加入硫酸溶液，混匀。

（3）温度对环己基氨基磺酸钠的反应影响很大，一定要在冰浴中处理标液和试样，而且处理完后的溶液也要于 4℃条件下存放。

（4）气相色谱法测定甜蜜素时，用两个峰面积之和进行定量。

（5）气相色谱法测定甜蜜素，取样量 2g 时，检出限为 0. 01g/kg，定量限 0. 03g/kg。

工作任务 气相色谱法测定食品中的甜蜜素

一、方法解读

食品中的环己基氨基磺酸盐经水提取，在硫酸介质中与亚硝酸钠反应，生成环己醇亚硝酸酯和环己醇，用正庚烷萃取后，用气相色谱-氢火焰离子化检测器测定，外标法定量。

二、任务准备

试剂	亚硝酸钠溶液(50g/L):称取 50g 亚硝酸钠,溶于水并稀释至 1000mL,混匀
	硫酸溶液(200g/L):量取 108mL 硫酸,小心缓缓加入 800mL 水中,不断搅拌避免局部过热,冷却后加水稀释至 1000mL,混匀
	环己基氨基磺酸标准储备液(6mg/mL):准确称取适量环己基氨基磺酸钠标准品(精确至 0.1mg)于 100mL 容量瓶中,用水溶解并定容至刻度,混匀(环己基氨基磺酸钠折算为环己基氨基磺酸的换算系数为 0.8907)。将溶液转移至棕色玻璃容器中,4℃下避光保存,有效期 12 个月
	环己基氨基磺酸标准中间液(1200μg/mL):准确吸取环己基氨基磺酸标准储备液 10mL 于 50mL 容量瓶中,用水定容至刻度,混匀。将溶液转移至棕色玻璃容器中,4℃下避光保存,有效期 6 个月
标准品	环己基氨基磺酸钠标准品:纯度≥99%
仪器	气相色谱仪:配有氢火焰离子化检测器(FID)
	涡旋混合器
	高速离心机
	超声波发生器
	粉碎机
	研磨机
	匀浆机
	恒温水浴装置
	分析天平:感量 1mg,0.1mg

注：除非另有规定，本方法所用试剂均为优级纯，水为 GB/T 6682—2008《分析实验室用水规格和试验方法》规定的一级水。

三、任务实施

1. 方案制订

通过相关知识学习，解读国家标准，小组完成方案制订，并依据方案完成任务准备。

任务名称			
小组成员		时间	
依据标准			

<table>
<tr><td rowspan="15">工作方案</td><td colspan="2">一、明确方法</td></tr>
<tr><td colspan="2"></td></tr>
<tr><td colspan="2">二、工作准备</td></tr>
<tr><td>仪器设备(规格、数量)</td><td></td></tr>
<tr><td>试剂(规格、浓度、数量)</td><td></td></tr>
<tr><td>样品</td><td></td></tr>
<tr><td colspan="2">三、任务分工</td></tr>
<tr><td>姓名</td><td>分工及时间安排</td></tr>
<tr><td></td><td></td></tr>
<tr><td></td><td></td></tr>
<tr><td></td><td></td></tr>
<tr><td></td><td></td></tr>
<tr><td colspan="2">四、工作流程简图</td></tr>
<tr><td colspan="2"></td></tr>
</table>

2. 任务过程

<table>
<tr><th rowspan="2">任务</th><th colspan="2">具体实施</th><th rowspan="2">要求</th></tr>
<tr><th>实施步骤</th><th>实验记录</th></tr>
<tr><td>试样处理</td><td>试样制备及提取
(1)液体试样摇匀(含二氧化碳的试样,超声除去气泡后摇匀),称取2g试样(精确至0.001g)于离心管中,记录m。加入20mL水,涡旋5min,超声提取10min,混匀后放置室温备用。
(2)巧克力、奶油、乳酪、乳粉、调味面制品、油腐乳、油豆豉、肉及肉制品、水产品罐头等含较高油脂试样:取适量试样,-18℃冷冻后,粉碎机粉碎并搅拌均匀。称取2g试样(精确至0.001g)于离心管中,记录m,加入20mL石油醚,涡旋5min,超声10min,5000/min离心3min,弃去石油醚层,再加入20mL石油醚提取1次,弃去石油醚层,(60±2)℃水浴挥去残留石油醚,加入20mL水[巧克力、奶油、乳酪、乳粉等试样需在水浴锅中(60±2)℃加热20min],涡旋5min,超声提取30min,混匀后放至室温备用。
(3)果冻、糖果、米粉、淀粉制品等试样:取适量试样,用研磨机或粉碎机粉碎并搅拌均匀。称取2g试样(精确至0.001g)于离心管中,记录m,加入20mL水(米粉、淀粉制品等试样需再加入0.2g淀粉酶),混合均匀后,(60±2)℃水浴加热20min,涡旋5min,超声提取10min,混匀后放至室温备用。</td><td>m:试样质量,g;
V:加入正庚烷体积,mL
m:______
V:______</td><td>1. 桌面整齐,着工作服,仪表整洁。
2. 试样处理时要混合均匀。
3. 准确判断试样类型,处理方法得当。
4. 规范使用电子天平、高速离心机,正确进行天平、高速离心机检查及维护。
5. 正确规范进行试样衍生化。
6. 提取充分,避免污染</td></tr>
</table>

任务	具体实施		要求
	实施步骤	实验记录	
试样处理	(4)其他固体、半固体试样：称取 2g 试样（精确至 0.001g）于离心管中，记录 m，加入 20mL 水，涡旋 5min，超声提取 30min，混匀后放至室温备用		
	衍生化：将装有试样提取液的离心管置于冰浴 10min 后，依次加入 10mL 正庚烷、5mL 亚硝酸钠溶液（50g/L）、5mL 硫酸溶液（200g/L），混匀，于冰浴中放置 30min，其间振摇 3～5 次，取出后涡旋 3min，于 4℃ 条件下 9000r/min 离心 3min（如出现乳化现象，可缓慢滴加无水乙醇，同时轻摇离心管，直至破乳，于 4℃ 条件下 9000r/min 离心 3min），取上清液过有机相微孔滤膜，供上机测定		
标准系列工作液的制备及衍生化	分别准确移取 0.05，0.10，0.25，0.50，1.00，2.5，5.0mL 环已基氨基磺酸标准中间液（1200μg/mL）于离心管中，用水稀释至 20mL，同试样测定步骤衍生化。此时正庚烷中待测物的浓度分别相当于 6，12，30，60，120，300，600μg/mL，临用现配	记录标准工作液浓度，制作标签	1. 准确移取环已基氨基磺酸标准溶液，制备标准系列工作液。 2. 明确配制好的标准工作液的浓度，制作标签
试样测定	设置色谱条件 (1)色谱柱：内涂 50%苯基-50%甲基聚硅氧烷的中等极性毛细管柱，30m×0.32mm×0.25μm 或同等性能的色谱柱。 (2)柱温升温程序：初温 50℃保持 3min，10℃/min 升温至 70℃保持 0.5min，30℃/min 升温至 220℃保持 3min。 (3)进样口温度：230℃。 (4)进样量：1μL。 (5)进样方式：分流进样，分流比为 1∶5。 (6)检测器：氢火焰离子化检测器（FID），温度 260℃。 (7)载气：高纯氮气，流速为 2.0mL/min。 (8)氢气：32mL/min；空气 300mL/min	ρ：由标准曲线计算出待测溶液中环已基氨基磺酸的质量浓度，μg/mL ρ：______	1. 准确设置色谱条件。 2. 准确吸取 1μL 经衍生化处理的标准系列各浓度溶液上清液，测定，绘制标准曲线。 3. 能准确识别环已基氨基磺酸标准色谱图。 4. 能根据标准曲线对试样溶液进行定量。 5. 计算结果正确，按照要求进行数据修约。 6. 计算结果保留三位有效数字。 7. 精密度：在重复性条件下获得的两次独立测定结果的绝对差值不得超过算术平均值的 10%
	色谱分析：分别吸取 1μL 经衍生化处理的标准系列各浓度溶液上清液，注入气相色谱仪中，可测得不同浓度被测物的响应值峰面积，以浓度为横坐标，以环已醇亚硝酸酯和环已醇两峰面积之和为纵坐标，绘制标准曲线环已基氨基磺酸标准溶液衍生物气相色谱图见图 8-5。 在完全相同的条件下进样 1μL 经衍生化处理的试样待测液上清液，保留时间定性，测得峰面积，根据标准曲线得到样液中的组分浓度，记录 ρ。试样上清液响应值若超出线性范围，应用正庚烷稀释后再进样分析。同时做空白实验		
	根据公式，计算试样中环已基氨基磺酸的含量： $X=\frac{\rho\times V\times 1000}{m\times 1000\times 1000}\times f$	X：试样中环已基氨基磺酸的含量，g/kg X：______	
结束工作	结束后倒掉废液、清理台面、洗净用具并归位。检查气相色谱仪各项参数，使其保持最佳运行状态		1. 实验室安全操作。 2. 团队进行工作总结

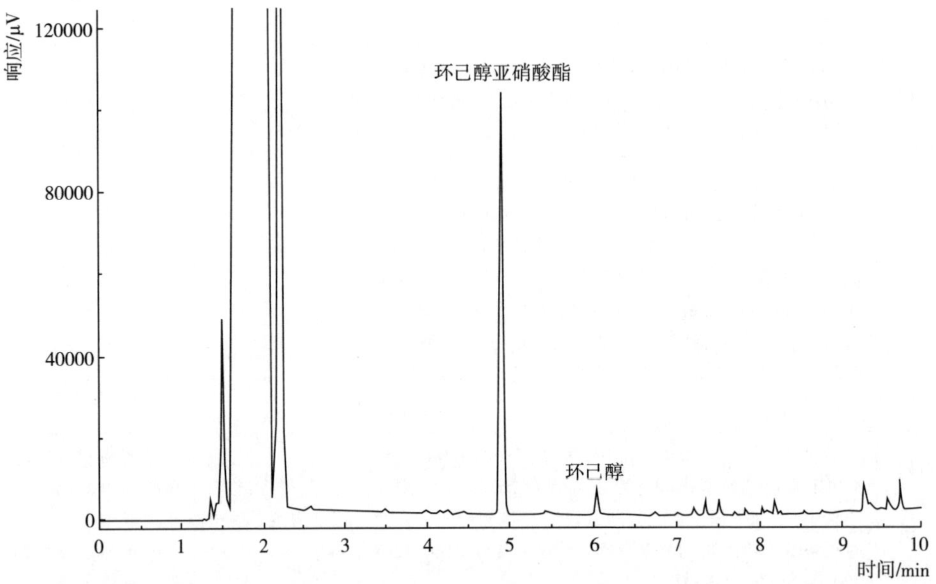

图 8-5 环己基氨基磺酸标准溶液（600μg/mL）衍生物气相色谱图

检查与评价

学生完成本任务的学习，通过自评、小组互评以检查自己对本任务学习的掌握情况。指导教师在整个教学过程中，关注每个小组的检测过程及小组成员的动手能力，并对小组成员动手能力进行评价。将具体的检查与评价填入下表。

项目	考核内容	分值	学生自评	小组互评	教师评价
方案制订与任务准备	认真负责、一丝不苟进行资料查阅，确定检测依据	2			
	协同合作制订方案并合理分工	5			
	相互沟通完成方案诊改	3			
	正确清洗及检查仪器	5			
	合理领取药品	5			
	准确进行溶液的配制	5			
	正确取样	5			
试样处理	根据试样类型，正确选择试样制备方法，完成试样处理	5			
	规范操作进行试样衍生化	5			
试样测定	正确配制标准系列工作溶液	5			
	设置仪器参考条件	5			
	准确绘制标准曲线	10			

续表

项目	考核内容	分值	学生自评	小组互评	教师评价
试样测定	规范进行试样溶液测定	10			
	正确识别图谱,数据记录正确、完整、美观	5			
	正确计算结果,按照要求进行数据修约	5			
	规范编制检测报告	5			
结束工作	结束后倒掉废液,清理台面,洗净用具并归位	5			
	仪器归位,文明操作	5			
	合理分工,按规定时间完成	5			

学习思考

1. 什么是甜蜜素?
2. 食品中甜蜜素测定的依据是什么?
3. 气相色谱法适用于什么样品中甜蜜素的测定?
4. 测定食品中甜蜜素时如何对淀粉制品进行试样处理?
5. 测定食品中甜蜜素时如何对试样进行衍生化?

项目六

食品中铝的测定

项目导入

【无铝油条】生活中常见的面粉食品有炸油条、炸油饼、炸虾片、蛋糕、馒头、包子、发糕、玉米饼。专家指出，面粉及面制品是我国膳食铝的主要来源，北方地区居民由于面食消费量高，因此有六成居民的铝摄入量超量。天然食物的铝一般含量很低，人体食物中所摄入的铝，主要来自含铝食品添加剂，也就是钾明矾（硫酸铝钾）和铵明矾（硫酸铝铵）来改善食物的口感。按传统工艺，炸油条、炸油饼、炸虾片等油炸食品都要加入明矾，这是因为明矾可以与小苏打发生化学反应，产生二氧化碳，从而使面食在受热后体积膨大，达到蓬松的效果。此外，明矾的使用还有助于控制油条的色泽和口感。除了油条和油饼之外，很多商家在制作蛋糕、馒头、包子、发糕、玉米饼和许多松软多孔的糕点小吃类食品时，也都会用上一种叫作泡打粉的东西。这里的泡打粉主要成分是碳酸氢钠和明矾。需要注意的是，明矾中含有铝，长期摄入含铝过多的食品可能对健康不利，尤其对大脑有不良影响。

问题启发

常吃油条会对人体有害吗?硫酸铝钾在油条中起什么作用?在油条中是否允许添加?国家标准中对硫酸铝钾的添加量有要求吗?检测方法是什么?

知识准备

一、 食品膨松剂

（一）食品膨松剂的概念

食品膨松剂又称食品膨发剂、食品疏松剂，在面包、饼干、糕点的焙烤过程中使面坯起发的食品添加剂。通常在和面时加入，在加工过程中受热分解，产生气体，面坯起发，形成均匀、致密的多孔组织，使制品具有松软或疏松的特点。

（二）食品膨松剂的分类

膨松剂可分为生物膨松剂（酵母）和化学膨松剂两大类。生物膨松剂主要是指鲜酵母、活性干酵母、活性即发干酵母等。化学膨松剂分为单一成分膨松剂和复合膨松剂两类。

1. 单一成分膨松剂

常用单一成分膨松剂（碱性）为碳酸氢钠和碳酸氢铵。碳酸氢钠，俗称“小苏打”、重碱、酸式碳酸钠，形状为白色小晶体，无臭、味咸、易溶于水，在水中的溶解度小于碳酸钠。在潮湿空气中或热空气中，碳酸氢钠开始逐渐分解，生成二氧化碳和水。温度加热到270℃时，碳酸氢钠完全分解，失去全部二氧化碳，遇酸强烈分解产生二氧化碳。由于钠离子为人体正常需要，一般认为无毒。碳酸氢铵，又称食臭粉、酸式碳酸铵，为白色粉末状结晶，有氨臭，对热不稳定。在食品加工过程中，在食品中残留不多，因氨气相对密度较小，因而比碳酸氢钠作用大，上冲力较大，故多与碳酸氢钠合用，互补缺陷。但因自身的局限性对热不稳定，生成的二氧化碳和氨皆易挥发，易使制品内部及表面呈大空洞。

2. 复合膨松剂

复合膨松剂俗称发酵粉、泡打粉、发泡粉。复合膨松剂一般由三部分组成：碱性剂、酸性剂和填充剂。碱性剂（碳酸盐）也称膨松盐，主要是碳酸盐和碳酸氢盐，常用的是碳酸氢钠，用量占20%~40%，其作用是产生 CO_2 气体。酸性剂（酸性盐或有机酸），也称膨松酸，主要是硫酸铝钾、酒石酸氢钾等，常用的是硫酸铝钾（明矾），用量占35%~50%，其作用是与碳酸盐发生反应产生 CO_2 气体，降低制品的碱性，调整食品酸碱度，去除异味，并控制反应速度，充分提高膨松剂的效能。

（1）钾明矾　又称硫酸铝钾、明矾，作为酸性盐，它可中和碱性膨松剂，产生二氧化碳和中性盐，并且能控制产气的快慢，降低膨松剂残留物的碱性。钾明矾为无色透明坚硬的大块结晶或结晶性粉末的八面晶体，无臭，可溶于水；过量使用可致呕吐，腹泻。其稀溶液有收敛作用，浓溶液有腐蚀性。本品加热至200℃可失去结晶水而成为白色粉末的烧明矾。

（2）铵明矾　又称硫酸铝铵，铵矾、铝铵矾，作为食品添加剂使用时主要用于发酵粉加工、油炸食品膨松及海蜇腌制。

（3）磷酸盐　是具有多功能性、使用广泛的食品添加剂，在食品加工中广泛用于各种肉、禽、蛋、水产品、乳制品、谷物产品、饮料、果蔬、油脂以及改性淀粉，添加后对制品品质有明显的改善作用。磷酸盐在食品加工工艺中并不直接产生气体，在焙烤食品中作为复合膨松剂中的酸式盐，与碳酸盐等作用产生气体，制成中速发酵粉，能改善面团的流变特性，具有产气均匀，膨松度好，产品中气孔大小均一等优点。磷酸盐还有络合、缓冲、乳化、与蛋白质作用、调节 pH（使酵母保持最高活性）及补充营养素等功效。

（4）酒石酸氢钾　为白色结晶性粉末，无臭，有愉快的清凉酸味，难溶于水和乙醇，溶于热水。

（5）填充剂　填充剂主要有淀粉、食盐等，用量为 10%~40%，其作用是用来控制和调节 CO_2 气体产生的速度，使气泡产生均匀，延长膨松剂的保存性，防止吸潮、失效，还能改善面团的工艺性能，增强面筋的强韧性和延伸性，也能防止面团因失水而干燥。

二、食品中铝测定的意义

目前，我国生产并用于面粉加工的主要是由食用碱（碳酸盐）、明矾（硫酸铝钾）、淀粉和食盐等配制而成的复合膨松剂，是目前实际应用最多的膨松剂。然而，明矾中含有铝，在生产中若控制不严格可导致铝超标，可致阿尔茨海默病，造成脑、心、肝、肾和免疫功能的损害。GB 2760—2024《食品安全国家标准　食品添加剂使用标准》规定，以面粉为原料，经蒸、炸、烘烤加工制成的面制食品中，铝的残留量应≤100mg/kg。目前，食品安全成为全社会关注的焦点，食品中铝含量超标早已成为国家、学者关注的话题，许多学者开始研发高效、安全、方便的无铝膨松剂，从而规避铝盐对人体健康的伤害作用。

三、食品中铝测定的方法

依据 GB 5009. 182—2017《食品安全国家标准　食品中铝的测定》进行检测。标准中规定了食品中铝含量测定的方法。分光光度法适用于检测使用含铝食品添加剂的食品中的铝。电感耦合等离子体质谱法、电感耦合等离子体发射光谱法和石墨炉原子吸收光谱法适用于检测食品中的铝。

四、测定过程中的注意事项

（1）分光光度法测定铝含量时，所用的玻璃器皿要用硝酸（1+5）浸泡 24h 以上，然后用自来水冲洗，并用纯水冲后晾干备用，保证洁净、无铝污染。

（2）在采样和试样制备过程中，应注意不使试样污染，避免使用含铝器具。

（3）分光光度法测定食品中的铝，当称样量为 1g（或 1mL），定容体积为 50mL 时，检出限为 8mg/kg（或 8mg/L），定量限为 25mg/kg（或 25mg/L）。

工作任务　分光光度法测定食品中的铝

一、方法解读

试样经处理后，在乙二胺-盐酸缓冲液中（pH6. 7 ~ 7. 0），聚乙二醇辛基苯醚（TritonX-100）和溴代十六烷基吡啶（CPB）的存在下，三价铝离子与铬天青 S 反应生成蓝绿色的四元胶束，于 620nm 波长处测定吸光度值并与标准系列比较定量。

二、 任务准备

试剂	盐酸(1+1)：量取 50mL 盐酸(优级纯)与 50mL 水混合均匀
	1%硫酸溶液：吸取 1mL 硫酸(优级纯)缓缓加入到 80mL 水中，放冷后用水稀释至 100mL，混匀
	对硝基苯酚乙醇溶液(1g/L)：称取 0.1g 对硝基苯酚，溶于 100mL 无水乙醇中，混匀
	5%硝酸：量取 5mL 硝酸(优级纯)，加水定容至 100mL，混匀
	2.5%硝酸：量取 2.5mL 硝酸(优级纯)，加水定容至 100mL，混匀
	氨水溶液(1+1)：量取 10mL 氨水(优级纯)，加入 10mL 水中，均匀
	硝酸溶液(2+98)：量取 2mL 硝酸(优级纯)与 98mL 水混合均匀
	乙醇溶液(1+1)：量取 50mL 无水乙醇(优级纯)溶于 50mL 水中，均匀
	铬天青 S 溶液(1g/L)：称取 0.1g 铬天青 S，溶于 100mL 乙醇溶液(1+1)中，混匀
	Triton X-100 溶液(3%)：吸取 3mL Triton X-100 置于 100mL 容量瓶中，加水定容至刻度，混匀
	CPB 溶液(3g/L)：称取 0.3g CPB 溶于 15mL 无水乙醇中，加水稀释至 100mL，混匀
	乙二胺溶液(1+2)：量取 10mL 乙二胺缓慢加入 20mL 水中，混匀
	乙二胺-盐酸缓冲溶液(pH6.7~7.0)：量取 100mL 乙二胺沿玻璃棒缓慢加入 200mL 水中，待冷却后再沿玻璃棒缓慢加入 190mL 盐酸，混匀，若 pH>7.0 或 pH<6.7 时可分别用盐酸(1+1)或乙二胺溶液(1+2)调节 pH
	抗坏血酸溶液(10g/L)：称取 1g 抗坏血酸，用水溶解并定容至 100mL 混匀。临用时现配
	铝标准中间液(100mg/L)：准确吸取 1.00mL 铝标准溶液于 10mL 容量瓶中，加 5%硝酸溶液定容至刻度线，混匀
	铝标准使用液：准确吸取 1.00mL 铝标准中间液，置于 100mL 容量瓶中，用 5%硝酸溶液稀释至刻度，混匀
标准品	铝标准溶液：1000mg/L。或经国家认证授予标准物质证书的一定浓度的铝标准溶液
仪器	分光光度计
	分析天平：感量 1mg
	可调式控温电热炉或电热板
	酸度计(±0.1pH)
	恒温干燥箱

注：除非另有规定，本方法所用试剂均为分析纯，水为 GB/T 6682—2008《分析实验室用水规格和试验方法》规定的三级水。

三、 任务实施

1. 方案制订

通过相关知识学习，解读国家标准，小组完成方案制订，并依据方案完成任务准备。

<table>
<tr><td colspan="2">任务名称</td><td colspan="3"></td></tr>
<tr><td colspan="2">小组成员</td><td></td><td>时间</td><td></td></tr>
<tr><td colspan="2">依据标准</td><td colspan="3"></td></tr>
<tr><td rowspan="15">工作方案</td><td colspan="4">一、明确方法</td></tr>
<tr><td colspan="4"></td></tr>
<tr><td colspan="4">二、工作准备</td></tr>
<tr><td>仪器设备（规格、数量）</td><td colspan="3"></td></tr>
<tr><td>试剂（规格、浓度、数量）</td><td colspan="3"></td></tr>
<tr><td>样品</td><td colspan="3"></td></tr>
<tr><td colspan="4">三、任务分工</td></tr>
<tr><td>姓名</td><td colspan="3">分工及时间安排</td></tr>
<tr><td></td><td colspan="3"></td></tr>
<tr><td></td><td colspan="3"></td></tr>
<tr><td></td><td colspan="3"></td></tr>
<tr><td></td><td colspan="3"></td></tr>
<tr><td></td><td colspan="3"></td></tr>
<tr><td colspan="4">四、工作流程简图</td></tr>
<tr><td colspan="4"></td></tr>
</table>

2. 任务过程

<table>
<tr><td rowspan="2">任务</td><td colspan="2">具体实施</td><td rowspan="2">要求</td></tr>
<tr><td>实施步骤</td><td>实验记录</td></tr>
<tr><td>试样制备</td><td>面制品、豆制品、虾味片、烘焙食品等试样粉碎均匀后，取约 30g 置 85℃恒温干燥箱中干燥 4h</td><td>试样的名称，采集时间、数量、采样人员等采样信息</td><td>1. 桌面整齐，着工作服，仪表整洁。
2. 试样混合均匀，处理方法得当。
3. 在采样和试样制备过程中，应注意不使试样被污染，应避免使用含铝器具</td></tr>
<tr><td>试样消解</td><td>称取试样 0.2~3g（精确至 0.001g）或准确移取液体试样 0.50~5.00mL，记录 m。置于硬质玻璃消化管或锥形瓶中，加入 10mL 硝酸，0.5mL 硫酸，在可调式控温电炉子或电热板上加热，推荐条件为 100℃加热 1h，升温至 150℃加热 1h，再升温至 180℃加热 2h，然后升温至 200℃，若变棕黑色，再补加硝酸消化，直至管口冒白烟，消化液呈无色透明或略带黄色。取出冷却，用水转移定容至 50mL 容量瓶中，混匀备用，记录 V_1。同时做试剂空白试验</td><td>m：试样称样量或移取体积，g 或 mL；
V_1：试样消化液总体积，mL
m：______
V_1：______</td><td>1. 正确使用吸量管、容量瓶等玻璃仪器；规范使用电子天平，正确进行天平检查及维护。
2. 正确进行试样消解，确保消解充分</td></tr>
</table>

<table>
<tr><th rowspan="2">任务</th><th colspan="2">具体实施</th><th rowspan="2">要求</th></tr>
<tr><th>实施步骤</th><th>实验记录</th></tr>
<tr><td rowspan="4">显色反应及比色测定</td><td>分别吸取 1.0mL 试样消化液、空白溶液分别置于 25mL 具塞比色管中,加水至 10mL 刻度,记录 V_2。另取 25mL 具塞比色管 7 支,分别加入铝标准使用液 0,0.500,1.00,2.00,3.00,4.00,5.00mL(该系列标准溶液中铝的质量分别为 0,0.500,1.00,2.00,3.00,4.00,5.00μg),得到 m_0、m_1。依次向各管中加入 1%硫酸溶液 1mL,加水至 10mL 刻度</td><td rowspan="3">m_0:空白溶液中铝的质量,μg
m_1:测定用试样液消化液中铝的质量,μg
V_2:测定用试样消化液体积,mL
m_0:______
m_1:______
V_2:______</td><td rowspan="4">1. 正确分光光度计,掌握仪器操作及维护的方法。
2. 正确配制标准溶液,绘制标准曲线。
3. 能根据标准曲线对试样溶液进行定量。
4. 计算结果正确,按照要求进行数据修约。
5. 计算结果保留三位有效数字。
6. 精密度:在重复性条件下获得的两次独立测定结果的绝对差值不得超过算术平均值的 10%</td></tr>
<tr><td>向标准管、试样管、试剂空白管中滴加 1 滴对硝基苯酚乙醇溶液,混匀,滴加氨水溶液(1+1)至浅黄色,滴加 2.5%硝酸溶液至黄色刚刚消失,再多加 1mL。加入 1mL 抗坏血酸溶液(10g/L),混匀后,加入 3.0mL 铬天青 S 溶液(1g/L),混匀后,加入 1mL Triton X-100(3%),3mL CPB 溶液(3g/L),3mL 乙二胺-盐酸缓冲溶液,加水定容至 25mL 混匀,放置 40min</td></tr>
<tr><td>于 620nm 波长处,用 1cm 比色皿以空白溶液为参比测定吸光度值。以标准系列溶液中铝的质量为横坐标,以相应的吸光度值为纵坐标,绘制标准曲线。根据试样消化液吸光度值与标准曲线比较定量</td></tr>
<tr><td>根据公式,计算试样中铝的含量:
$$X=\frac{(m_1-m_0)\times V_1}{m\times V_2}$$</td><td>X:试样中铝的含量,mg/kg 或 mg/L
X:______</td></tr>
<tr><td>结束工作</td><td>结束后倒掉废液、清理台面、洗净用具并归位。清洗比色皿,仪器归位</td><td></td><td>1. 实验室安全操作。
2. 团队进行工作总结</td></tr>
</table>

检查与评价

学生完成本任务的学习,通过自评、小组互评以检查自己对本任务学习的掌握情况。指导教师在整个教学过程中,关注每个小组的检测过程及小组成员的动手能力,并对小组成员动手能力进行评价。将具体的检查与评价填入下表。

项目	考核内容	分值	学生自评	小组互评	教师评价
方案制订与任务准备	认真负责、一丝不苟进行资料查阅,确定检测依据	2			
	协同合作制订方案并合理分工	5			
	相互沟通完成方案诊改	3			
	正确清洗及检查仪器	5			
	合理领取药品	5			
	准确进行溶液的配制	5			
	正确取样	5			

续表

项目	考核内容	分值	学生自评	小组互评	教师评价
试样消解	正确选择试样消解条件,规范完成试样消解	5			
	规范操作进行消解液定容	5			
试样测定	正确配制标准系列工作溶液	5			
	正确选择波长,规范使用分光光度计	10			
	准确绘制标准曲线	10			
	规范进行试样溶液测定	5			
	正确识别图谱,数据记录正确、完整、美观	5			
	正确计算结果,按照要求进行数据修约	5			
	规范编制检测报告	5			
结束工作	结束后倒掉废液,清理台面,洗净用具并归位	5			
	清洗比色皿,文明操作	5			
	合理分工,按规定时间完成	5			

学习思考

1. 什么是硫酸铝钾?

2. GB 2760—2024《食品安全国家标准　食品添加剂使用标准》如何规定铝的残留量?

3. 食品中铝的测定依据是什么?

4. 测定食品中的铝时，如何进行试样消解?

5. 测定食品中的铝时，如何进行标准曲线的绘制?

模块九

农药残留量检测

学习目标

知识目标

1. 熟悉农药残留与食品安全的关系，了解残留物、最大残留限量、再残留限量、每日允许摄入量。

2. 正确查阅和使用 GB 2763—2021《食品安全国家标准　食品中农药最大残留限量》。

3. 掌握食品中农药残留量检测的意义、方法、原理及注意事项。

4. 能正确理解气相色谱仪的基本原理及标准曲线相关系数，明晰影响曲线相关系数的主要因素。

能力目标

1. 能够正确解读食品中农药残留量检测相关标准，并正确选用检测方法。

2. 能够整理分析资料并制订检测方案。

3. 能准确配制混合标准溶液，绘制工作曲线。

4. 能够识别气相色谱仪的基本结构，并对其进行日常维护。

5. 能够对实验结果进行记录、分析和处理，并编制报告。

素养目标

1. 有机融入健康中国的职业目标，树立职业自信。

2. 强调操作的规范性，养成严谨的科学态度。

3. 培养食品质量与安全意识，养成严谨求实、依法检测、规范操作的工作态度。

项目一

食品中有机氯农药多组分残留量的测定

项目导入

【有机氯农药中毒】有机氯农药属于高残毒农药，其中六六六、DDT 等我国早已禁用，即使在全球大部分国家都停用高残毒农药数十年之后，现在仍能从南极企鹅的体内发现 DDT 的痕迹，足见其强大的蓄积能力和稳定性。有机氯农药的残留问题主要来源于农田使用、农药厂废水排放以及卫生虫害控制等活动，它们可被土壤吸收，并通过生物体的代谢过程和食物链作用在生物体内聚集。有机氯农药不仅会直接污染食品，还会通过食物链进入人体和动物体内，并在器官中蓄积，通过母乳影响子代。

问题启发

什么是有机氯农药？常见的有机氯农药有哪些？生活中蔬菜、水果中允许使用的有机氯农药有哪些？食品中有机氯农药测定意义是什么？

知识准备

一、 有机氯农药

有机氯农药是具有杀虫活性的氯代烃的总称。通常分为三种主要的类型，即 DDT 及其类似物，六六六（也称 BHC）和环戊二烯衍生物。这三类不同的氯代烃均为神经毒性物质，脂溶性很强，不溶或微溶于水，在生物体内的蓄积具有高度选择性，多储存于机体脂肪组织或脂肪多的部位，在碱性环境中易分解失效。

常见的有机氯农药有 DDT、六六六、林丹（99%γ-BHC）、氯丹、硫丹、毒杀芬、七氯、艾氏剂、狄氏剂、异狄氏剂等。

二、 有机氯农药残留检测的意义

由于这类农药具有较高的杀虫活性，杀虫谱广，对温血动物的毒性较低，持续性较长，加之生产方法简单、价格低廉，在世界上相继投入大规模的生产和使用。因为农药的大量使用，导致自然条件下农药不能完全降解，仍有部分残留在农作物机体与环境中，当人体食用农药残留量大于最大摄入量的农作物时，就会对人体健康造成影响，甚至引起中毒事件，因此农药残留问题在全世界范围内都是热点问题。为控制这类农药残留物对食品的污染，GB 2763—2021《食品安全国家标准　食品中农药最大残留限量》中明确规定其使用限量。食品中有机氯农药限值规定为：粮食、蔬菜、水果中六六六不超过 0.05mg/kg，茶叶中六六六不超过 0.2mg/kg；水果、蔬菜中 DDT 不超过 0.05mg/kg（胡萝卜 0.2mg/kg）；生乳中六六六、DDT 均不超过 0.02mg/kg 等。

三、 食品中有机氯农药多组分残留量测定的方法

依据 GB/T 5009.19—2008《食品中有机氯农药多组分残留量的测定》进行检测。标准中毛细管柱气相色谱-电子捕获检测器法适用于肉类、蛋类、乳类动物性食品和植物（含油脂）中 α-HCH、六氯苯、β-HCH、γ-HCH、五氯硝基苯、δ-HCH、五氯苯胺、七氯、五氯苯基硫醚、艾氏剂、氧氯丹、环氧七氯、反式氯丹、α-硫丹、顺式氯丹、p,p'-滴滴伊（DDE）、狄氏剂、异狄氏剂、β-硫丹、p,p'-DDD、o,p'-DDT、异狄氏剂醛、硫丹硫酸盐、p,p'-DDT、异狄氏剂酮、灭蚁灵的分析。填充柱气相色谱-电子捕获检测器法适用于各类食品中 HCH、DDT 残留量的测定。

四、 测定过程中的注意事项

（1）如样品中其他成分有干扰，可适当改变色谱条件，但也需进行空白试验。

（2）检测所用器皿应严格清洗（不能残存卤素离子），以防影响检测结果。

（3）检测条件：最好使用程序升温，以保证出峰峰形较好。

（4）进样口的清洗：内衬管的清洗，用铬酸洗液浸泡 2~3h，用丙酮超声，再用二氯二甲基硅烷进行硅烷化 24h，然后用甲醇浸泡 2h。在内衬管中不添加石英棉会降低分解率。

（5）有机氯农药净化可以分为两种情况：①只检测六六六和 DDT 时，宜采用浓硫酸磺化法进行净化。但是含脂肪量较高的样品可以用佛罗里硅土净化（能有效地除去脂肪）。②当目标物含有异狄氏剂等容易被浓硫酸分解的物质时，可以用层析柱净化，常用的是佛罗里硅土柱；如果是检测植物样品，最好使用凝胶渗透色谱净化，消除干扰。

（6）有机氯农药的标样相对比较稳定，一般在高浓度（10^{-6}mg/L 以上）下储存的时间较长（半年以上）；异狄氏剂在低浓度下很容易分解为异狄氏剂醛和酮，因此，异狄氏剂使用前应该测定其是否已经分解。

（7）采用填充柱气相色谱-电子捕获检测器法测定的检出限：取样量 2g，最终体积为 5mL，进样体积为 10μL 时，α-HCH、β-HCH、γ-HCH、δ-HCH 依次为 0.038，0.16，0.047，0.070μg/kg；p,p'-DDE、o,p'-DDT、p,p'-DDD、o,p'-DDT 依次为 0.23，0.50，1.8，2.1μg/kg。

工作任务 毛细管柱气相色谱-电子捕获检测器法测定食品中的有机氯农药多组分残留量

一、 方法解读

毛细管柱气相色谱-电子捕获检测器法检测原理：试样中有机氯农药组分经有机溶剂提取、凝胶色谱层析净化，用毛细管柱气相色谱分离，电子捕获检测器检测，以保留时间定性，外标法定量。

二、 任务准备

试剂	丙酮:分析纯,重蒸
	石油醚:沸程为30~60℃,分析纯,重蒸
	乙酸乙酯:分析纯,重蒸
	环己烷:分析纯,重蒸
	正己烷:分析纯,重蒸
	氯化钠:分析纯
	无水硫酸钠:分析纯,将无水硫酸钠置干燥箱中,于120℃干燥4h,冷却后,密闭保存
	聚苯乙烯凝胶(Bio-Beads S-X_3):200~400目,或同类产品
	标准溶液的配制:分别准确称取或量取农药标准品适量,用少量苯溶解,再用正己烷稀释成一定浓度的标准储备溶液。量取适量标准储备溶液,用正己烷稀释为系列混合标准溶液
标准品	农药标准品:α-六六六、六氯苯、β-六六六、γ-六六六、五氯硝基苯、δ-六六六、五氯苯胺、七氯、五氯苯基硫醚、艾氏剂、氧氯丹、环氧七氯、反氯丹、α-硫丹、顺氯丹、p,p'-滴滴伊、狄氏剂、异狄氏剂、β-硫丹、p,p'-DDD、o,p'-DDT、异狄氏剂醛、硫丹硫酸盐、p,p'-DDT、异狄氏剂酮、灭蚁灵,纯度均应不低于98%
仪器	气相色谱仪(GC):配有电子捕获检测器(ECD)
	凝胶净化柱:长30cm,内径2.3~2.5cm,具活塞玻璃层析柱,柱底垫少许玻璃棉。用洗脱剂乙酸乙酯-环己烷(1+1)浸泡的凝胶,以湿法装入柱中,柱床高约26cm,凝胶始终保持在洗脱剂中
	全自动凝胶色谱系统:带有固定波长(254nm)的紫外检测器,供选择使用
	旋转蒸发仪
	组织匀浆器
	振荡器
	氮气浓缩器

注:除非另有规定,本方法所用试剂均为优级纯,水为GB/T 6682—2008《分析实验室用水规格和试验方法》规定的三级水。

三、 任务实施

1. 方案制订

通过相关知识学习,解读国家标准,小组完成方案制订,并依据方案完成任务准备。

任务名称			
小组成员		时间	
依据标准			

<table>
<tr><td rowspan="16">工作方案</td><td colspan="2">一、明确方法</td></tr>
<tr><td colspan="2"></td></tr>
<tr><td colspan="2">二、工作准备</td></tr>
<tr><td>仪器设备(规格、数量)</td><td></td></tr>
<tr><td>试剂(规格、浓度、数量)</td><td></td></tr>
<tr><td>样品</td><td></td></tr>
<tr><td colspan="2">三、任务分工</td></tr>
<tr><td>姓名</td><td>分工及时间安排</td></tr>
<tr><td></td><td></td></tr>
<tr><td></td><td></td></tr>
<tr><td></td><td></td></tr>
<tr><td></td><td></td></tr>
<tr><td colspan="2">四、工作流程简图</td></tr>
<tr><td colspan="2"></td></tr>
</table>

2. 任务过程

<table>
<tr><td rowspan="2">任务</td><td colspan="2">具体实施</td><td rowspan="2">要求</td></tr>
<tr><td>实施步骤</td><td>实验记录</td></tr>
<tr><td rowspan="3">试样制备</td><td>蛋品去壳,制成匀浆</td><td rowspan="3">试样的名称,采集时间、数量、采样人员等采样信息</td><td rowspan="3">1. 桌面整齐,着工作服,仪表整洁。
2. 试样混合均匀,保存方法得当</td></tr>
<tr><td>肉品去筋后,切成小块,制成肉糜</td></tr>
<tr><td>乳品混匀待用</td></tr>
<tr><td rowspan="2">试样提取</td><td>蛋类:称取试样 20g(精确到 0.01g),记录 m,置于 200mL 具塞锥形瓶中,加水 5mL(视试样水分含量加水,使总水量约为 20g。通常鲜蛋水分含量约为 75%,加水 5mL 即可),再加入 40mL 丙酮,振摇 30min 后,加入氯化钠 6g,充分摇匀,再加入 30mL 石油醚,振摇 30min。静置分层后,将有机相全部转移至 100mL 具塞锥形瓶中经无水硫酸钠干燥,并量取 35mL 于旋转蒸发瓶中,浓缩至约 1mL,加入 2mL 乙酸乙酯-环己烷(1+1)溶液再浓缩,如此重复 3 次,浓缩至约 1mL,供凝胶色谱层析净化使用,或将浓缩液转移至全自动凝胶渗透色谱系统配套的进样试管中,用乙酸乙酯-环己烷(1+1)溶液洗涤旋转蒸发数次,将洗涤液合并至试管中,定容至 10mL</td><td rowspan="2">m:试样质量,g
m:______</td><td rowspan="2">1. 正确使用具塞锥形瓶、容量瓶等玻璃仪器及电子天平。
2. 正确进行天平检查、使用、维护。
3. 正确规范使用旋转蒸发仪。
4. 正确规范进行试样处理</td></tr>
<tr><td>肉类:称取试样 20g(精确到 0.01g),记录 m,加水 15mL(视试样水分含量加水,使总水量约 20g)。加 40mL 丙酮,振摇 30min。以下按照蛋类试样的提取、分配步骤处理</td></tr>
</table>

任务	具体实施：实施步骤	具体实施：实验记录	要求
试样提取	乳类：称取试样 20g（精确到 0.01g），记录 m，鲜乳不需加水，直接加丙酮提取。以下按照蛋类试样的提取、分配步骤处理		
	大豆油：称取试样 1g（精确到 0.01g），记录 m，直接加入 30mL 石油醚，振摇 30min 后，将有机相全部转移至旋转蒸发瓶中，浓缩至约 1mL，加 2mL 乙酸乙酯-环己烷（1+1）溶液再浓缩，如此重复 3 次，浓缩至约 1mL，供凝胶色谱层析净化使用，或将浓缩液转移至全自动凝胶渗透色谱系统配套的进样试管中，用乙酸乙酯-环己烷（1+1）溶液洗涤旋转蒸发数次，将洗涤液合并至试管中，定容至 10mL		
	植物类：称取试样匀浆 20g，记录 m，加水 5mL（视其水分含量加水，使总水量约 20mL），加丙酮 40mL，振荡 30min，加氯化钠 6g，摇匀。加石油醚 30mL，再振荡 30min，以下按照蛋类试样的提取、分配步骤处理		
试样净化（选择手动或全自动净化方法的任何一种进行）	手动凝胶色谱柱净化：将试样浓缩液经凝胶柱以乙酸乙酯-环己烷（1+1）溶液洗脱，弃去 0～35mL 流分，收集 35～70mL 流分。将其旋转蒸发浓缩至约 1mL，再经凝胶柱净化收集 35～70mL 流分，蒸发浓缩，用氮气吹除溶剂，用正己烷定容至 1mL，记录 V_2、f，留待气相色谱分析	V_2：样液最后定容体积，mL f：稀释因子 V_2：______ f：______	氮吹时注意水浴温度
	全自动凝胶渗透色谱系统净化：试样由 5mL 试样环注入凝胶渗透色谱（GPC）柱，泵流速 5.0mL/min，以乙酸乙酯-环己烷（1+1）溶液洗脱，弃去 0～7.5min 流分，收集 7.5～15min 流分，15～20min 冲洗凝胶渗透色谱柱。将收集的流分旋转蒸发浓缩至约 1mL，用氮气吹至近干，用正己烷定容至 1mL，记录 V_2、f，留待气相色谱分析		
试样测定	设置色谱条件 （1）色谱柱：DM-5 石英弹性毛细管柱，长 30m、内径 0.32mm、膜厚 0.25m；或等效柱。 （2）柱温：程序升温。 （3）进样口温度：280℃。不分流进样，进样量 1μL。 （4）检测器：电子捕获检测器（ECD），温度 300℃。 （5）载气流速：氮气（N_2），1mL/min；尾吹，25mL/min。 （6）柱前压：0.5MPa	观察记录色谱图上显示的保留时间	1. 正确使用气相色谱仪，掌握仪器操作及维护的方法。 2. 能根据出峰时间准确识别各种有机氯农药的色谱峰。 3. 能根据标准的峰高或峰面积比较对试样溶液进行定量。 4. 计算结果正确，按照要求进行数据修约。 5. 计算结果保留 2 位有效数字。 6. 精密度：在重复条件下获得的两次独立测定结果的绝对差值不得超过算术平均值的 20%
	色谱分析：分别吸取 1μL 混合标准液及试样净化液，记录 V_1。注入气相色谱仪，记录色谱图，以保留时间定性，以试样和标准的峰高或峰面积比较定量。有机氯农药混合标准溶液色谱图见图 9-1。	V_1：样液进样体积，μL V_1：______	
	根据公式，计算试样中各农药的含量： $X=\frac{m_1\times V_1\times f\times 1000}{m\times V_2\times 1000}$	X：试样中各农药的含量，mg/kg m_1：被测样液中各农药的含量，ng X：______ m_1：______	

任务	具体实施		要求
	实施步骤	实验记录	
结束工作	结束后倒掉废液、清理台面、洗净用具并归位。柱温降到室温，关闭载气，关机		1. 实验室安全操作。 2. 团队进行工作总结

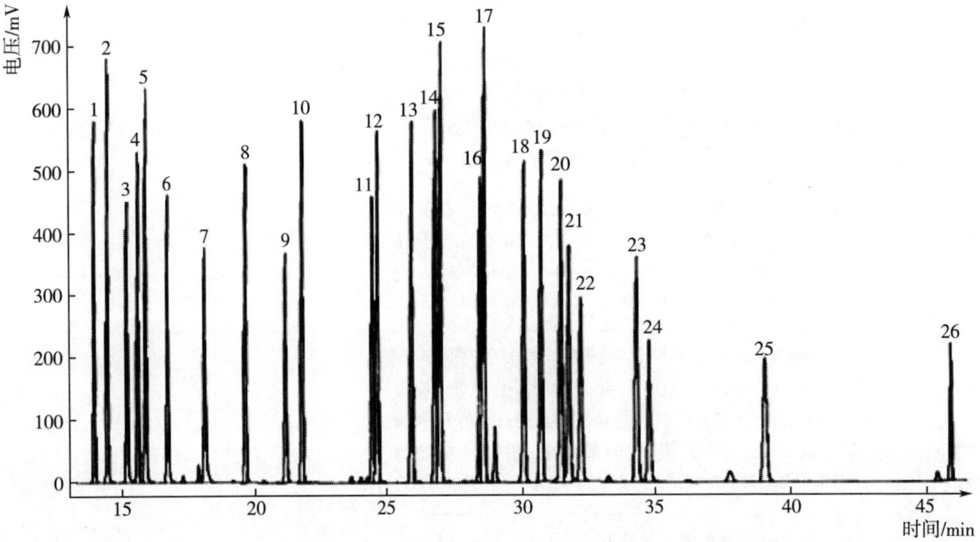

出峰顺序：1—α-六六六；2—六氯苯；3—β-六六六；4—γ-六六六；5—五氯硝基苯；6—δ-六六六；7—五氯苯胺；8—七氯；9—五氯苯基硫醚；10—艾氏剂；11—氧氯丹；12—环氧七氯；13—反氯丹；14—α-硫丹；15—顺氯丹；16—p,p'-滴滴伊；17—狄氏剂；18—异狄氏剂；19—β-硫丹；20—p,p'-滴滴滴；21—o,p'-滴滴涕；22—异狄氏剂醛；23—硫丹硫酸盐；24—p,p'-滴滴涕；25—异狄氏剂酮；26—灭蚁灵

图 9-1 有机氯农药混合标准溶液色谱图

检查与评价

学生完成本任务的学习，通过自评、小组互评以检查自己对本任务学习的掌握情况。指导教师在整个教学过程中，关注每个小组的检测过程及小组成员的动手能力，并对小组成员动手能力进行评价。将具体的检查与评价填入下表。

项目	评价标准	分值	学生自评	小组互评	教师评价
方案制订与任务准备	认真负责、一丝不苟进行资料查阅，确定检测依据	5			
	协同合作制订方案并合理分工	5			
	相互沟通完成方案诊改	5			
	正确清洗及检查仪器	5			
	合理领取药品	5			
	正确取样	5			

续表

项目	评价标准	分值	学生自评	小组互评	教师评价
试样制备、提取、净化	根据试样类型选择正确方法进行试样制备	5			
	根据试样类型选择正确方法进行试样提取	5			
	根据试样类型选择正确方法进行试样净化	5			
	正确使用旋转蒸发仪	5			
	规范清洗氮吹仪针头，正确设置氮吹速度	5			
试样测定	正确设置仪器参考条件	5			
	规范进行试样溶液测定	5			
	正确识别图谱，数据记录正确、完整、美观	10			
	正确计算结果，按照要求进行数据修约	5			
	规范编制检测报告	5			
结束工作	关闭仪器，切断电源	5			
	结束后倒掉废液，清洗仪器设备，正确归位。文明操作	5			
	合理分工，按规定时间完成	5			

项目拓展　填充柱气相色谱-电子捕获检测器法测定食品中的有机氯农药多组分残留量

一、方法解读

填充柱气相色谱-电子捕获检测器法测定原理：试样中六六六、DDT经提取、净化后用气相色谱法测定，与标准比较定量。电子捕获检测器对于负电极强的化合物具有极高的灵敏度，利用这一特点，可分别测出痕量的六六六、DDT。不同异构体和代谢物可同时分别测定。

二、工作准备

1. 试剂

（1）丙酮：分析纯，重蒸。

（2）正己烷：分析纯，重蒸。

（3）石油醚：沸程为30~60℃，分析纯，重蒸。

（4）苯：分析纯。

（5）硫酸：优级纯。

（6）无水硫酸钠：分析纯。

（7）硫酸钠溶液（20g/L）。

（8）农药标准品：六六六（α-HCH、β-HCH、γ-HCH 和 δ-HCH）纯度>99%，DDT（p,p'-DDE、o,p'-DDT、p,p'-DDD 和 p,p'-DDT）纯度>99%。

（9）农药标准储备液：精密称取 α-HCH、β-HCH、γ-HCH、δ-HCH、p,p'-DDE、o,p'-DDT、p,p'-DDD 和 p,p'-DDT 各 10mg，溶于苯中，分别移于 100mL 容量瓶中，以苯稀释至刻度，混匀，浓度为 100mg/L，储存于冰箱中。

（10）农药混合标准工作液：分别量取上述各标准储备液于同一容量瓶中，以正己烷稀释至刻度。α-HCH、γ-HCH 和 δ-HCH 的浓度为 0.005mg/L，β-HCH 和 p,p'-DDE 浓度为 0.01mg/L，o,p'-DDT 浓度为 0.05mg/L，p,p'-DDD 浓度为 0.02mg/L，p,p'-DDT 浓度为 0.1mg/L。

2. 仪器

（1）气相色谱仪（GC）：具电子捕获检测器。

（2）旋转蒸发仪。

（3）氮气浓缩器。

（4）匀浆机。

（5）调速多用振荡器。

（6）离心机。

（7）植物样本粉碎机。

（8）分析天平：感量 1mg。

三、 任务过程

任务	具体实施		要求
	实施步骤	实验记录	
试样制备	谷类制成粉末，其制品制成匀浆	试样的名称，采集时间、数量、采样人员等采样信息	1. 桌面整齐，着工作服，仪表整洁。 2. 试样混合均匀，保存方法得当
	蔬菜、水果及其制品制成匀浆		
	蛋品去壳制成匀浆		
	肉品去皮、筋后，切成小块，制成肉糜		
	鲜乳混匀待用		
	食用油混匀待用		
试样提取	称取具有代表性的各类食品试样匀浆 20g，记录 m_2。加水 5mL（视试样水分含量加水，使总水量约 20mL），加丙酮 40mL，振荡 30min，加氯化钠 6g，摇匀。加石油醚 30mL，再振荡 30min，静置分层。取上清液 35mL 经无水硫酸钠脱水，于旋转蒸发器中浓缩至近干，以石油醚定容至 5mL，记录 V_1。加 0.5mL 浓硫酸净化，振摇 0.5min，于 3000r/min 离心 15min。取上清液进行 GC 分析	m_2：被测试样的取样量，g V_1：被测试样的稀释体积，mL m_2：______ V_1：______	1. 正确使用吸量管、容量瓶等玻璃仪器及电子天平。 2. 正确进行天平检查、使用、维护。 3. 正确规范使用调速多用振荡器、旋转蒸发仪。 4. 正确规范进行试样处理
	称取具有代表性的 2g 粉末试样，记录 m_2。加石油醚 20mL，振荡 30min，过滤，浓缩，定容至 5mL，记录 V_1。加 0.5mL 浓硫酸净化，振摇 0.5min，于 3000r/min 离心 15min。取上清液进行 GC 分析		

<table>
<tr><th rowspan="2">任务</th><th colspan="2">具体实施</th><th rowspan="2">要求</th></tr>
<tr><th>实施步骤</th><th>实验记录</th></tr>
<tr><td>试样提取</td><td>称取具有代表性的食用油试样 0.5g，记录 m_2。以石油醚溶解于 10mL 刻度试管中，定容至刻度，记录 V_1。加 1.0mL 浓硫酸净化，振摇 0.5min，于 3000r/min 离心 15min。取上清液进行 GC 分析</td><td></td><td></td></tr>
<tr><td rowspan="3">试样测定</td><td>设置色谱条件
(1)色谱柱：填充柱，内径 3mm，长 2m 的玻璃柱，内装涂以 1.5% OV-17 和 2% QF-1 混合固定液的 80~100 目硅藻土。
(2)载气：高纯氮，流速 110mL/min。
(3)柱温：185℃
(4)检测器温度 225℃，进样口温度 195℃。
(5)进样量：1~10μL，外标法定量</td><td>观察记录色谱图上显示的保留时间</td><td rowspan="3">1. 正确使用气相色谱仪，掌握仪器操作及维护的方法。
2. 能根据出峰时间准确识别各种有机氯农药的色谱峰。
3. 能根据标准的峰高或峰面积比较对样品溶液进行定量。
4. 计算结果正确，按照要求进行数据修约。
5. 计算结果保留 2 位有效数字。
6. 精密度：在重复性条件下获得的两次独立测定结果的绝对值不得超过算术平均值的 15%</td></tr>
<tr><td>色谱分析：分别吸取 1μL，混合标准液及试样净化液注入气相色谱仪，记录 V_2。以保留时间定性，以试样和标准的峰高或峰面积比较定量，记录 A_1、A_2。有机氯农药混合标准溶液色谱图见图 9-2。</td><td>V_2：被测定试样的进样体积，μL
A_1：被测定试样各组分的峰值（峰高或面积）
A_2：各农药组分标准的峰值（峰高或面积）
V_2：______
A_1：______
A_2：______</td></tr>
<tr><td>根据公式，计算试样中六六六、DDT 及其异构体或代谢物的单一含量：
$$X=\frac{A_1}{A_2}\times\frac{m_1}{m_2}\times\frac{V_1}{V_2}\times\frac{1000}{1000}$$</td><td>X：试样中六六六、DDT 及其异构体或代谢物的单一含量，mg/kg
m_1：单一农药标准溶液的含量，ng
X：______
m_1：______</td></tr>
<tr><td>结束工作</td><td colspan="2">结束后倒掉废液、清理台面、洗净用具并归位。柱温降到室温，关闭载气，关机</td><td>1. 实验室安全操作。
2. 团队工作总结</td></tr>
</table>

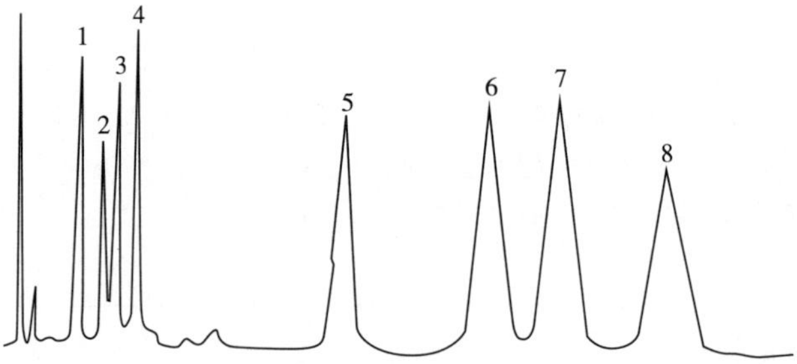

出峰顺序：1—α-HCH；2—β-HCH；3—γ-HCH；4—δ-HCH；
5—p,p′-DDE；6—o,p′-DDT；7—p,p′-DDD；8—p,p′-DDT

图 9-2 有机氯农药混合标准溶液色谱图

学习思考

1. 什么是有机氯农药？
2. 测定食品中有机氯农药多组分残留量的依据是什么？
3. 食品中有机氯农药限值如何规定？
4. 气相色谱法测定食品中有机氯农药多组分残留量的色谱条件如何设置？
5. 测定乳类中有机氯农药多组分残留量时，应如何对样品进行处理？

项目二

食品中有机磷农药残留量的测定

项目导入

【无公害蔬菜、有机蔬菜和绿色蔬菜】无公害蔬菜是指符合中国国家标准和规范要求，经认证合格并允许使用无公害农产品标志的蔬菜。在生产过程中，有害物质（如农药残留、重金属、亚硝酸盐等）的含量必须控制在国家规定的允许范围内，食用后对人体健康不会造成危害。有机蔬菜是指遵照国际有机农业生产标准，在生产中不采用基因工程获得的生物及其产物，不使用化学合成的农药、化肥、激素等生长调节剂等物质，遵循自然规律和生态学原理，采用一系列可持续发展的农业技术生产出来的蔬菜。其需经独立的有机食品认证机构认证后，方可使用有机食品标志。绿色蔬菜是指遵循可持续发展的原则，在产地生态环境良好的前提下，按照特定的质量标准体系生产，并经专门机构认定，允许使用绿色食品标志的无污染的安全、优质、营养类蔬菜的总称。无公害蔬菜、有机蔬菜和绿色蔬菜最主要的区别是种植有机蔬菜完全不使用化学合成的肥料、农药、生长调节剂（比如激素等）、转基因技术，产地要求远离工业区、城市生活区、交通主干道，生产过程完全遵守有机蔬菜生产技术规程。在国外只有普通蔬菜和有机蔬菜之分，绿色蔬菜和无公害蔬菜的称呼只在国内使用。

问题启发

什么是有机磷农药？常见的有机磷农药有哪些？生活中常见的蔬菜、水果中允许使用的有机磷农药有哪些？食品中有机磷农药测定意义是什么？

知识准备

一、有机磷农药

有机磷农药是用于防治植物病、虫、害的含磷有机化合物。有机磷农药属于广谱杀虫剂，常见的有敌敌畏、甲拌磷、乐果、马拉疏磷与敌百虫等，因其具有种类多、价格低、效果好、使用领域广且易于降解等特点，逐渐代替有机氯农药，是目前我国使用最为广泛的农药种类，目前其产量约占中国农药市场的2/3。

有机磷农药多为油状液体，有大蒜味，挥发性强，微溶于水，遇碱被破坏。实际应用中应选择高效低毒及低残留品种，如乐果、敌百虫等。

二、食品中有机磷农药测定的意义

有机磷农药可作为杀虫剂、杀菌剂、除草剂和植物生长调节剂使用，我国生产的杀虫剂中，有机磷杀虫剂占总产量的70%。有机磷农药，药效高，用途广，易分解，对农作物药害小，在人、畜体内一般不积累，在农药中是极为重要的一类化合物。但是某些有机磷农药属高毒农药，对哺乳动物急性毒性较强，常因使用、保管、运输不慎，污染食品，造成急性中毒；过量或施用时期不当是造成有机磷农药污染食品的主要原因。食品中，特别是果蔬中有机磷残留量的测定，是一项重要检测项目。

为控制这类农药残留物对食品的污染，GB 2763—2021《食品安全国家标准　食品中农药最大残留限量标准》中明确规定其使用限量。有机磷农药在水果、蔬菜中允许量的规定为：甲拌磷不超过0.01mg/kg，甲胺磷不超过0.05mg/kg（萝卜0.1mg/kg），甲基对硫磷不超过0.02mg/kg（仁果类水果0.01mg/kg），久效磷不超过0.03mg/kg等。

三、食品中有机磷农药测定的方法

依据GB/T 5009.20—2003《食品中有机磷农药残留量的测定》进行检测。标准中规定了水果、蔬菜、谷类中敌敌畏、速灭磷、久效磷、甲拌磷、巴胺磷、二嗪磷、乙嘧硫磷、甲基嘧啶磷、甲基对硫磷、稻瘟净、水胺硫磷、氧化喹硫磷、稻丰散、甲喹硫磷、克线磷、乙硫磷、乐果、喹硫磷、对硫磷、杀螟硫磷的残留量分析方法，及使用过敌敌畏等二十种农药制剂的水果、蔬菜、谷类等作物的残留量分析方法。本标准也规定了粮食、蔬菜、食用油等食品中敌敌畏、乐果、马拉硫磷、甲拌磷、稻瘟净、杀螟硫磷、倍硫磷、虫螨磷的测定方法，最低检出量为0.1~0.3ng，进样量相当于0.01g试样，最低检出浓度范围为0.01~0.03mg/kg。

四、测定过程中的注意事项

（1）试样净化时，要求混合液静置足够的时间（一般为1h），使丙酮相和水相完全分层。

（2）进样时，仪器室温度要保持在25℃以下，以免样品瓶中溶剂挥发，影响定量。

（3）不同色谱柱，有机磷的出峰顺序会不同，注意不要定性错误。

（4）注意维护仪器，特别是进样口。新换玻璃毛或新换衬管要先进几针高浓度标样。

工作任务 水果、蔬菜、谷类中有机磷农药的多残留的测定

一、方法解读

水果、蔬菜、谷类中有机磷农药的多残留的测定原理：含有机磷的试样在富氢焰上燃烧，以 HPO 碎片的形式，放射出波长 526nm 的特性光；这种光通过滤光片选择后，由光电倍增管接收，转换成电信号，经微电流放大器放大后被记录下来。试样的峰面积或峰高与标准品的峰面积或峰高进行比较定量。

二、任务准备

试剂	丙酮
	二氯甲烷
	氯化钠
	无水硫酸钠
	助滤剂 Celite 545
	农药标准溶液：分别准确称取农药标准品，以二氯甲烷为溶剂，分别配制成 1.0mg/mL 的标准储备液，储存于冰箱中 4℃保存，使用时根据各农药品种的仪器响应情况，吸取不同量的标准储备液，用二氯甲烷稀释成混合标准使用液
标准品	敌敌畏（DDVP）：纯度≥99%
	速灭磷：顺式纯度≥60%，反式纯度≥40%
	久效磷：纯度≥99%
	甲拌磷：纯度≥98%
	巴胺磷：纯度≥99%
	二嗪磷：纯度≥98%
	乙嘧硫磷：纯度≥97%
	甲基嘧啶磷：纯度≥99%
	甲基对硫磷：纯度≥99%
	稻瘟净：纯度≥99%
	水胺硫磷：纯度≥99%
	氧化喹硫磷：纯度≥99%
	稻丰散：纯度≥99.6%
	甲喹硫磷：纯度≥99.6%

标准品	克线磷:纯度≥99.9%
	乙硫磷:纯度≥95%
	乐果:纯度≥99.0%
	喹硫磷:纯度≥98.2%
	对硫磷:纯度≥99.0%
	杀螟硫磷:纯度≥98.5%
仪器	组织捣碎机
	粉碎机
	旋转蒸发仪
	气相色谱仪:附有火焰光度检测器(FPD)

注：除非另有规定，本方法所用试剂均为优级纯，水为 GB/T 6682—2008《分析实验室用水规格和试验方法》规定的三级水。

三、任务实施

1. 方案制订

通过相关知识学习，解读国家标准，小组完成方案制订，并依据方案完成任务准备。

任务名称			
小组成员		时间	
依据标准			

工作方案	一、明确方法	
	二、工作准备	
	仪器设备(规格、数量)	
	试剂(规格、浓度、数量)	
	样品	
	三、任务分工	
	姓名	分工及时间安排
	四、工作流程简图	

2. 任务过程

任务	具体实施		要求
	实施步骤	实验记录	
试样制备	取粮食试样经粉碎机粉碎，过 20 目筛制成粮食试样 水果、蔬菜试样去掉非可食部分后制成待分析试样	试样的名称，采集时间、数量、采样人员等采样信息	1. 桌面整齐，着工作服，仪表整洁。 2. 试样混合均匀，保存方法得当。 3. 正确使用粉碎机对试样进行处理
试样提取	水果、蔬菜：称取 50.00g 试样，记录 m，置于 300mL 烧杯中，加入 50mL 水和 100mL 丙酮（提取液总体积为 150mL）记录 V_1，用组织捣碎机提取 1～2min。匀浆液经铺有 2 层滤纸和约 10g Celite 545 的布氏漏斗减压抽滤，取滤液 100mL，记录 V_2，移至 500mL 分液漏斗中 谷物：称取 25.00g 试样，记录 m，置于 300mL 烧杯中，加入 50mL 水和 100mL 丙酮，以下步骤同水果、蔬菜提取	m：试样质量，g V_1：试样提取液的总体积，mL V_2：净化用提取液的总体积，mL m：______ V_1：______ V_2：______	1. 桌面整齐，着工作服，仪表整洁。 2. 试样混合均匀，保存方法得当。 3. 正确使用组织捣碎机对需要提取的试样进行处理
试样净化	向提取后的滤液中加入 10～15g 氯化钠，使溶液处于饱和状态。猛烈振摇 2～3min，静置 10min，使丙酮与水相分层，水相用 50mL 二氯甲烷振摇 2min，再静置分层。将丙酮与二氯甲烷提取液合并，经装有 20～30g 无水硫酸钠的玻璃漏斗脱水滤入 250mL 圆底烧瓶中，再以约 40mL 二氯甲烷分数次洗涤容器和无水硫酸钠。洗涤液也并入烧瓶中，用旋转蒸发仪浓缩至约 2mL，记录 V_3，浓缩液定量转移至 5～25mL 容量瓶中，加二氯甲烷定容至刻度	V_3：浓缩后的定容体积，mL V_3：______	振摇时注意乳化
试样测定	设置色谱条件 （1）色谱柱： ① 玻璃柱 2.6m×3mm（直径），填装涂有 4.5% DC-200+2.5% OV-17 的 Chromosorb WAW DMCS（80～100 目）的担体。 ② 玻璃柱 2.6m×3mm（直径），填装涂有质量分数为 1.5% 的 QF-I 的 Chromosorb WAW DMCS（60～80 目）。 （2）气体速度：氮气 50mL/min、氢气 100mL/min、空气 50mL/min。 （3）温度：柱箱 240℃、汽化室 260℃、检测器 270℃	记录气相色谱仪制作标准曲线和测定试液的实际色谱条件参数	1. 正确使用气相色谱仪，掌握仪器操作及维护的方法。 2. 能根据出峰时间准确识别各种有机磷农药的色谱峰。 3. 能根据标准的峰高或峰面积比较对试样溶液进行定量。 4. 计算结果正确，按照要求进行数据修约。 5. 计算结果保留 2 位有效数字。 6. 精密度：在重复性条件下获得的两次独立测定结果的绝对差值不得超过算术平均值的 15%

任务	具体实施		要求
	实施步骤	实验记录	
试样测定	吸取 2~5μL 混合标准液及试样净化液注入色谱仪中，记录 V_4，以保留时间定性，以试样的峰高或峰面积与标准比较定量，记录 A_i、A_{si}，有机磷农药混合标准溶液色谱图见图 9-3 和图 9-4。	V_4：进样体积，μL A_i：试样中 i 组分的峰面积，积分单位 A_{si}：混合标准液中 i 组分的峰面积，积分单位 V_4：______ A_i：______ A_{si}：______	1. 正确使用气相色谱仪，掌握仪器操作及维护的方法。 2. 能根据出峰时间准确识别各种有机磷农药的色谱峰。 3. 能根据标准的峰高或峰面积比较对试样溶液进行定量。 4. 计算结果正确，按照要求进行数据修约。 5. 计算结果保留 2 位有效数字。 6. 精密度：在重复性条件下获得的两次独立测定结果的绝对差值不得超过算术平均值的 15%
	根据公式，计算试样中 i 组分有机磷农药的含量按： $X_i=\dfrac{A_i\times V_1\times V_3\times E_{si}\times 1000}{A_{si}\times V_2\times V_4\times m\times 1000}$	X_i：i 组分有机磷农药含量，mg/kg E_{si}：注入色谱仪中 i 标准组分的质量，ng X_i：______ E_{si}：______	
结束工作	结束后倒掉废液、清理台面、洗净用具并归位。柱温降到室温，关闭载气，关机		1. 实验室安全操作。 2. 团队进行工作总结

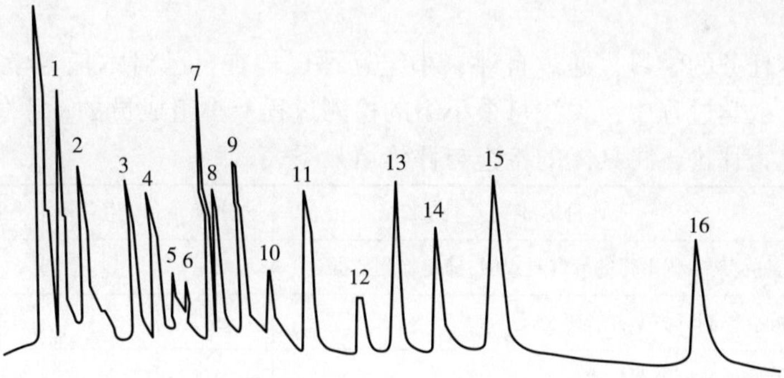

出峰顺序：1—敌敌畏（最低检测浓度 0.005mg/kg）；2—速灭磷（最低检测浓度 0.004mg/kg）；3—久效磷（最低检测浓度 0.014mg/kg）；4—甲拌磷（最低检测浓度 0.004mg/kg）；5—巴胺磷（最低检测浓度 0.011mg/kg）；6—二嗪磷（最低检测浓度 0.003mg/kg）；7—乙嘧硫磷（最低检测浓度 0.003mg/kg）；8—甲基嘧啶磷（最低检测浓度 0.004mg/kg）；9—甲基对硫磷（最低检测浓度 0.004mg/kg）；10—稻瘟净（最低检测浓度 0.004mg/kg）；11—水胺硫磷（最低检测浓度 0.005mg/kg）；12—氧化喹硫磷（最低检测浓度 0.025mg/kg）；13—稻丰散（最低检测浓度 0.017mg/kg）；14—甲喹硫磷（最低检测浓度 0.014mg/kg）；15—克线磷（最低检测浓度 0.009mg/kg）；16—乙硫磷（最低检测浓度 0.014mg/kg）

图 9-3　16 种有机磷农药（标准溶液）的色谱图

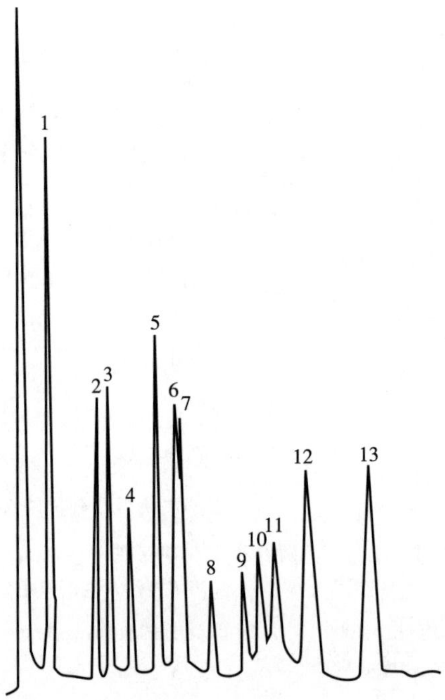

出峰顺序：1—敌敌畏；2—甲拌磷；3—二嗪磷；4—乙嘧硫磷；5—巴胺磷；6—甲基嘧啶磷；7—异稻瘟净；8—乐果；9—喹硫磷；10—甲基对硫磷；11—杀螟硫磷；12—对硫磷；13—乙硫磷

图 9-4 13 种有机磷农药（标准溶液）的色谱图

检查与评价

学生完成本任务的学习，通过自评、小组互评以检查自己对本任务学习的掌握情况。指导教师在整个教学过程中，关注每个小组的检测过程及小组成员的动手能力，并对小组成员动手能力进行评价，将具体的检查与评价填入下表。

项目	评价标准	分值	学生自评	小组互评	教师评价
方案制订与任务准备	认真负责、一丝不苟进行资料查阅，确定检测依据	5			
	协同合作制订方案并合理分工	5			
	相互沟通完成方案诊改	5			
	正确清洗及检查仪器	5			
	合理领取药品	5			
	正确取样	5			
试样制备、提取、净化	根据试样类型选择正确方法进行试样制备	5			
	根据试样类型选择正确方法进行试样提取	5			
	正确使用分液漏斗，有机相、水相分离方法正确	5			
	正确使用旋转蒸发仪	5			

续表

项目	评价标准	分值	学生自评	小组互评	教师评价
试样测定	正确设置仪器参考条件	10			
	规范进行试样溶液测定	5			
	正确识别图谱,数据记录正确、完整、美观	10			
	正确计算结果,按照要求进行数据修约	5			
	规范编制检测报告	5			
结束工作	关闭仪器,切断电源	5			
	结束后倒掉废液,清洗仪器设备,正确归位。文明操作	5			
	合理分工,按规定时间完成	5			

学习思考

1. 什么是有机磷农药?
2. 食品中有机磷农药残留分析的目的是什么?
3. 测定食品中有机磷农药残留量的依据是什么?
4. 食品中有机磷农药限值如何规定?
5. 气相色谱法测定食品中有机磷农药残留量的色谱条件如何设置?

模块十

重金属检测

学习目标

知识目标

1. 熟悉食品中重金属与食品安全的关系，了解重金属检测的意义及方法。
2. 能正确理解原子吸收光谱仪、原子荧光光谱仪的基本结构和检测原理。
3. 掌握系列标准工作液的配制方法。
4. 掌握朗伯–比尔定律。

能力目标

1. 能够正确解读食品中重金属检测相关标准，并正确选用检测方法。
2. 能够整理分析资料并制订检测方案。
3. 能够准确配制系列标准溶液，绘制工作曲线。
4. 能够识别原子吸收光谱仪、原子荧光光谱仪的基本结构。
5. 能够对原子吸收光谱仪、原子荧光光谱仪等设备进行日常维护保养。
6. 能够对实验结果进行记录、分析和处理，并编制报告。

素养目标

1. 有机融入敬业、精益求精、诚信、环保等元素，进一步强化对主流价值观的认识，从而提高职业素养。

2. 强调操作的规范性，养成严谨的科学态度。

3. 强调节约、环保，树立起“绿水青山就是金山银山”的意识，激发环保意识，做到爱家、爱院、爱校、爱国。

项目一

食品中总汞的测定

项目导入

【食品汞污染会带来哪些危害】重金属汞及汞化合物在自然界分布极为广泛，如土壤、水、生物体甚至食品中都可以检测出微量的汞。由于工业“三废”导致大量的汞进入环境，汞污染食品主要通过含汞的工业废水污染水体，使得水体中的鱼、虾和贝类等受到污染；含汞农药的使用，直接污染植物性食品原料；同时，农田淤泥中含汞过高，也会导致农产品或其他水生生物受到汞的污染。微量汞在体内的摄入量与排泄量基本保持平衡，一般不引起对健康的危害。

问题启发

食品中汞的来源有哪些？汞对人体健康有哪些方面危害？食品中汞超标会对人体产生什么影响？有没有方法可以准确检测出食品中汞的含量？

知识准备

一、 食品中汞来源

汞及其化合物广泛应用于工农业生产和医疗卫生行业，可通过废水、废气、废渣等途径污染食品。另外，用有机汞拌种，或在农作物生长期施用有机汞农药均可污染农作物。除职业接触外，进入人体的汞主要来源于受污染的食品。据我国对各类食品中汞的化学形式研究，发现水产品中的汞主要以甲基汞形式存在，而植物性食品中的汞则以无机汞为主。水产品中特别是鱼、虾、贝类食品中甲基汞污染对人体的危害最大。例如，日本水俣病事件是指在水俣湾发生的一种“怪病”，这是最早出现的因工业废水排放污染造成的公害病，称为“水俣病”。其成因是水俣湾水域受到汞污染，汞经食物链的生物富集作用在鱼体内大量蓄积，含量高达 20~60mg/kg，是生活水域汞含量的数万倍。

二、 汞对健康的危害

微量汞对人体不致引起危害，但进入体内的量过多，则会损害人体的健康。汞由胃肠道吸收的多少与其存在形式有关。金属汞很少由胃肠道吸收，故其经口毒性极小。二价无机汞化物在胃肠道内的吸收率为 1.4%~15.6%，平均为 7%。吸收后经血液转运，约以相等的量分布于红细胞和血浆中，并与血红蛋白和血浆蛋白的巯基结合。二价无机汞化物主要由尿和粪排出。有机汞的吸收率较高，如甲基汞的胃肠道吸收率为 95%。血液中的汞 90%与红细胞结合，10%与血浆蛋白结合，并通过血液分布于全身，血液中汞含量可反映近期摄入体内的水平，也可作为体内汞负荷程度的指标，通常以 0.5μmol/L（100μg/L）作为正常值上限。

甲基汞脂溶性较高，易于扩散并进入组织细胞之中，主要蓄积于肾脏和肝脏，并通过血脑屏障进入脑组织。大脑对甲基汞有特殊的亲和力，其浓度比血液浓度高 3~6 倍。甲基汞也可随头发的生长而进入毛发，血液中甲基汞浓度与头发浓度之比为 1∶250。毛发中甲基汞含量与摄入量成正比，因此发汞值可以反映体内汞的水平。甲基汞主要由粪排出，由尿排出很少。一般认为血汞在 200μg/L 以上，发汞在 50μg/g 以上，尿汞在 2μg/L 以上，即表明有汞中毒的可能。汞由于存在形式的不同，其毒性也不同，无机汞化物多引起急性中毒，有机汞多引起慢性中毒。

三、 食品中总汞及有机汞测定的方法

依据 GB 5009.17—2021《食品安全国家标准　食品中总汞及有机汞的测定》进行检测。标准中食品中总汞测定方法有原子荧光光谱法、直接进样测汞法、电感耦合等离子体质谱法、冷原子吸收光谱法；食品中甲基汞测定方法有液相-原子荧光光谱联用法、液相色谱-电感耦合等离子体质谱联用法。本项目主要介绍原子荧光光谱法测定食品中总汞的方法。

四、 测定过程中的注意事项

（1）在消解样品的过程中，消解完全时，要把硝酸彻底赶完，因为硝酸具有氧化性。

（2）由于汞的沸点偏低，是极易挥发的元素，因此在前处理的过程中控制温度尤为重要。

（3）微波消解法快速、试剂消耗少、消解完全，更适于高脂肪试样消解。

（4）实验所需玻璃器皿及聚四氟乙烯消解内罐均需以硝酸溶液（1+4）浸泡 24h，用自来水反复冲洗，最后用水冲洗干净。

（5）原子荧光光谱法测定食品中总汞及有机汞，当样品称样量为 0.5g，定容体积为 25mL 时，方法检出限 0.003mg/kg，方法定量限 0.01mg/kg。

工作任务　原子荧光光谱法测定食品中的总汞

一、 方法解读

试样经酸加热消解后，在酸性介质中，试样中汞被硼氢化钾或硼氢化钠还原成原子态汞，由载气（氩气）带入原子化器中，在汞空心阴极灯照射下，基态汞原子被激发至高能态，在由高能态回到基态时，发射出特征波长的荧光，其荧光强度与汞含量成正比，外标法定量。

二、任务准备

试剂	过氧化氢
	硫酸
	硝酸溶液(1+9):量取50mL硝酸,缓缓加入450mL水中,混匀
	硝酸溶液(5+95):量取50mL硝酸,缓缓加入950mL水中,混匀
	氢氧化钾溶液(5g/L):称取5.0g氢氧化钾,用水溶解并稀释至1000mL,混匀
	硼氢化钾溶液(5g/L):称取5.0g硼氢化钾(分析纯),用5g/L的氢氧化钾溶液溶解并稀释至1000mL,混匀。临用现配
	重铬酸钾的硝酸溶液(0.5g/L):称取0.5g重铬酸钾溶于1000mL硝酸溶液(5+95)中溶解并稀释至1000mL,混匀
	汞标准储备液(1000mg/L):准确称取0.1354g氯化汞,用重铬酸钾的硝酸溶液(0.5g/L)溶解并转移至100mL容量瓶中,稀释并定容至刻度,混匀。于2~8℃冰箱中避光保存,有效期2年。或经国家认证并授予标准物质证书的汞标准溶液
	汞标准中间液(10.0mg/L):准确吸取汞标准储备液(1000mg/L)1.00mL于100mL容量瓶中,用重铬酸钾的硝酸溶液(0.5g/L)稀释并定容至刻度,混匀。于2~8℃冰箱中避光保存,有效期1年
	汞标准使用液(50.0μg/L):准确吸取汞标准中间液(10.0mg/L)1.00mL于200mL容量瓶中,用重铬酸钾的硝酸溶液(0.5g/L)稀释并定容至刻度,混匀。临用现配
	汞标准系列溶液:分别吸取汞标准使用液(50.0μg/L)0.00,0.20,0.50,1.00,1.50,2.00,2.50mL于50mL容量瓶中,用硝酸溶液(1+9)稀释并定容至刻度,混匀,相当于汞浓度为0.00,0.20,0.50,1.00,1.50,2.00,2.50μg/L。临用现配
标准品	氯化汞标准品(CAS号:7487-94-7):纯度≥99%
仪器	原子荧光光谱仪:配汞空心阴极灯
	分析天平:感量为0.01mg,0.1mg和1mg
	微波消解系统
	压力消解器
	恒温干燥箱(50~300℃)
	控温电热板(50~200℃)
	超声水浴箱
	匀浆机
	高速粉碎机

注:除非另有规定,本方法所用试剂均为优级纯,水为GB/T 6682—2008《分析实验室用水规格和试验方法》规定的一级水。

三、 任务实施

1. 方案制订

通过相关知识学习，解读国家标准，小组完成方案制订，并依据方案完成任务准备。

<table>
<tr><td>任务名称</td><td colspan="4"></td></tr>
<tr><td>小组成员</td><td colspan="2"></td><td>时间</td><td></td></tr>
<tr><td>依据标准</td><td colspan="4"></td></tr>
<tr><td rowspan="15">工作方案</td><td colspan="4">一、明确方法</td></tr>
<tr><td colspan="4"></td></tr>
<tr><td colspan="4">二、工作准备</td></tr>
<tr><td>仪器设备(规格、数量)</td><td colspan="3"></td></tr>
<tr><td>试剂(规格、浓度、数量)</td><td colspan="3"></td></tr>
<tr><td>样品</td><td colspan="3"></td></tr>
<tr><td colspan="4">三、任务分工</td></tr>
<tr><td>姓名</td><td colspan="3">分工及时间安排</td></tr>
<tr><td></td><td colspan="3"></td></tr>
<tr><td></td><td colspan="3"></td></tr>
<tr><td></td><td colspan="3"></td></tr>
<tr><td></td><td colspan="3"></td></tr>
<tr><td colspan="4">四、工作流程简图</td></tr>
<tr><td colspan="4"></td></tr>
</table>

2. 任务过程

<table>
<tr><td rowspan="2">任务</td><td colspan="2">具体实施</td><td rowspan="2">要求</td></tr>
<tr><td>实施步骤</td><td>实验记录</td></tr>
<tr><td rowspan="3">试样制备</td><td>粮食、豆类等样品取可食部分粉碎均匀，装入洁净聚乙烯瓶中，密封保存备用</td><td rowspan="3">试样的名称，采集时间、数量、采样人员等采样信息</td><td rowspan="3">1. 桌面整齐，着工作服，仪表整洁。
2. 试样混合均匀，保存方法得当。
3. 正确使用组匀浆机、研磨机对需要粉碎的试样进行处理</td></tr>
<tr><td>蔬菜、水果、鱼类、肉类及蛋类等新鲜试样，洗净晾干，取可食部分匀浆，装入洁净聚乙烯瓶中，密封，于 2~8℃ 冰箱冷藏备用</td></tr>
<tr><td>乳及乳制品匀浆或均质后装入洁净聚乙烯瓶中，密封于 2~8℃ 冰箱冷藏备用</td></tr>
</table>

任务	具体实施		要求
	实施步骤	实验记录	
试样消解	微波消解法：称取固体试样 0.2～0.5g（精确到 0.001g，含水分较多的试样可适当增加取样量至 0.8g）或准确称取液体试样 1.0～3.0g（精确到 0.001g），对于植物油等难消解的试样称取 0.2～0.5g（精确到 0.001g），记录 *m*，置于消解罐中，加入 5～8mL 硝酸，加盖放置 1h，对于难消解的试样再加入 0.5～1mL 过氧化氢，旋紧罐盖，按照微波消解仪的标准操作步骤进行消解。冷却后取出，缓慢打开罐盖排气，用少量水冲洗内盖，将消解罐放在控温电热板上或超声水浴箱中，80℃下加热或超声脱气 3～6min 赶去棕色气体，取出消解内罐，将消化液转移至 25mL 容量瓶中，用少量水分 3 次洗涤内罐，洗涤液合并于容量瓶中并定容至刻度，记录 *V*，混匀备用；同时做空白试验	*m*：试样质量，g *V*：试样消化液定容总体积，mL *m*：______ *V*：______	1. 根据实验室条件选用任何一种方法消解。 2. 称量时应保证试样的均匀性。 3. 正确使用吸量管、容量瓶等玻璃仪器及电子天平，正确进行天平检查、使用、维护。 4. 正确规范进行试样处理。 5. 能规范使用微波消解仪。 6. 试验要在通风良好的通风橱内进行。 7. 对于含油脂的试样，尽量避免用湿法消解消化，最好采用干法灰化，如果必须采用湿法消解，试样的取样量最大不能超过 1g
	压力罐消解法：称取固体试样 0.2～1.0g（精确到 0.001g，含水分较多的试样可适当增加取样量至 2g），或准确称取液体试样 1.0～5.0g（精确到 0.001g），对于植物油等难消解的试样称取 0.2～0.5g（精确到 0.001g），记录 *m*，置于消解内罐中，加入 5mL 硝酸，放置 1h 或过夜，盖好内盖，旋紧不锈钢外套，放入恒温干燥箱，140～160℃下保持 4～5h，在箱内自然冷却至室温，缓慢旋松不锈钢外套，将消解内罐取出，用少量水冲洗内盖，将消解罐放在控温电热板上或超声水浴箱中，80℃下加热或超声脱气 3～6min 赶去棕色气体。取出消解内罐，将消化液转移至 25mL 容量瓶中，用少量水分 3 次洗涤内罐，洗涤液合并于容量瓶中并定容至刻度，记录 *V*，混匀备用；同时做空白试验		
	回流消化法 （1）粮食：称取 1.0～4.0g（精确到 0.001g）试样，记录 *m*，置于消化装置锥形瓶中，加玻璃珠数粒，加 45mL 硝酸、10mL 硫酸，转动锥形瓶防止局部炭化。装上冷凝管后，低温加热，待开始发泡即停止加热，发泡停止后，加热回流 2h。如加热过程中溶液变棕色，再加 5m 硝酸，继续回流 2h，消解到试样完全溶解，一般呈淡黄色或无色，待冷却后从冷凝管上端小心加入 20mL 水，继续加热回流 10min，放置冷却后，用适量水冲洗冷凝管，冲洗液并入消化液中，将消化液经玻璃棉过滤于 100mL 容量瓶内，用少量水洗涤锥形瓶、滤器，洗涤液并入容量瓶内，加水至刻度，记录 *V*，混匀备用，同时做空白试验。 （2）植物油及动物油脂：称取 1.0～3.0g（精确到 0.001g）试样，记录 *m*，置于消化装置锥形瓶中，加玻璃珠数粒，加入 7mL 硫酸，小心混匀至溶液颜色变为棕色，然后加 40mL 硝酸。后续步骤同（1）“装上冷凝管后，小火加热……同时做空白试验”。		

任务	具体实施		要求
	实施步骤	实验记录	
试样消解	(3)薯类、豆制品：称取1.0~4.0g(精确到0.001g)试样，记录 m，置于消化装置锥形瓶中，加玻璃珠数粒及30mL硝酸、5mL硫酸，转动锥形瓶防止局部炭化。后续步骤同(1)“装上冷凝管后，小火加热……同时做空白试验”。 (4)肉、蛋类：称取0.5~2.0g(精确到0.001g)试样，记录 m，置于消化装置锥形瓶中，加玻璃珠数粒及30mL硝酸、5mL硫酸，转动锥形瓶防止局部炭化。后续步骤同(1)“装上冷凝管后，小火加热……同时做空白试验”。 (5)乳及乳制品：称取1.0~4.0g(精确到0.001g)试样，记录 m，置于消化装置锥形瓶中，加玻璃珠数粒及30mL硝酸，乳加10mL硫酸，乳制品加5mL硫酸，转动锥形瓶防止局部炭化。后续步骤同(1)“装上冷凝管后，小火加热……同时做空白试验”		
试样测定	仪器参考条件：根据各自仪器性能调至最佳状态。光电倍增管负高压：240V；汞空心阴极灯电流：30mA；原子化器温度：200℃；载气流速：500mL/min；屏蔽气流速：1000mL/min	ρ：测定样液中汞的质量浓度，ng/mL ρ_0：空白液中汞的质量浓度，ng/mL ρ：______ ρ_0：______	1. 正确使用原子荧光光谱仪，掌握仪器操作及维护的方法。 2. 能根据标准进行储备液、标准中间液的配制。 3. 根据仪器的灵敏度及试样中汞的实际含量微调标准系列溶液中汞的质量浓度范围。 4. 能根据标准曲线对试样溶液进行定量。 5. 计算结果正确，按照要求进行数据修约。 6. 当汞含量≥1.00 mg/kg时，计算结果保留三位有效数字；当汞含量<1.00mg/kg时，计算结果保留两位有效数字。 7. 精密度：在重复性条件下获得的两次独立测定结果的绝对差值不超过算术平均值的20%
	标准曲线绘制：设定好仪器最佳条件，连续用硝酸溶液(1+9)进样，待读数稳定之后，转入标准系列溶液测量，由低到高浓度顺序测定标准溶液的荧光强度，以汞的质量浓度为横坐标，荧光强度为纵坐标，绘制标准曲线		
	试样溶液测定：转入试样测量，先用硝酸溶液(1+9)进样，使读数基本回零，再分别测定处理好的试样空白和试样溶液，记录 ρ、ρ_0		
	根据公式，计算试样中汞含量： $X=\frac{(\rho-\rho_0)\times V\times 1000}{m\times 1000\times 1000}$ 式中 1000——换算系数	X：试样中汞含量，mg/kg X：______	
结束工作	结束后倒掉废液，清理台面，洗净用具并归位。先关闭工作站，再关闭仪器，关闭保护气		1. 实验室安全操作。 2. 团队进行工作总结

检查与评价

学生完成本任务的学习，通过自评、小组互评以检查自己对本任务学习的掌握情况。指导教师在整个教学过程中，关注每个小组的检测过程及小组成员的动手能力，并对小组成员动手能力进行评价。将具体的检查与评价填入下表。

项目	评价标准	分值	学生自评	小组互评	教师评价
方案制订与任务准备	认真负责、一丝不苟进行资料查阅，确定检测依据	5			
	协同合作制订方案并合理分工	5			
	相互沟通完成方案诊改	5			
	正确清洗及检查仪器	5			
	合理领取药品	5			
	正确取样	5			
试样制备	根据试样类型选择正确方法进行试样制备	5			
试样消解	正确选择合适的消解方法，正确进行试样消解	5			
试样测定	正确设置仪器参考条件	5			
	根据标准正确配制储备液、标准中间液	5			
	根据仪器的灵敏度及试样中汞的实际含量微调标准系列溶液	5			
	准确绘制标准曲线	5			
	规范进行试样溶液测定	5			
	数据记录正确、完整、美观	10			
	正确计算结果，按照要求进行数据修约	5			
	规范编制检测报告	5			
结束工作	关闭仪器，切断电源	5			
	结束后倒掉废液，清洗仪器设备，正确归位。文明操作	5			
	合理分工，按规定时间完成	5			

学习思考

1. 汞对人体健康的危害有哪些？
2. 食品中汞测定的依据是什么？
3. 简述汞标准储备液（1.00mg/mL）的配制方法。
4. 简述采用微波消解法对样品进行消解的优缺点。
5. 测定食品中的汞时如何进行标准曲线的绘制？

项目二

食品中镉的测定

项目导入

【秒懂食品镉污染】镉能在人的肝肾等器官长期蓄积，引起钙、蛋白质等营养素的流失，骨痛难忍的痛痛病就是镉污染引发的。除了工业污染之外，土壤、水、空气等自然本底、含磷化肥以及食品的包装材料等中都有镉，所以镉进到食品里易如反掌。金属镉毒性很低，但其化合物毒性很大，镉在人体蓄积，主要累积在肝、肾、胰腺、甲状腺和骨骼中，使脏器发生病变，造成贫血、高血压、神经痛、骨质疏松、肾炎等病症，研究表明，镉中毒还会引发心血管疾病、糖尿病和癌症。

问题启发

食品中镉的来源有哪些？镉对人体健康有哪些方面的危害？食品中镉超标会对人体产生什么影响？有没有方法可以准确检测出镉在食品中的含量？

知识准备

一、 食品中镉来源

镉对食品的污染主要是工业废水的排放造成的。含镉工业废水污染水体，经水生生物富集，使水产品中镉含量明显增高。含镉污水灌溉农田也会污染土壤，经作物吸收而使食品中镉残留量增高。用含镉金属做容器存放酸性食品或饮料时，可使大量的镉溶出，造成对食品的严重污染。食品被镉污染后，含镉量有很大差别，水产品和动物食品（尤其是肾脏）高于植物性食品，而植物性食品中以谷类、根茎类、豆类含量较高。

二、 镉对健康的危害

进入人体的镉在消化道的吸收率为1%~12%，低蛋白质、低钙和低铁的膳食有利于镉的吸收，维生素 D 也可促进镉的吸收。吸收的镉经血液运至全身。血液中的镉一部分与红细胞结合，一部分与血浆蛋白结合。红细胞中的镉部分与血红蛋白结合，部分可能以金属硫蛋白的形式与低分子蛋白质结合。这些结合的镉主要分布于肾和肝。体内的镉可通过粪、尿、毛发等途径排出，半衰期为 15~30 年。正常人血镉 50μg/L，尿镉 3μg/L。如血镉>250μg/L 或尿镉>15μg/L，则表示有过量镉接触和镉中毒的可能。

镉对体内巯基酶具有较强的抑制作用，长期摄入镉后可引起镉中毒，主要损害肾脏、骨骼和消化系统，特别是损害肾近曲小管上皮细胞，影响重吸收功能，临床上出现蛋白尿、氨基酸尿、高钙尿和糖尿，使体内呈负钙平衡而导致骨质疏松症。

三、 食品中镉测定的方法

依据 GB 5009. 15—2023《食品安全国家标准　食品中镉的测定》进行检测。标准中规定了食品中镉含量测定的石墨炉原子吸收光谱法和电感耦合等离子体质谱测定方法。

四、测定过程中的注意事项

（1）所用玻璃仪器均需以硝酸溶液（1+4）浸泡过夜，用自来水反复冲洗，最后用水冲洗干净。

（2）石墨炉测镉的浓度上限一般不要超过0.004mg/L，否则容易造成曲线弯曲。

（3）镉是非常容易被污染的元素，只要器皿和一些细小的环节稍加不注意就会造成空白和样品的污染，而且样品的不均也会引起平行样品的差异。

（4）在进行样品消解时，干法灰化易造成被测元素的损失；在电热板上加混酸处理时，如果高氯酸在最后剩下过多，会造成空白值过高；微波消解要是没有相应的赶酸设备，转移到小烧杯赶酸也会引起污染，因此在前处理上应该步骤越少越好。

（5）石墨炉原子吸收光谱法测定食品中的镉，当取样量为0.5g或2mL，定容体积为10mL时，检出限为0.002mg/kg或0.0005mg/L，定量限为0.004 mg/kg或0.001mg/L。

工作任务 石墨炉原子吸收光谱法测定食品中的镉

一、方法解读

试样消解处理后，经石墨炉原子化，在228.8nm处测定吸光度，在一定浓度范围内，镉的吸光度值与镉含量成正比，与标准系列溶液比较定量。

二、任务准备

试剂	硝酸溶液(5+95)：量取50mL硝酸，缓慢加入950mL水中，混匀
	硝酸溶液(1+9)：量取50mL硝酸，慢慢加入450mL水中，混匀
	磷酸二氢铵-硝酸钯混合溶液：称取0.02g硝酸钯，加少量硝酸溶液(1+9)溶解后，再加入2g磷酸二氢铵，溶解后用硝酸溶液(5+95)定容至100mL，混匀
	镉标准储备液(100mg/L)：准确称取氯化镉0.2032g，用少量硝酸溶液(1+9)溶解，移入1000mL容量瓶中，加水至刻度，混匀。此溶液中镉的质量浓度为100mg/L
	镉标准中间液(100μg/L)：准确吸取镉标准储备液(100mg/L)1.00mL于100mL容量瓶中，加硝酸溶液(5+95)至刻度，混匀。再准确吸取上述溶液1.00mL于100mL容量瓶中，加硝酸溶液(5+95)至刻度，混匀。此溶液的镉的质量浓度为100μg/L
	镉标准系列工作溶液：分别准确吸取镉标准中间液(100μg/L)0，0.200，0.500，1.00，2.00，4.00mL于100mL容量瓶中，加硝酸溶液(5+95)至刻度，混匀。此系列溶液镉的质量浓度分别为0，0.200，0.500，1.00，2.00，4.00μg/L。临用现配

标准品	氯化镉($CdCl_2 \cdot 2.5H_2O$,CAS号:7790-78-5)标准品:纯度>99.99%,或经国家认证并授予标准物质证书的标准品
仪器	原子吸收光谱仪:配石墨炉原子化器,附镉空心阴极灯
	分析天平:感量为0.1mg和1mg
	可调式电热板或可调式电炉
	微波消解系统:配聚四氟乙烯消解内罐
	压力消解罐:配聚四氟乙烯消解内罐
	恒温干燥箱
	样品粉碎设备:匀浆机、高速粉碎机

注:除非另有规定,本方法所用试剂均为优级纯,水为GB/T 6682—2008《分析实验室用水规格和试验方法》规定的二级水。

三、 任务实施

1. 方案制订

通过相关知识学习,解读国家标准,小组完成方案制订,并依据方案完成任务准备。

<table>
<tr><td colspan="2">任务名称</td><td colspan="3"></td></tr>
<tr><td colspan="2">小组成员</td><td></td><td>时间</td><td></td></tr>
<tr><td colspan="2">依据标准</td><td colspan="3"></td></tr>
<tr><td rowspan="16">工作方案</td><td colspan="4">一、明确方法</td></tr>
<tr><td colspan="4"></td></tr>
<tr><td colspan="4">二、工作准备</td></tr>
<tr><td>仪器设备(规格、数量)</td><td colspan="3"></td></tr>
<tr><td>试剂(规格、浓度、数量)</td><td colspan="3"></td></tr>
<tr><td>样品</td><td colspan="3"></td></tr>
<tr><td colspan="4">三、任务分工</td></tr>
<tr><td>姓名</td><td colspan="3">分工及时间安排</td></tr>
<tr><td></td><td colspan="3"></td></tr>
<tr><td></td><td colspan="3"></td></tr>
<tr><td></td><td colspan="3"></td></tr>
<tr><td></td><td colspan="3"></td></tr>
<tr><td colspan="4">四、工作流程简图</td></tr>
<tr><td colspan="4"></td></tr>
</table>

2. 任务过程

任务	具体实施		要求
	实施步骤	实验记录	
试样制备	干样：豆类、谷物、菌类、茶叶、干制水果、焙烤食品等低含水量试样，取可食部分，必要时经高速粉碎机粉碎均匀；固体乳制品、蛋白粉、面粉等呈均匀状的粉状试样，摇匀	试样的名称，采集时间、数量、采样人员等采样信息	1. 桌面整齐，着工作服，仪表整洁。 2. 试样混合均匀，保存方法得当。 3. 正确使用匀浆机、研磨机对需要粉碎的试样进行处理
	鲜样：蔬菜、水果、水产品等高含水量试样，必要时洗净，晾干，取可食部分匀浆均匀；肉类、蛋类等试样，取可食部分匀浆均匀		
	速冻及罐头食品：经解冻的速冻食品及罐头试样，取可食部分匀浆均匀		
	液态试样：软饮料、调味品等试样摇匀		
	半固态试样：搅拌均匀		
试样消解	湿式消解法：固体试样称取 0.2~3g（精确至 0.001g）、液体试样准确移取或称取 0.500~5.00mL（g）（精确到 0.001g）于带刻度消化管中，记录 m。含乙醇或二氧化碳的试样先低温加热除去乙醇或二氧化碳，加 10mL 硝酸和 0.5mL 高氯酸，在可调式电炉上消解（参考条件：120℃保持 0.5~1h，升至 180℃保持 2~4h，升至 200~220℃）。若消化液呈棕褐色，冷却后，再加少量硝酸，消解至冒白烟，消化液呈无色透明或略带黄色，赶酸至 1mL 左右后取出消化管，冷却后用水定容至 10mL 或 25mL，混匀备用，记录 V。同时做试剂空白试验。也可采用锥形瓶，于可调式电热板上，按上述操作方法进行湿法消解	m：试样质量，g V：试样定容体积，mL m：______ V：______	1. 根据实验室条件选用任何一种方法消解。 2. 称量时应保证试样的均匀性。 3. 正确使用吸量管、容量瓶等玻璃仪器及电子天平，正确进行天平检查、使用、维护。 4. 正确规范进行试样处理。 5. 能规范使用微波消解仪、压力消解罐。 6. 试验要在通风良好的通风橱内进行。 7. 对于含油脂的试样，尽量避免用湿法消解消化，最好采用干法灰化，如果必须采用湿法消解，试样的取样量最大不能超过 1g
	微波消解法：固体试样称取 0.2~0.5g（精确至 0.001g，含水分较多的试样可适当增加取样量至 1g），液体试样准确移取或称取 0.500~3.00mL（g）（精确到 0.001g）于微波消解罐中，记录 m。含乙醇或二氧化碳的试样先低温加热除去乙醇或二氧化碳，加入 5~10mL 硝酸，按照微波消解的操作步骤消解试样，消解条件参考表 10-1。必要时，在加酸后加盖放置 1h 或过夜后再按照微波消解的操作步骤消解试样。冷却后取出消解罐，于 140~160℃赶酸至 1mL 左右。消解罐放冷后，将消化液转移至 10mL 或 25mL 容量瓶中，用少量水洗涤消解罐 2~3 次，合并洗涤液于容量瓶中并用水定容至刻度，混匀备用，记录 V。同时做试剂空白试验		
	压力罐消解法：固体试样称取 0.2~1g（精确至 0.001g，含水分较多的试样可适当增加取样量至 2g）、液体试样准确移取或称取 0.500~5.00mL（g）（精确到 0.001g）于消解内罐中，记录 m。含乙醇或二氧化碳的试样先低温加热除去乙醇或二氧化碳，加 5~10mL 硝酸。盖好内盖，旋紧不锈钢外套，放入恒温干燥箱，于 140~160℃下保持 4~5h。必要时，在加酸后加盖放置 1h 或过夜后再旋紧不锈钢外套，放入恒温干燥箱消解试样。冷却后缓慢旋松不锈钢外套，取出消解内罐，于 140~160℃赶酸至 1mL 左右。冷却后将消化液转移至 10mL 或 25mL 容量瓶中，用少量水洗涤内罐和内盖 2~3 次，合并洗涤液于容量瓶中并用水定容至刻度，混合备用，记录 V。同时做试剂空白试验		

<table>
<tr><th rowspan="2">任务</th><th colspan="2">具体实施</th><th rowspan="2">要求</th></tr>
<tr><th>实施步骤</th><th>实验记录</th></tr>
<tr><td rowspan="4">试样测定</td><td>仪器参考条件：根据所用仪器型号将仪器调至最佳状态。参考条件为波长 228.8nm，狭缝 0.8nm，灯电流 5～7mA，干燥温度 85～120℃，30～50s；灰化温度 450～650℃，灰化时间 15～30s；原子化温度 1500～2000℃，持续 4～5s</td><td rowspan="3">ρ：试样溶液中镉的质量浓度，μg/L
ρ_0：空白溶液中镉的质量浓度，μg/L
ρ：______
ρ_0：______</td><td rowspan="4">1. 正确使用原子吸收光谱仪，掌握仪器操作及维护的方法。
2. 能根据标准进行储备液、标准中间液的配制。
3. 能根据试样中镉的实际含量，设计系列标准溶液，绘制标准曲线。
4. 能根据标准曲线对试样溶液进行定量。
5. 计算结果正确，按照要求进行数据修约。
6. 当镉含量≥0.1mg/kg（mg/L）时，计算结果保留三位有效数字，当镉含量<0.1mg/kg（mg/L）时，计算结果保留两位有效数字。
7. 试样中镉含量大于 1mg/kg（mg/L）时，在精密度：试样中镉含量>1mg/kg（mg/L）时，重复性条件下获得的 2 次独立测定结果的绝对差值不得超过算术平均值的 10%；0.1mg/kg（mg/L）<试样中镉含量≤1mg/kg（mg/L）时，在重复性条件下获得的 2 次独立测定结果的绝对差值不得超过算术平均值的 15%；试样中镉含量≤0.1mg/kg（mg/L）时，在重复性条件下获得的 2 次独立测定结果的绝对差值不得超过算术平均值的 20%</td></tr>
<tr><td>标准曲线绘制：按质量浓度由低到高的顺序分别取 10μL 标注系列溶液、5μL 磷酸二氢铵-硝酸钯混合溶液（可根据使用仪器选择最佳进样量），同时注入石墨管，原子化后测其吸光度值，以质量浓度为横坐标，吸光度为纵坐标，绘制标准曲线</td></tr>
<tr><td>试样溶液测定：在测定标准曲线相同的试验条件下，吸取 10uL 空白溶液或试样消化液、5μL 磷酸二氢铵-硝酸钯混合溶液（可根据使用仪器选择最佳进样量），同时注入石墨管，原子化后测其吸光度值。根据标准曲线得到待测液中镉的质量浓度，记录 ρ、ρ_0。若测定结果超出标准曲线范围，用硝酸溶液（5+95）稀释后测定</td></tr>
<tr><td>根据公式，计算试样中镉的含量：
$$X=\frac{(\rho-\rho_0)\times f\times V}{m\times 1000}$$
式中 1000——换算系数</td><td>X：试样中镉的含量，mg/kg 或 mg/L
X：______</td></tr>
<tr><td>结束工作</td><td colspan="2">结束后倒掉废液，清理台面，洗净用具并归位。先关闭工作站，再关闭仪器，关闭保护气</td><td>1. 实验室安全操作。
2. 团队进行工作总结</td></tr>
</table>

表 10-1　微波消解升温程序

步骤	设定温度/℃	升温时间/min	恒温时间/min
1	120	5	5
2	160	5	10
3	180	5	10

检查与评价

学生完成本任务的学习，通过自评、小组互评以检查自己对本任务学习的掌握情况。指导教师在整个教学过程中，关注每个小组的检测过程及小组成员的动手能力，并对小组成员动手能力进行评价。将具体的检查与评价填入下表。

项目	评价标准	分值	学生自评	小组互评	教师评价
方案制订与任务准备	认真负责、一丝不苟进行资料查阅，确定检测依据	5			
	协同合作制订方案并合理分工	5			
	相互沟通完成方案诊改	5			
	正确清洗及检查仪器	5			
	合理领取药品	5			
	正确取样	5			
试样制备	根据试样类型选择正确方法进行试样制备	5			
试样消解	正确选择合适的消解方法，正确进行试样消解	5			
试样测定	正确设置仪器参考条件	5			
	根据标准正确配制储备液、标准中间液	5			
	根据试样中镉的实际含量设计系列标准溶液	5			
	准确绘制标准曲线	5			
	规范进行试样溶液测定	5			
	数据记录正确、完整、美观	10			
	正确计算结果，按照要求进行数据修约	5			
	规范编制检测报告	5			
结束工作	关闭仪器，切断电源	5			
	结束后倒掉废液，清洗仪器设备，正确归位。文明操作	5			
	合理分工，按规定时间完成	5			

学习思考

1. 镉对人体健康的危害有哪些？
2. 食品中汞测定的依据是什么？
3. 对试样进行消解的方法有哪些？
4. 试验用玻璃仪器在测定前应如何处理？
5. 如何对试样进行微波消解？

模块十一

真菌毒素检测

学习目标

知识目标

1. 熟悉食品中真菌毒素与食品安全的关系。
2. 正确查阅 GB 2761—2017《食品安全国家标准　食品中真菌毒素限量》。
3. 掌握食品中黄曲霉毒素 M 族测定的意义、方法、原理及注意事项。
4. 能明晰影响标准曲线相关系数的主要因素。

能力目标

1. 能够正确解读食品中真菌毒素检测相关标准，并正确选用检测方法。
2. 能够整理分析资料并制订检测方案。
3. 能根据检验依据准确配制系列标准溶液，绘制工作曲线。
4. 能够对液相色谱-串联质谱进行简单的日常维护。
5. 能够对实验结果进行记录、分析和处理，并编制报告。
6. 能够正确处理实验废弃物、建立环保意识，自觉遵守安全操作规程。

素养目标

1. 激发求知欲，在学习中逐步培养动手能力、严谨的工作态度和规范意识。
2. 树立履行时代赋予使命的责任担当，加强社会主义职业道德与职业规范修养。
3. 培养安全操作、节约环保的实验习惯。

项目

食品中黄曲霉毒素 M 族的测定

项目导入

【黄曲霉毒素】黄曲霉毒素是黄曲霉和寄生曲霉等某些菌株产生的双呋喃环类毒素，是自然界中已经发现的理化性质最稳定的一类霉菌毒素。黄曲霉毒素的产生需要一定的条件，不同的菌株产毒能力差异很大，除基质以外，温度、相对湿度、空气均是黄曲霉毒素生长繁殖及产毒的必要条件。研究者发现黄曲霉和寄生曲霉的最佳生长条件为 33~38℃，pH 为 5.0，A_w（水分活度）为 0.99。温度在 24~28℃，相对湿度在 80%以上，黄曲霉菌产毒量最高。1962 年鉴定并证明了黄曲霉毒素为强致癌物。黄曲霉毒素主要污染粮油及其制品，各种植物性与动物性食品也能被污染。黄曲霉菌很容易在水分含量较高（水分含量低于 12%则不能繁殖）的禾谷类作物、油料作物籽实及其加工副产品中寄生繁殖和产生毒素，使其发霉变质，人们通过误食这些食品或其加工副产品，又经消化道吸收毒素进入人体而中毒。2017 年 10 月 27 日，世界卫生组织国际癌症研究机构公布的致癌物清单初步整理参考，黄曲霉毒素在Ⅰ类致癌物清单中。

问题启发

食品中的常见的霉菌毒素有哪些？什么是黄曲霉毒素？黄曲霉毒素的主要污染对象是什么？如何检测食品中的黄曲霉毒素？

知识准备

一、 霉菌毒素的种类

霉菌是一些丝状真菌的通称，在自然界分布很广，几乎无处不有，主要生长在不通风、阴暗、潮湿和温度较高的环境中。霉菌可非常容易地生长在各种食品上并产生危害性很强的霉菌毒素。目前已知的霉菌毒素有 200 余种，与食品关系较为密切的有黄曲霉毒素、赭曲霉毒素、杂色曲霉素、岛青霉素、黄天精、橘青霉素、展青霉素、单端孢霉素类、玉米赤霉烯酮、丁烯酸内酯等。已知有 5 种毒素可致癌，它们是黄曲霉毒素（B、G、M）、黄天精、环氯素、杂色曲霉素和展青霉素。

霉菌污染食品可使食品的食用价值降低，甚至使之完全不能食用，造成巨大的经济损失。据统计全世界每年平均有 2%的谷物由于霉变不能食用。霉菌毒素引起的中毒大多通过被霉菌污染的粮食、油料作物以及发酵食品等引起。霉菌毒素多数有较强的耐热性，一般的烹调加热方法不能使其破坏。当人体摄入的霉菌毒素量达到一定程度后，可引起中毒。霉菌中毒往往表现为明显的地方性和季节性，临床表现较为复杂，有急性中毒、慢性中毒以及致癌、致畸和致突变等。

二、 黄曲霉毒素

黄曲霉毒素（AFT）是黄曲霉菌和寄生曲霉菌的代谢产物。目前已发现的 20 多种 AFT 均为二呋喃香豆素的衍生物。根据其在波长 365m 紫外光下呈现不同颜色的荧光，可分成黄曲霉毒素 B（蓝紫色荧光）和黄曲霉毒素 G（黄绿色荧光）两大组；又根据其 R_f 值不同，分为黄曲霉毒素 B_1、黄曲霉毒素 B_2、黄曲霉毒素 G_1、黄曲霉毒素 G_2、黄曲霉毒素 M_1、黄曲霉毒素 M_2 等。人及动物摄入黄曲霉毒素 B_1 和黄曲霉毒素 B_2 后，在乳汁和尿液中可检出其代谢产物黄曲霉毒素 M_1 和黄曲霉毒素 M_2。

黄曲霉毒素在水中的溶解度很低，易溶解在油和一些有机溶剂中，如氯仿、甲醇、乙醇等，但不溶于乙醚、石油醚、己烷。黄曲霉毒素耐热，100℃ 20h 也不能将其全部破坏，在普通烹调加工的温度下破坏很少，在 280℃时发生裂解。其结构式都有一内酯环，内酯环被打开则荧光消失，毒性消除。在水溶液中，毒素的内酯环很容易与氧化剂起反应，特别是与碱性试剂反应，可部分水解为酚式化合物。

世界各国的农产品普遍遭受过黄曲霉毒素的污染，黄曲霉毒素在食品中的污染远超过其他几种霉菌毒素的总和。主要污染的品种是粮油及其制品，如花生、花生油、玉米、大米及棉籽等。

三、 食品中黄曲霉毒素 M 族测定的方法

依据 GB 5009.24—2016《食品安全国家标准　食品中黄曲霉毒素 M 族的测定》进行检测。标准中规定了食品中黄曲霉毒素 M_1 和黄曲霉毒素 M_2（以下简称 $AFTM_1$ 和 $AFTM_2$）的测定方法。同位素稀释液相色谱-串联质谱法适用于乳、乳制品和含乳特殊膳食用食品中 $AFTM_1$ 和 $AFTM_2$ 的测定；高效液相色谱法适用范围同同位素稀释液相色谱-串联质谱法；酶联免疫吸附筛查法适用于乳、乳制品和含乳特殊膳食用食品中 $AFTM_1$ 的筛查测定。

四、 测定过程中的注意事项

（1）使用不同厂商的免疫亲和柱，在试样的上样、淋洗和洗脱的操作方面可能略有不同，应该按照供应商所提供的操作说明书要求进行操作。

（2）整个分析操作过程应在指定区域内进行。该区域应避光（直射阳光），具备相对独立的操作台和废弃物存放装置。在整个试验过程中，操作者应按照接触剧毒物的要求采取相应的保护措施。

（3）混合标准工作液（$AFTM_1$ 和 $AFTM_2$）需密封后避光 4℃下保存。

（4）同位素稀释液相色谱-串联质谱法测定食品中黄曲霉毒素 M 族，称取液态乳、酸乳 4g 时，$AFTM_1$ 检出限为 0.005μg/kg，$AFTM_2$ 检出限为 0.005μg/kg，$AFTM_1$ 定量限为 0.015μg/kg，$AFTM_2$ 定量限为 0.015μg/kg。称取乳粉、特殊膳食用食品、奶油和乳酪 1g 时，$AFTM_1$ 检出限为 0.02μg/kg，$AFTM_2$ 检出限为 0.02μg/kg，$AFTM_1$ 定量限为 0.05μg/kg，$AFTM_2$ 定量限为 0.05μg/kg。

工作任务　同位素稀释液相色谱-串联质谱法测定食品中的黄曲霉毒素 M 族

一、 方法解读

同位素稀释液相色谱-串联质谱法测定食品中黄曲霉毒素 M 族的原理：试样中的黄曲

霉毒素 M_1 和黄曲霉毒素 M_2 用甲醇-水溶液提取，上清液用水或磷酸盐缓冲液稀释后，经免疫亲和柱净化和富集，净化液浓缩、定容和过滤后经液相色谱分离，串联质谱检测，同位素内标法定量。

二、任务准备

试剂	石油醚(C_nH_{2n+2})：沸程为30~60℃
	5mmol/L 乙酸铵溶液：称取0.39g 乙酸铵，溶于1000mL 水中，混匀
	乙腈-水溶液(25+75，体积比)：量取250mL 乙腈(色谱纯)加入750mL 水中，混匀
	乙腈-甲醇溶液(50+50，体积比)：量取500mL 乙腈加入500mL 甲醇(色谱纯)中，混匀
	磷酸盐缓冲溶液(以下简称PBS)：称取8.00g 氯化钠、1.20g 磷酸氢二钠(或2.92g 十二水磷酸氢二钠)、0.20g 磷酸二氢钾、0.20g 氯化钾，用900mL 水溶解后，用盐酸调节pH 至7.4，再加水至1000mL
	标准储备溶液(10μg/mL)：称取 $AFTM_1$ 和 $AFTM_2$ 各1mg(精确至0.01mg)，分别用乙腈溶解并定容至100mL。将溶液转移至棕色试剂瓶中，在-20℃下避光密封保存
	混合标准储备溶液(1.0μg/mL)：分别准确吸取10μg/mL $AFTM_1$ 和 $AFTM_2$ 标准储备液1.00mL 于同一10mL 容量瓶中，加乙腈稀释至刻度，得到1.0μg/mL 的混合标准液。此溶液密封后避光4℃保存，有效期3个月
	混合标准工作液(100ng/mL)：准确吸取混合标准储备溶液(1.0μg/mL)1.00mL 至10mL 容量瓶中，乙腈定容。此溶液密封后避光4℃下保存，有效期3个月
	50ng/mL 同位素内标工作1($^{13}C_{17}$-$AFTM_1$)：取 $AFTM_1$ 同位素内标(0.5μg/mL)1mL，用乙腈稀释至10mL。在-20℃下保存，供测定液体样品时使用，有效期3个月
	5ng/mL 同位素内标工作液2($^{13}C_{17}$-$AFTM_1$)：取 $AFTM_1$ 同位素内标(0.5μg/mL)100μL，用乙腈稀释至10mL。在-20℃下保存，供测定固体样品时使用，有效期3个月
	标准系列工作溶液：分别准确吸取标准工作液5,10,50,100,200,500μL 至10mL 容量瓶中，加入100μL 50ng/mL 的同位素内标工作液，用初始流动相定容至刻度，配制 $AFTM_1$ 和 $AFTM_2$ 的质量浓度均为0.05,0.1,0.5,1.0,2.0,5.0ng/mL 的系列标准溶液
标准品	$AFTM_1$：CAS6795-23-9，纯度≥98%，或经国家认证并授予标准物质证书的标准物质
	$AFTM_2$：CAS6885-57-0，纯度≥98%，或经国家认证并授予标准物质证书的标准物质
	$^{13}C_{17}$-$AFTM_1$ 同位素溶液：0.5μg/mL
仪器	分析天平：感量为0.01g，0.001g 和0.00001g
	水浴锅：温控(50±2)℃
	涡旋混合器
	超声波清洗器
	离心机：转速≥6000r/min
	旋转蒸发仪
	固相萃取装置(带真空泵)
	氮吹仪

仪器	液相色谱-串联质谱仪：带电喷雾离子源
	圆孔筛：孔径 1~2mm
	玻璃纤维滤纸：快速，高载量，液体中颗粒保留 1.6μm
	一次性微孔滤头：带 0.22μm 微孔滤膜（所选用滤膜应采用标准溶液检验确认无吸附现象，方可使用）
	免疫亲和柱：柱容量≥100ng

注：(1) 除非另有规定，本方法所用试剂均为优级纯，水为 GB/T 6682—2008《分析实验室用水规格和试验方法》规定的二级水。

(2) 每个批次的亲和柱在使用前都需进行质量验证。

三、任务实施

1. 方案制订

通过相关知识学习，解读国家标准，小组完成方案制订，并依据方案完成任务准备。

任务名称			
小组成员		时间	
依据标准			

工作方案	一、明确方法	
	二、工作准备	
	仪器设备(规格、数量)	
	试剂(规格、浓度、数量)	
	样品	
	三、任务分工	
	姓名	分工及时间安排
	四、工作流程简图	

2. 任务过程

任务	具体实施		要求
	实施步骤	实验记录	
试样提取	液态乳、酸乳：称取 4g 混合均匀的试样（精确到 0.001g）于 50mL 离心管中，记录 m。加入 100μL $^{13}C_{17}-AFTM_1$ 内标溶液（5ng/mL）振荡混匀后静置 30min，加入 10mL 甲醇，涡旋 3min。置于 4℃、6000r /min 下离心 10min 或经玻璃纤维滤纸过滤，将适量上清液或滤液转移至烧杯中，加 40mL 水或 PBS 稀释，备用	m：试样质量，g m:______	1. 整个分析操作过程应在指定区域内进行。该区域应避光（避免直射阳光），具备相对独立的操作台和废弃物存放装置。 2. 规范使用漩涡振荡器进行试样混合。 3. 规范使用超声波发生器。 4. 规范使用离心机，正确转速进行试样离心。 5. 采用正确顺序进行试样处理
	乳粉、特殊膳食用食品：称取 1g 试样（精确到 0.001g）于 50mL 离心管中，记录 m。加入 100μL $^{13}C_{17}-AFTM_1$ 内标溶液（5ng/mL）振荡混匀后静置 30min，加入 4mL 50℃热水，涡旋混匀。如果乳粉不能完全溶解，将离心管置于 50℃的水浴中，将乳粉完全溶解后取出。待样液冷却至 20℃后，加入 10mL 甲醇，涡旋 3min。置于 4℃、6000r/min 下离心 10min 或经玻璃纤维滤纸过滤，将适量上清液或滤液转移至烧杯中，加 40mL 水或 PBS 稀释，备用		
	奶油：称取 1g 试样（精确到 0.001g）于 50mL 离心管中，记录 m。加入 100μL $^{13}C_{17}-AFTM_1$ 内标溶液（5ng/mL）振荡混匀后静置 30min，加入 8mL 石油醚，待奶油溶解，再加 9mL 水和 11mL 甲醇，振荡 30min，将全部液体移至分液漏斗中。加入 0.3g 氯化钠充分摇动溶解，静置分层后，将下层移到圆底烧瓶中，旋转蒸发至 10mL 以下，用 PBS 稀释至 30mL		
	乳酪：称取 1g 已切细、过孔径 1~2mm 圆孔筛的混匀试样（精确到 0.001g）于 50mL 离心管中，记录 m。加 100μL $^{13}C_{17}-AFTM_1$ 内标溶液（5ng/mL）振荡混匀后静置 30min，加入 1mL 水和 18mL 甲醇，振荡 30min，置于 4℃、6000r/min 下离心 10min 或经玻璃纤维滤纸过滤，将适量上清液或滤液转移至圆底烧瓶中，旋转蒸发至 2mL 以下，用 PBS 稀释至 30mL		
试样净化	免疫亲和柱的准备：将低温下保存的免疫亲和柱恢复至室温	V：试样经免疫亲和柱净化洗脱后的最终定容体积，mL V:______	1. 为防止黄曲霉毒素 M 族被破坏，操作过程在避光（避免直射阳光）条件下进行。 2. 正确使用固相萃取装置
	净化：免疫亲和柱内的液体放弃后，将上述样液移至 50mL 注射器筒中，调节下滴流速为 1~3mL/min。待样液滴完后，往注射器筒内加入 10mL 水，以稳定流速淋洗免疫亲和柱。待水滴完后，用真空泵抽干亲和柱。脱离真空系统，在亲和柱下放置 10mL 刻度试管，取下 50mL 的注射器筒，加入 2×2mL 乙腈（或甲醇）洗脱亲和柱，控制下滴速度为 1~3mL/min，用真空泵抽干亲和柱，收集全部洗脱液至刻度试管中。在 50℃下用氮气缓缓地将洗脱液吹至近干，用初始流动相定容至 1.0mL，记录 V，涡旋 30s 溶解残留物，0.22m 滤膜过滤，收集滤液于进样瓶中以备进样		

<table>
<tr><th rowspan="2">任务</th><th colspan="2">具体实施</th><th rowspan="2">要求</th></tr>
<tr><th>实施步骤</th><th>实验记录</th></tr>
<tr><td rowspan="5">试样测定</td><td>设置色谱条件
(1)液相色谱条件
液相色谱柱：C_{18}柱，100mm×2.1mm，1.7μm，或相当者。
色谱柱柱温：40℃。
流动相：A相，5mmol/L乙酸铵水溶液；B相，乙腈-甲醇(50+50，体积比)。梯度洗脱见表11-1。
流速：0.3mL/min。
进样体积：10μL。
(2)质谱参考条件
检测方式：多离子反应监测(MRM)。
离子源控制条件：见表11-2。
离子选择参数：见表11-3。
液相色谱-质谱图和子离子扫描图：见图11-1至图11-4</td><td rowspan="3">1. 记录液相色谱仪制作标准曲线和测定试液的实际色谱条件参数。
2. 观察记录色谱图上显示的保留时间。
3. 观察记录色谱图上的峰面积</td><td rowspan="5">1. 在整个实验过程中，操作者应按照接触剧毒物的要求采取相应的保护措施。
2. 正确使用液相色谱-串联质谱仪，掌握仪器操作及维护的方法。
3. 正确配制标准溶液，绘制标准曲线。
4. 能根据色谱峰的保留时间准确对目标物定性。
5. 能根据标准曲线对试样溶液进行定量。
6. 计算结果正确，按照要求进行数据修约。
7. 计算结果保留三位有效数字。
8. 在重复性条件下获得的两次独立测定结果的绝对值不得超过算术平均值的20%</td></tr>
<tr><td>定性测定：试样中目标化合物色谱峰的保留时间与相应标准色谱峰的保留时间相比较，变化范围应在±2.5%之内。每种化合物的质谱定性离子必须出现，至少应包括1个母离子和2个子离子，而且同一检测批次，对于同一化合物，试样中目标化合物的2个子离子的相对丰度比与浓度相当的标准溶液相比，其允许偏差不超过表11-4规定的范围</td></tr>
<tr><td>标准曲线的制作：在规定的液相色谱-串联质谱仪分析条件下，将标准系列溶液由低浓度到高浓度进样检测，以$AFTM_1$和$AFTM_2$色谱峰与内标色谱峰$^{13}C_{17}$-$AFTM_1$的峰面积比值-浓度作图，得到标准曲线回归方程，其线性相关系数应大于0.99</td></tr>
<tr><td>试样溶液的测定：取处理得到的待测溶液进样，用内标法计算待测液中目标物质的质量浓度，记录f、ρ。
空白试验：不称取试样，按同样步骤做空白试验。应确认不含有干扰待测组分的物质</td><td>f：样液稀释因子
ρ：由标准曲线得出的样液中待测物的质量浓度，ng/mL
f:______
ρ:______</td></tr>
<tr><td>根据公式，计算试样中$AFTM_1$或$AFTM_2$的含量：
$$X=\frac{\rho\times V\times f\times 1000}{m\times 1000}$$
式中　1000——换算系数</td><td>X：试样中待测组分含量，μg/kg
X:______</td></tr>
<tr><td>结束工作</td><td colspan="2">结束后倒掉废液、清理台面、洗净用具并归位。
质谱放空，冲洗管路及色谱柱，使液相色谱-串联质谱仪保持最佳运行状态</td><td>1. 实验室安全操作。
2. 团队进行工作总结</td></tr>
</table>

表 11-1 液相色谱梯度洗脱条件

时间/min	流动相 A/%(体积分数)	流动相 B/%(体积分数)	梯度变化曲线
0.0	68.0	32.0	—
0.5	68.0	32.0	1
4.2	55.0	45.0	6
5.0	0.0	100.0	6
5.7	0.0	100.0	1
6.0	68.0	32.0	6

表 11-2 离子源控制条件

电离方式	ESI^+	电离方式	ESI^+
毛细管电压/kV	17.5	射频透镜 1 电压/V	12.5
锥孔电压/V	45	射频透镜 2 电压/V	12.5
离子源温度/℃	120	脱溶剂气流量/(L/h)	500
锥孔反吹气流量/(L/h)	50	电子倍增电压/V	650
脱溶剂气温度/℃	350	—	—

表 11-3 质谱条件参数

化合物名称	母离子 (*m/z*)	定量子离子 (*m/z*)	碰撞能量/eV	定性子离子 (*m/z*)	碰撞能量/eV	离子化方式
$AFTM_1$	329	273	23	259	23	ESI^+
$AFTM_2$	331	275	23	261	22	ESI^+
$^{13}C_{17}$-$AFTM_1$	346	317	23	288	24	ESI^+

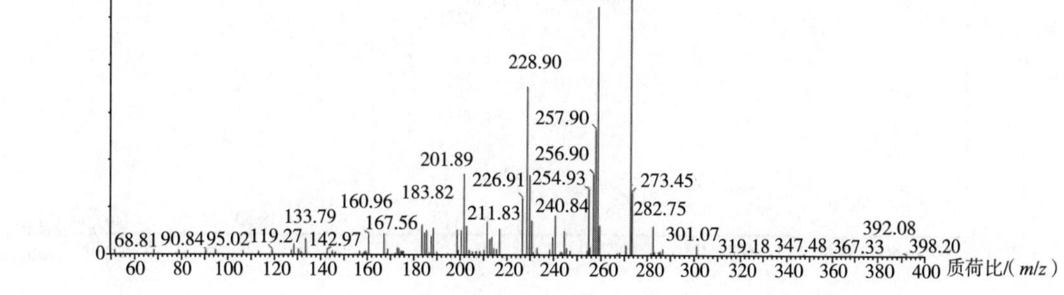

图 11-1 $AFTM_1$ 离子扫描图

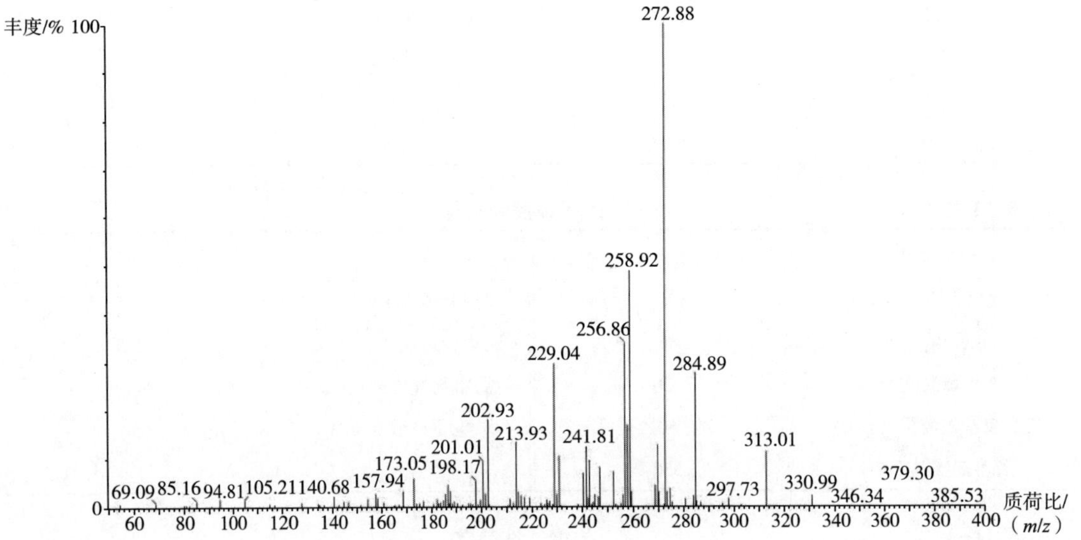

图 11-2　$AFTM_2$ 离子扫描图

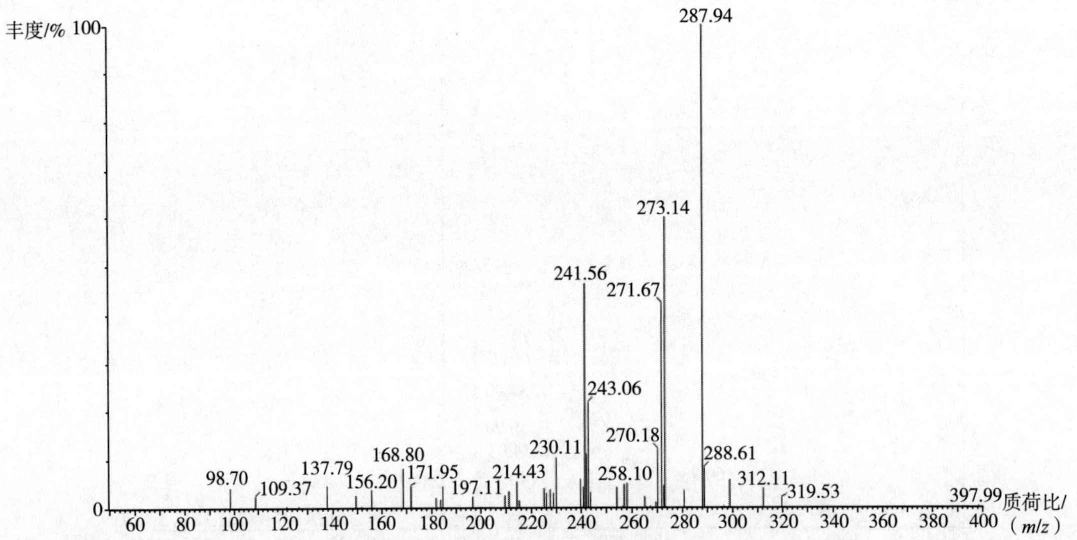

图 11-3　$^{13}C_{17}$-$AFTM_1$ 离子扫描图

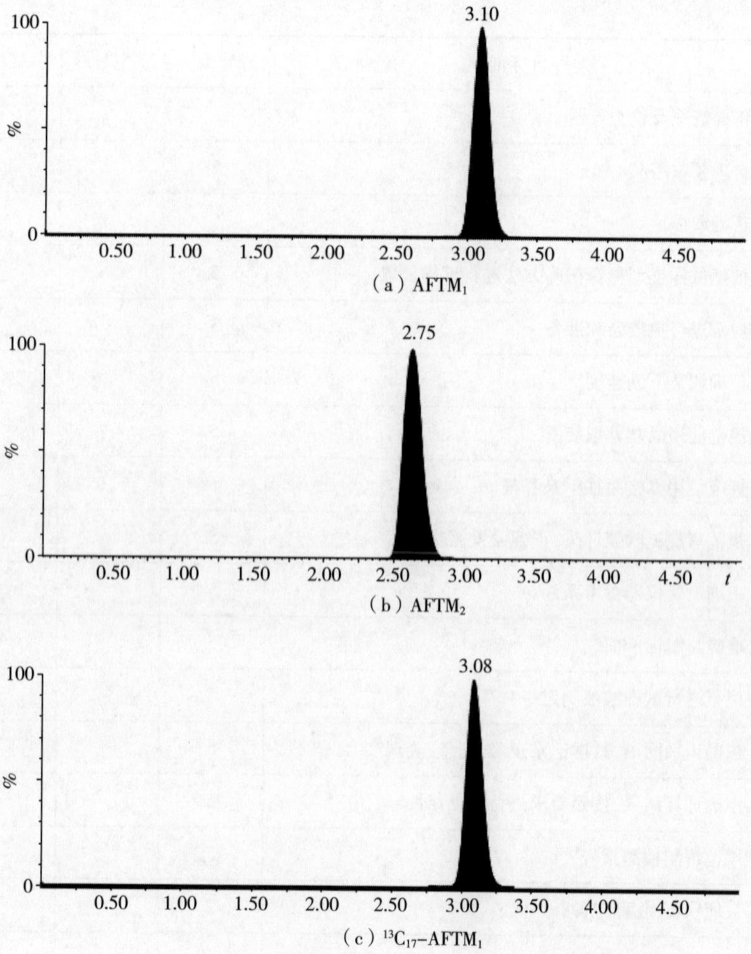

图 11-4 $AFTM_1$、$AFTM_2$、$^{13}C_{17}$-$AFTM_1$ 液相色谱质谱图

表 11-4 定性时相对离子丰度的最大允许偏差

相对离子丰度/%	>50	20~50	10~20	≤10
允许相对偏差/%	±20	±25	±30	±50

检查与评价

学生完成本任务的学习，通过自评、小组互评以检查自己对本任务学习的掌握情况。指导教师在整个教学过程中，关注每个小组的检测过程及小组成员的动手能力，并对小组成员动手能力进行评价。将具体的检查与评价填入下表。

项目	评价标准	分值	学生自评	小组互评	教师评价
方案制订与任务准备	认真负责、一丝不苟进行资料查阅，确定检测依据	5			
	协同合作制订方案并合理分工	5			
	相互沟通完成方案诊改	5			

续表

项目	评价标准	分值	学生自评	小组互评	教师评价
方案制订与任务准备	正确清洗及检查仪器	5			
	合理领取药品	5			
	正确取样	5			
试样提取与净化	根据试样类型选择正确方法进行试样提取	5			
	规范进行免疫亲和准备	5			
	正确调节下滴速度	5			
	规范使用固相萃取装置	5			
	规范使用真空泵抽干亲和柱	5			
	规范清洗氮吹仪针头，正确设置氮吹速度	5			
试样测定	正确设置仪器参考条件	5			
	准确绘制标准曲线	5			
	规范进行试样溶液测定	5			
	正确识别图谱，数据记录正确、完整、美观	5			
	正确计算结果，按照要求进行数据修约	5			
	规范编制检测报告	5			
结束工作	关闭仪器，切断电源	2			
	结束后倒掉废液，清洗仪器设备，正确归位。文明操作	5			
	合理分工，按规定时间完成	3			

学习思考

1. 黄曲霉毒素对健康的危害有哪些？
2. 测定食品中黄曲霉毒素 M 族的依据是什么？
3. 标准中测定食品中黄曲霉毒素 M 族的方法有哪些？
4. 液相色谱法测定黄曲霉毒素 M 族的色谱条件如何设置？
5. 为防止黄曲霉毒素 M 族被破坏，相关操作应在什么条件下进行？

模块十二

食品中违禁物质检测

学习目标

知识目标

1. 熟悉食品中违禁物与食品安全的关系。

2. 正确解读和使用《关于三聚氰胺在食品中的限量值的公告（2011 年第 10 号）》、关于印发《食品中可能违法添加的非食用物质和易滥用的食品添加剂品种名单（第五批）》的通知（整顿办函〔2011〕1 号）。

3. 掌握原料乳与乳制品中三聚氰胺测定意义、方法、原理及注意事项。

4. 掌握食品中苏丹红染料测定的意义、方法、原理及注意事项。

能力目标

1. 能够正确查阅食品中违禁物检测相关标准，并正确选用检测方法。

2. 能够整理分析资料并制订检测方案。

3. 能够完成食品中违禁物检测。

4. 能够对实验结果进行记录、分析和处理，并编制报告。

5. 能够正确处理实验废弃物、建立环保意识，自觉遵守安全操作规程。

素养目标

1. 培养爱国情怀和发现与质疑、探索与创新的意识。

2. 提高食品质量与安全意识，培养严谨求实、精益求精、依法检测、规范操作的工作态度。

3. 自觉保持学习、工作环境的清洁有序，从社会责任感出发，认识检测工作对保障消费者权益的意义，通过学习违禁物质检测强化风险意识。

项目一

原料乳与乳制品中三聚氰胺的测定

项目导入

【“大名鼎鼎的三聚氰胺”】我国部分地区发现报告多例婴幼儿泌尿系统结石病例，调查发现患儿多有食用某品牌婴幼儿配方乳粉，经相关部门调查，某知名乳制品公司生产的婴幼儿配方乳粉受到三聚氰胺的污染。三聚氰胺是一种化工原料，可导致人体泌尿系统产生结石，而部分不法奶农为谋求私利，在原料乳中添加了三聚氰胺，造成了震惊全国的三聚氰胺毒乳粉事件。

问题启发

什么是三聚氰胺？食品中的三聚氰胺来源于哪些方面？是否只要食品中检测出三聚氰胺即会对人体产生危害？食品中检测出的三聚氰胺都是人为添加的吗？如何检测食品中的三聚氰胺？

知识准备

一、三聚氰胺

三聚氰胺俗称密胺、蛋白精，是一种三嗪类含氮杂环有机化合物，被用作化工原料。其为白色单斜晶体，几乎无味，微溶于水。

三聚氰胺是氨基氰的三聚体，作为化工原料，可用于塑料、涂料、黏合剂、食品包装材料的生产。其制成的树脂在加热分解时会释放出大量氮气，可用作阻燃剂、减水剂等。

三聚氰胺既不是食品原料，也不是食品添加剂，故不可用于食品加工或食品添加物，禁止人为添加到食品中。对在食品中人为添加三聚氰胺的，依法追究法律责任。

二、食品中三聚氰胺测定的意义

在食品工业中，三聚氰胺已证实能从环境、食品包装材料等途径进入到食品中，其含量很低。根据《中华人民共和国食品安全法》及其实施条例规定，在总结乳与乳制品中三聚氰胺临时管理限量值公告（2008 年第 25 号公告）实施情况基础上，考虑到国际食品法典委员会已提出食品中三聚氰胺限量标准，我国关于三聚氰胺在食品中的限量值的公告（卫生部公告 2011 年第 10 号）规定三聚氰胺在食品中的限量值如下：婴儿配方食品中三聚氰胺的限量值为 1mg/kg，其他食品中三聚氰胺的限量值为 2.5mg/kg，高于上述限量的食品一律不得销售。

三、食品中三聚氰胺测定的方法

依据 GB/T 22388—2008《原料乳与乳制品中三聚氰胺检测方法》进行检测。标准中规定了原料乳、乳制品以及含乳制品中三聚氰胺的测定方法。液相色谱-质谱/质谱法、气相色谱-质谱联用法（包括气相色谱-质谱/质谱法）同时适用于原料乳、乳制品以及含乳制品中三聚氰胺的定性确证。

四、 测定过程中的注意事项

（1）对抽滤后的流动相超声脱气 10~20min，脱气后的流动相要小心振动尽量不引起气泡，以防止在洗脱过程中当流动相由色谱柱流至检测器时，因压力降低而产生气泡。

（2）分析完毕后，先关检测器，再用经滤过和脱气的适当溶剂清洗色谱系统，正相柱一般用正己烷，反相柱如使用过含盐流动相，则先用水（5%甲醇），然后用甲醇-水冲洗，各种冲洗剂一般冲洗 15~30min，最后用甲醇保留色谱柱，特殊情况应延长冲洗时间。

（3）使用前仔细阅读色谱柱附带的说明书，注意适用范围，如 pH 范围、流动相类型等；必须使用保护柱；色谱柱长时间不用时，柱内应充满溶剂，两端封死保存。

（4）关机时，先关闭泵、检测器等，再关闭工作站，然后关机，最后自下而上关闭色谱仪各组件，关闭洗泵溶液的开关。

（5）高效液相色谱法测定原料乳与乳制品中三聚氰胺，定量限为 2mg/kg。

工作任务 高效液相色谱法测定原料乳与乳制品中的三聚氰胺

一、 方法解读

高效液相色谱法测定原理：试样用三氯乙酸溶液-乙腈提取，经阳离子交换固相萃取柱净化后，用高效液相色谱测定，外标法定量。

【视频】原料乳与乳制品中三聚氰胺的测定

二、 任务准备

试剂	乙腈:色谱纯
	甲醇水溶液:准确量取 50mL 甲醇(色谱纯)和 50mL 水,混匀后备用
	三氯乙酸溶液(1%):准确称取 10g 三氯乙酸于 1L 容量瓶中,用水溶解并定容至刻度,混匀后备用
	氯化甲醇溶液(5%):准确量取 5mL 氨水(含量为 25%~28%)和 95mL 甲醇,混匀后备用
	离子对试剂缓冲液:准确称取 2. 10g 柠檬酸和 2. 16g 辛烷磺酸钠(色谱纯),加入约 980mL 水溶解,调节 pH 至 3. 0 后,定容至 1L 备用
	三聚氰胺标准储备液:准确称取 100mg(精确到 0. 1mg)三聚氰胺标准品于 100mL 容量瓶中,用甲醇水溶液溶解并定容至刻度,配制成质量浓度为 1mg/mL 的标准储备液,于 4℃避光保存
	阳离子交换固相萃取柱:混合型阳离子交换固相萃取柱,基质为苯磺酸化的聚苯乙烯-二乙烯基苯高聚物,填料质量为 60mg,体积为 3mL,或相当者。使用前依次用 3mL 甲醇、5mL 水活化
	海砂:化学纯,粒度 0. 65~0. 85mm,二氧化硅(SiO_2)含量为 99%
	氮气:纯度大于等于 99. 999%
标准品	三聚氰胺标准品:CAS 108-78-01,纯度大于 99. 0%

仪器	高效液相色谱仪:配有紫外检测器或二极管阵列检测器
	分析天平:感量为 0.0001g 和 0.01g
	离心机:转速≥4000r/min
	超声波水浴
	固相萃取装置
	氮吹仪
	旋涡混合器
	具塞塑料离心管:50mL
	研钵
	定性滤纸
	微孔滤膜:0.2μm,有机相

注:除非另有规定,本方法所用试剂均为分析纯,水为 GB/T 6682—2008《分析实验用水规格和试验方法》规定的一级水。

三、任务实施

1. 方案制订

通过相关知识学习,解读国家标准,小组完成方案制订,并依据方案完成任务准备。

任务名称			
小组成员		时间	
依据标准			
工作方案	一、明确方法		
	二、工作准备		
	仪器设备(规格、数量)		
	试剂(规格、浓度、数量)		
	样品		
	三、任务分工		
	姓名	分工及时间安排	
	四、工作流程简图		

2. 任务过程

<table>
<tr><th rowspan="2">任务</th><th colspan="2">具体实施</th><th rowspan="2">要求</th></tr>
<tr><th>实施步骤</th><th>实验记录</th></tr>
<tr><td rowspan="2">试样提取</td><td>液态乳、乳粉、酸乳、冰淇淋和奶糖等：称取 2g（精确至 0.01g）试样，记录 m。置于 50mL 具塞塑料离心管中，加入 15mL 三氯乙酸溶液和 5mL 乙腈，超声提取 10min，再振荡提取 10min 后，以不低于 4000r/min 离心 10min。上清液经三氯乙酸溶液润湿的滤纸过滤后，用三氯乙酸溶液定容至 25mL，移取 5mL 滤液，加入 5mL 水混匀后作待净化液</td><td rowspan="2">m：试样质量，g
m：______</td><td rowspan="2">1. 正确使用具塞离心管等玻璃仪器；规范使用电子天平，正确进行天平检查及维护。
2. 规范使用超声波发生器。
3. 规范使用离心机，正确转速进行试样离心。
4. 采用正确顺序进行试样处理</td></tr>
<tr><td>乳酪、奶油和巧克力等：称取 2g（精确至 0.01g）试样，记录 m。置于研钵中，加入适量海砂（试样质量的 4~6 倍）研磨成干粉状，转移至 50mL 具塞塑料离心管中，用 15mL 三氯乙酸溶液分数次清洗研钵，清洗液转入离心管中，再往离心管中加入 5mL 乙腈，余下操作同上述“超声提取 10min……加入 5mL 水混匀后作待净化液”</td></tr>
<tr><td>试样净化</td><td>将提取后的待净化液转移至固相萃取柱中。依次用 3mL 水和 3mL 甲醇洗涤，抽至近干后，用 6mL 氨化甲醇溶液洗脱。整个固相萃取过程流速不超过 1mL/min。洗脱液于 50℃ 下用氮气吹干，残留物（相当于 0.4g 样品）用 1mL 流动相定容，记录 V、f，涡旋混合 1min，过微孔滤膜后，供高效液相色谱测定</td><td>V：样液最终定容体积，mL
f：稀释倍数
V：______
f：______</td><td>1. 若样品中脂肪含量较高，可以用三氯乙酸溶液饱和的正己烷液-液分配除脂后再用固相萃取柱净化。
2. 规范使用氮吹仪。
3. 规范使用涡旋振荡器进行试样混合</td></tr>
<tr><td rowspan="2">试样测定</td><td>设置色谱条件
（1）色谱柱
① C_8 柱，250mm×4.6mm（内径），5μm，或相当者。
② C_{18} 柱，250mm×4.6mm（内径），5μm，或相当者。
（2）流动相
① C_8 柱，离子对试剂缓冲液-乙腈（85+15，体积比），混匀。
② C_{18} 柱，离子对试剂缓冲液-乙腈（90+10，体积比），混匀。
（3）流速：1.0mL/min。
（4）柱温：40℃。
（5）波长：240nm。
（6）进样量：20μL</td><td>记录液相色谱仪制作标准曲线和测定试液的实际色谱条件参数</td><td rowspan="2">1. 正确使用液相色谱仪，掌握仪器操作及维护的方法。
2. 正确配制标准溶液，绘制标准曲线。
3. 能准确识别三聚氰胺的色谱峰。
4. 能根据标准曲线对试样溶液进行定量。
5. 按照要求进行数据修约。
6. 在重复性条件下获得的两次独立测定结果的绝对值不得超过算数平均值的 10%</td></tr>
<tr><td>标准曲线的制作：用流动相将三聚氰胺标准储备液逐级稀释得到质量浓度为 0.8，2，20，40，80μg/mL 的标准工作液，按浓度由低到高进样检测，以峰面积-浓度作图，得到标准曲线回归方程，记录 c、A_s。基质匹配加标三聚氰胺样品的高效液相色谱图见图 12-1</td><td>c：标准溶液中三聚氰胺的质量浓度，μg/mL
A_s：标准溶液中三聚氰胺的峰面积
c：______
A_s：______</td></tr>
</table>

<table>
<tr><th rowspan="2">任务</th><th colspan="2">具体实施</th><th rowspan="2">要求</th></tr>
<tr><th>实施步骤</th><th>实验记录</th></tr>
<tr><td rowspan="2">试样测定</td><td>试样溶液的测定：待测样液中三聚氰胺的响应值应在标准曲线线性范围内，超过线性范围则应稀释后再进样分析，记录 A</td><td>A：样液中三聚氰胺的峰面积
A：______</td><td rowspan="2"></td></tr>
<tr><td>根据公式，计算试样中三聚氰胺的含量：
$X=\frac{A\times c\times V\times 10000}{A_s\times m\times 1000}\times f$</td><td>X：试样中三聚氰胺的含量，mg/kg
X：______</td></tr>
<tr><td>结束工作</td><td colspan="2">结束后倒掉废液、清理台面、洗净用具并归位。
冲洗管路及色谱柱，使液相色谱仪保持最佳运行状态</td><td>1. 实验室安全操作。
2. 团队工作总结</td></tr>
</table>

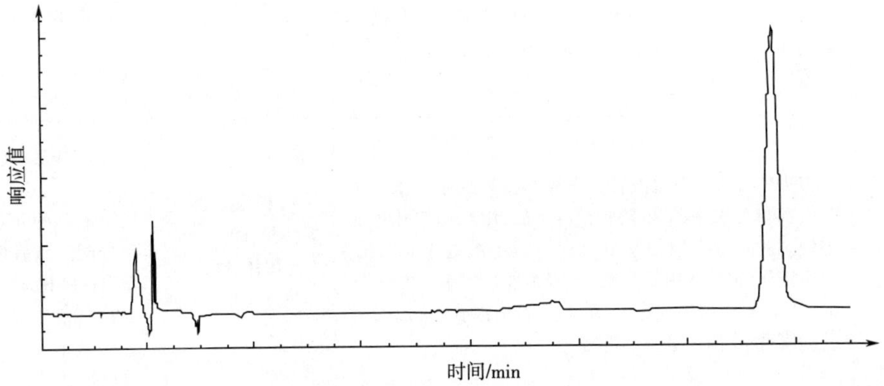

图 12-1 基质匹配加标三聚氰胺样品的高效液相色谱图

检测波长 240nm，保留时间 13.6min，C_8 色谱柱

检查与评价

学生完成本任务的学习，通过自评、小组互评以检查自己对本任务学习的掌握情况。指导教师在整个教学过程中，关注每个小组的检测过程及小组成员的动手能力，并对小组成员动手能力进行评价。将具体的检查与评价填入下表。

项目	评价标准	分值	学生自评	小组互评	教师评价
方案制订与任务准备	认真负责、一丝不苟进行资料查阅，确定检测依据	5			
	协同合作制订方案并合理分工	5			
	相互沟通完成方案诊改	5			
	正确清洗及检查仪器	5			
	合理领取药品	5			
	正确取样	5			

续表

项目	评价标准	分值	学生自评	小组互评	教师评价
试样提取、净化	根据试样类型选择正确方法进行试样提取	5			
	根据试样类型选择正确方法进行试液净化	5			
	规范使用超声波发生器	5			
	规范使用离心机,按正确转速进行试样离心	5			
	规范清洗氮吹仪针头,正确设置氮吹速度	5			
试样测定	正确设置仪器参考条件	5			
	准确绘制标准曲线	5			
	规范进行试样溶液测定	5			
	正确识别图谱,数据记录正确、完整、美观	5			
	正确计算结果,按照要求进行数据修约	5			
	规范编制检测报告	5			
结束工作	关闭仪器,切断电源	5			
	结束后倒掉废液,清洗仪器设备,正确归位。文明操作	5			
	合理分工,按规定时间完成	5			

学习思考

1. 三聚氰胺对人体健康的危害有哪些?
2. 测定乳与乳制品中三聚氰胺的依据是什么?
3. 配制5%氯化甲醇溶液应该使用多少甲醇和多少氨水?
4. 1%三氯乙酸溶液如何配制?
5. 如何对酸乳样品进行提取和净化?

项目二

食品中苏丹红染料的测定

项目导入

【“让食品鲜艳的苏丹红是什么?”】苏丹红是一种亲脂性偶氮化合物,难溶于水,易溶于酒精、丙酮等有机溶剂。它本是一种被广泛使用的工业染料,我们日常生活中所用的红色地蜡、红色鞋油中通常都含有苏丹红。经苏丹红染色后的食品颜色非常鲜艳且不易褪色。像辣椒粉、辣椒油、豆腐乳、红心禽蛋这样“越红越好卖”的食品,就成了一些不法食品生产者投放苏丹红的“灾区”。有效的预防措施是随时进行检查,将可能受到苏丹红污染的食品杜绝在人们的消费前,才能保证食品消费的安全。

问题启发

什么是苏丹红？苏丹红是食品添加剂吗？苏丹红对人体健康有什么危害？如何检测食品中的苏丹红？

知识准备

一、苏丹红

苏丹红是一类以苯基偶氮萘酚为主要基团的人工合成化学染色剂，常用作油蜡、机油等的增色剂以及皮革、地板等的增光剂。苏丹红并非食品添加剂，但由于其化学性质稳定，染色效果好，一些不法企业为了牟取利益，将其添加到食品中以使食品长期保持鲜红颜色，其中尤以辣椒制品最为普遍。

二、食品中苏丹红测定的意义

苏丹红是一种人工色素，在食品中非天然存在，如果食品中的苏丹红含量较高，达上千毫克，则苏丹红诱发动物肿瘤的机会就会上百倍增加，特别是由于苏丹红的有些代谢产物是人类可能致癌物，目前对这些物质尚没有耐受摄入量，因此在食品中应禁用。检测食品中苏丹红可以减少苏丹红在食品中滥用事件，更好地保障人们的生命健康安全。

三、食品中苏丹红测定的方法

依据 GB/T 19681—2005《食品中苏丹红染料的检测方法　高效液相色谱法》进行检测。标准中规定了食品中苏丹红Ⅰ、苏丹红Ⅱ、苏丹红Ⅲ、苏丹红Ⅳ的高效液相色谱测定方法。

四、测定过程中的注意事项

（1）检测过程中使用的流动相均需色谱纯度，水用 20MΩ · cm 的去离子水。

（2）不同厂家和不同批号氧化铝的活度有差异，须根据具体购置的氧化铝产品略作调整，活度的调整采用标准溶液过柱，将 1μg/mL 的苏丹红的混合标准溶液 1mL 加到柱中，用 5%丙酮正己烷溶液 60mL 完全洗脱为准，4 种苏丹红在层析柱上的流出顺序为苏丹红Ⅱ、苏丹红Ⅳ、苏丹红Ⅰ、苏丹红Ⅲ，可根据每种苏丹红的回收率作出判断。

（3）分析完毕后，先关检测器，再用经过滤和脱气的适当溶剂清洗色谱系统，正相柱一般用正己烷，反相柱如使用过含盐流动相，则先用水（5%甲醇），然后用甲醇-水冲洗，各种冲洗剂一般冲洗 15~30min，最后用甲醇保留色谱柱，特殊情况应延长冲洗时间。

（4）使用前仔细阅读色谱柱附带的说明书，注意适用范围，如 pH 范围、流动相类型等，延长色谱柱使用寿命。

工作任务 高效液相色谱法测定食品中的苏丹红

一、 方法解读

测定原理：试样经溶剂提取、固相萃取净化后，用反相高效液相色谱-紫外可见光检测器进行色谱分析，采用外标法定量。

二、 任务准备

试剂	乙腈:色谱纯
	丙酮:色谱纯、分析纯
	甲酸:分析纯
	乙醚:分析纯
	正己烷:分析纯
	无水硫酸钠:分析纯
	层析柱管:1cm(内径)×5cm(高)的注射器管
	层析用氧化铝(中性100~200目):105℃干燥2h,于干燥器中冷至室温,每100g中加入2mL水降活,混匀后密封,放置12h后使用
	氧化铝层析柱:在层析柱管底部塞入一薄层脱脂棉,干法装入处理过的氧化铝至3cm高,轻敲实后加一薄层脱脂棉,用10mL正己烷预淋洗,洗净柱中杂质后,备用
	5%丙酮的正己烷液:吸取50mL丙酮用正己烷定容至1L
	标准储备液:分别称取苏丹红Ⅰ、苏丹红Ⅱ、苏丹红Ⅲ及苏丹红Ⅳ各10.0mg(按实际含量折算),用乙醚溶解后用正己烷定容至250mL
标准品	苏丹红Ⅰ、苏丹红Ⅱ、苏丹红Ⅲ、苏丹红Ⅳ:纯度≥95%
仪器	高效液相色谱仪:配有紫外可见光检测器
	分析天平:感量为0.1mg
	旋转蒸发仪
	均质机
	离心机
	0.45μm有机滤膜

注：除非另有规定，本方法所用试剂均为优级纯，水为GB/T 6682—2008《分析实验室用水规格和试验方法》规定的一级水。

三、 任务实施

1. 方案制订

通过相关知识学习，解读国家标准，小组完成方案制订，并依据方案完成任务准备。

<table>
<tr><td>任务名称</td><td colspan="3"></td></tr>
<tr><td>小组成员</td><td></td><td>时间</td><td></td></tr>
<tr><td>依据标准</td><td colspan="3"></td></tr>
<tr><td rowspan="17">工作方案</td><td colspan="3">一、明确方法</td></tr>
<tr><td colspan="3"></td></tr>
<tr><td colspan="3">二、工作准备</td></tr>
<tr><td>仪器设备(规格、数量)</td><td colspan="2"></td></tr>
<tr><td>试剂(规格、浓度、数量)</td><td colspan="2"></td></tr>
<tr><td>样品</td><td colspan="2"></td></tr>
<tr><td colspan="3">三、任务分工</td></tr>
<tr><td>姓名</td><td colspan="2">分工及时间安排</td></tr>
<tr><td></td><td colspan="2"></td></tr>
<tr><td></td><td colspan="2"></td></tr>
<tr><td></td><td colspan="2"></td></tr>
<tr><td></td><td colspan="2"></td></tr>
<tr><td colspan="3">四、工作流程简图</td></tr>
<tr><td colspan="3"></td></tr>
</table>

2. 任务过程

<table>
<tr><td rowspan="2">任务</td><td colspan="2">具体实施</td><td rowspan="2">要求</td></tr>
<tr><td>实施步骤</td><td>实验记录</td></tr>
<tr><td>试样制备</td><td>将液体、浆状试样混合均匀,固体试样需细磨</td><td>试样的名称,采集时间、数量、采样人员等采样信息</td><td>1. 桌面整齐,着工作服,仪表整洁。
2. 试样混合均匀,保存方法得当。
3. 正确使用匀浆机、研磨机对需要粉碎的试样进行处理</td></tr>
</table>

<table>
<tr><th rowspan="2">任务</th><th colspan="2">具体实施</th><th rowspan="2">要求</th></tr>
<tr><th>实施步骤</th><th>实验记录</th></tr>
<tr><td rowspan="4">试样提取</td><td>红辣椒粉等粉状试样：称取 1~5g（精确到 0.001g）试样，记录 m。置于锥形瓶中，加入 10~30mL 正己烷，超声 5min，过滤，用 10mL 正己烷洗涤残渣数次，至洗出液无色，合并正己烷液，用旋转蒸发仪浓缩至 5mL 以下，慢慢加入氧化铝层析柱中，为保证层析效果，在柱中保持正己烷液面为 2mm 左右时上样，在全程的层析过程中不应使柱干涸，用正己烷少量多次淋洗浓缩瓶，一并注入层析柱。控制氧化铝表层吸附的色素带宽宜小于 0.5cm，待样液完全流出后，视试样中含油类杂质的多少用 10~30mL 正己烷洗柱，直至流出液无色，弃去全部正己烷淋洗液，用含 5% 丙酮的正己烷液 60mL 洗脱，收集、浓缩后，用丙酮转移并定容至 5mL，记录 V，经 0.45m 有机滤膜过滤后待测</td><td rowspan="4">m：试样质量，g
V：试样定容体积，mL
m:______
V:______</td><td rowspan="4">1. 规范使用电子天平，正确进行天平检查及维护。
2. 规范使用旋转蒸发仪进行试样提取。
3. 规范使用离心机，正确转速进行试样离心。
4. 采用正确顺序进行试样处理</td></tr>
<tr><td>红辣椒油、火锅料、奶油等油状试样：称取 0.5~2g（精确到 0.001g）试样，记录 m。置于小烧杯中，加入适量正己烷溶解（1~10mL），难溶的试样可于正己烷中加温溶解。按红辣椒粉等粉状试样中“慢慢加入氧化铝层析柱中……过滤后待测”操作</td></tr>
<tr><td>辣椒酱、番茄沙司等水分含量较大的试样：称取10~20g（精确到 0.001g）试样，记录 m。置于离心管中，加入 10~20mL 水将其分散成糊状，含增稠剂的试样多加水，加入 30mL 正己烷-丙酮（3+1，体积比），匀浆 5min，3000r/min 离心 10min，吸出正己烷层，于下层再加入 20mL，2 次正己烷匀浆，过滤，合并 3 次正己烷，加入 5g 无水硫酸钠脱水，过滤后于旋转蒸发仪上蒸干并保持 5min，用 5mL 正己烷溶解残渣后，按红辣椒粉等粉状试样中“慢慢加入氧化铝层析柱中……过滤后待测”操作</td></tr>
<tr><td>香肠等肉制品：称取粉碎试样 10~20g（标准至 0.001g），记录 m。置于锥形瓶中，加入 60mL 正己烷充分匀浆 5min，滤出清液，再以 20mL，2 次正己烷均浆，过滤。合并 3 次滤液，加入 5g 无水硫酸钠脱水，过滤后于旋转蒸发仪上蒸至 5mL 以下，按红辣椒粉等粉状试样中“慢慢加入氧化铝层析柱中……过滤后待测”操作</td></tr>
<tr><td>试样测定</td><td>设置色谱条件
（1）色谱柱：Zorbax SB C_{18}，4.6mm×150mm，3.5μm（或相当型号色谱柱）。
（2）流动相：①溶剂 A，0.1%甲酸的水溶液：乙腈=85：15；②溶剂 B，0.1%甲酸的乙腈溶液：丙酮=80：20。
（3）梯度洗脱：流速 1mL/min。
（4）柱温：30℃。
（5）检测波长：苏丹红Ⅰ，478nm；苏丹红Ⅱ、苏丹红Ⅲ、苏丹红Ⅳ，520nm；于苏丹红Ⅰ出峰后切换。
（6）进样量：10μL。
（7）梯度条件：见表 12-1</td><td>记录液相色谱仪制作标准曲线和测定试液的实际色谱条件参数</td><td>1. 正确使用液相色谱仪，掌握仪器操作及维护的方法。
2. 正确配制标准溶液，绘制标准曲线。
3. 能准确识别苏丹红Ⅰ、苏丹红Ⅱ、苏丹红Ⅲ、苏丹红Ⅳ的色谱峰。
4. 能根据标准曲线对试样溶液进行定量。
5. 计算结果正确，按照要求进行数据修约</td></tr>
</table>

<table>
<tr><th rowspan="2">任务</th><th colspan="2">具体实施</th><th rowspan="2">要求</th></tr>
<tr><th>实施步骤</th><th>实验记录</th></tr>
<tr><td rowspan="3">试样测定</td><td>标准曲线的制作：吸取标准储备液 0，0.1，0.2，0.4，0.8，1.6mL，用正己烷定容至 25mL，此标准系列的质量浓度为 0，0.16，0.32，0.64，1.28，2.56μg/mL，绘制标准曲线，记录 c</td><td rowspan="2">c：由标准曲线得出的样液中苏丹红的质量浓度，μg/mL
c：______</td><td rowspan="3"></td></tr>
<tr><td>试样溶液的测定：将试样溶液注入液相色谱仪中，得到峰面积，根据标准曲线得到待测液中苏丹红的质量浓度</td></tr>
<tr><td>根据公式，计算试样中苏丹红的含量：
$$R=\frac{c\times V}{M}$$</td><td>R：试样中待测组分含量，mg/kg
R：______</td></tr>
<tr><td>结束工作</td><td colspan="2">结束后倒掉废液、清理台面、洗净用具并归位。
冲洗管路及色谱柱，使液相色谱仪保持最佳运行状态</td><td>1. 实验室安全操作。
2. 团队进行工作总结</td></tr>
</table>

表 12-1　　梯度条件　　单位：%（体积分数）

时间/min	流动相		曲线
	溶剂 A：0.1%甲酸的水溶液-乙腈（85∶15）	溶剂 B：0.1%甲酸的乙腈溶液-丙酮（80∶20）	
0	25	75	线性
10.0	25	75	线性
25.0	0	100	线性
32.0	0	100	线性
35.0	25	75	线性
40.0	25	75	线性

检查与评价

学生完成本任务的学习，通过自评、小组互评以检查自己对本任务学习的掌握情况。指导教师在整个教学过程中，关注每个小组的检测过程及小组成员的动手能力，并对小组成员动手能力进行评价，学生对所学的各项任务进行抽签决定考核的内容。将具体的检查与评价填入下表。

项目	评价标准	分值	学生自评	小组互评	教师评价
方案制订与任务准备	认真负责、一丝不苟进行资料查阅，确定检测依据	5			
	协同合作制订方案并合理分工	5			
	相互沟通完成方案诊改	5			
	正确清洗及检查仪器	5			
	合理领取药品	5			
	正确取样	5			

续表

项目	评价标准	分值	学生自评	小组互评	教师评价
试样提取	根据试样类型选择正确方法进行试样制备	5			
	根据试样类型选择正确方法进行试样提取	5			
	规范使用旋转蒸发仪	5			
	规范使用离心机,正确转速进行试样离心	5			
试样测定	正确设置仪器参考条件	5			
	准确绘制标准曲线	5			
	规范进行试样溶液测定	5			
	正确识别图谱,数据记录正确、完整、美观	10			
	正确计算结果,按照要求进行数据修约	5			
	规范编制检测报告	5			
结束工作	关闭仪器,切断电源	5			
	结束后倒掉废液,清洗仪器设备,正确归位。文明操作	5			
	合理分工,按规定时间完成	5			

学习思考

1. 苏丹红对人体健康的危害有哪些?
2. 测定食品中苏丹红染料的依据是什么?
3. 使用高效液相色谱检测苏丹红Ⅰ时的色谱条件如何设置?
4. 氧化铝的作用是什么?
5. 请写出使用高效液相色谱仪的开机顺序。

参考文献

[1] 张金彩主编．食品分析与检测技术（第二版）[M]．北京：中国轻工业出版社，2024.

[2] 谢昕主编．食品检测技术 [M]．大连理工大学出版社，2021.

[3] 张红梅主编．食品理化检验技术 [M]．北京：中国轻工业出版社，2023.

[4] 杜淑霞主编．食品理化检验技术 [M]．北京：科学出版社，2022.

[5] 张华主编．食品理化分析 [M]．北京：中国纺织出版社，2023.

[6] 尹凯丹主编．食品理化分析技术 [M]．北京：化学工业出版社，2021.

[7] 王淑艳，袁静宇主编．食品营养与检测作业指导书 [M]．北京：科学出版社，2018.